절망의 끝자락에서

단 한 번의 인생

우리는 살아가며 종종 인생의 끝자락과 마주할 때가 있습니다. 아무리 애써도 개선의 여지가 보이지 않을 때, 우리는 좌절하며 낙심의 자리에 앉곤 합니다. 그러나 단 한 번 주어진 인생 앞에서, 포기란 결코 선택이 되어서는 안 됩니다. 우리의 삶은 아직 끝나지 않았기 때문입니다.

사람은 누구나 자신만의 신념으로 살아가지만, 그것만으로는 늘 부족함을 느낍니다. 찰스 스펄전(Charles Spurgeon)은 이렇게 말했습니다. "설 수 없을 때는 기어서라도 십자가로 나아가십시오. 그곳에서 다시 일어설 힘을 얻게 될 것입니다." 삶의 현장에서 힘줄이 끊어지는 듯한 고통의 순간이 찾아올 수 있습니다. 그럴 때마다 우리는 인류를 위해 십자가 위에서 "다 이루었다"고 말씀하신 주님을 기억하며, 믿음으로 그 아픔을 견디고 이겨내야 합니다.

인생은 자유롭고도 신비한 여정입니다. 그 길을 걷는 당신의 삶은 무엇과도 바꿀 수 없는 귀한 선물입니다. 때로 절망의 막다른 골목에서 길이 끝났다고 느낄 때가 있더라도, 그곳은 끝이 아니라 새로운 시작의 문턱임을 잊지 마십시오. 막힌 동굴처럼 보이는 순간도 결국은 빛을 향해 나아가는 터널일 뿐입니다. 비록 지금은 이해되지 않더라도, 세월의 강물 위에서 돌아보면 모든 과정이 다 의미 있고 값진 것이었음을 깨닫게 될 것입니다.

삶의 소소한 지혜와 긍정의 힘은 '이제 끝이다'라고 느끼는 그 자리에서 오히려 우리를 다시 일어서게 합니다. 보넷 브라이트(Vonette Bright)는 이렇게 말했습니다. "우리는 상황을 바꾸기 어려울지라도, 그 상황을 대하는 태도는 선택할 수 있습니다." 절망의 바닥을 친 사람만이 희망의 높이를 압니다. 이제 우리는 다시 일어서야 합니다. 절망의 늪에서 희망의 나무를 바라보며, 포기하지 말고 우리의 인생 이야기를 아름답게 써 내려갑시다.

이 책의 제1부는 방송을 통해 청취자들에게 전해졌던 말씀을 엮은 것이며, 제2부는 여러 해 동안 신문에 기고한 칼럼들을 모아 정리했습니다. 제3부는 사회적 사건과 이슈, 그리고 해외 선교 현장에서 느꼈던 사색들을 담았습니다. 모든 글에는 아픔 속에서도 소망을 붙잡고자 하는 이들에게 작은 위로와 빛이 되기를 바라는 마음을 담았습니다.

이 책을 세상에 내놓을 수 있도록 허락하신 하나님께 모든 영광을 올려드립니다. 또한 귀한 추천의 글을 보내주신 뉴욕프라미스교회 김남수 목사, 대전중문교회 장경동 목사, 부산포도원교회 김문훈 목사, 부천목양교회 이규환 목사, 워싱턴중앙장로교회 류응렬 박사, 세계로금란교회 주성민 목사, 그리고 축시를 보내주신 백정해 시인·소설가께 깊은 감사를 드립니다. 출간을 위해 애써 주신 도서출판 해븐 대표께도 진심으로 감사드립니다.

SBCM KOREA 대표
저자 최선 박사

자유의 가치

1977년 9월, 하나님의 부르심에 순종하여 미국 뉴욕 프라미스교회에서 목회와 선교의 사역을 시작한 이후, 어느덧 40여 년의 세월이 흘렀습니다. 그 긴 시간 동안 저는 수많은 성도들과 함께 기도하며, 하나님의 은혜와 인도하심 속에서 '자유'의 참된 의미를 깊이 깨닫게 되었습니다. 하나님께서 주신 자유는 단순히 속박으로부터 벗어나는 상태가 아니라, 진리 안에서 자신을 온전히 내어드림으로써 얻게 되는 영적 해방의 은총입니다. 그 자유가 있을 때, 인간의 영혼은 비로소 참된 평안을 누리고, 교회는 세상을 향한 소망의 등불로 굳건히 서게 됩니다.

하나님의 은혜 가운데 한국과 미국은 각기 다른 역사와 문화를 지녔으나, 동일한 복음의 진리 안에서 자유의 가치를 붙들고 오늘도 믿음의 길을 함께 걸어가고 있습니다. 그 여정 속에서 최선 목사님은 지구촌의 절망 한가운데서도 희망의 나무를 심고, 복음의 씨앗을 뿌리며, 하나님의 나라를 향한 헌신의 길을 묵묵히 걸어오셨습니다. 이번에 출간되는 이 귀한 저서는 그러한 사역의 열매이자, 하나님께서 주신 자유의 빛이 한 사람의 삶과 사역을 통해 어떻게 세상 가운데 드러나는지를 보여주는 아름다운 신앙의 증언이라 할 수 있습니다.

이 책이 국내외의 모든 크리스천들에게 신앙의 용기와 자유의 기쁨을 회복하게 하는 은혜의 통로가 되기를 간절히 소망합니다. 하나님의 무한하신 사랑과 평강이 이 책을 읽는 모든 이의 심령 위에 충만히 임하시기를 기도드립니다.

김남수 목사
미국 뉴욕프라미스교회 원로
이승만건국대통령기념사업회 회장
4/14 Window운동 공동 창시자

감동을 주는 삶

하나님의 사랑과 은혜 안에서 늘 복음의 사명을 감당해 오신 최선 목사님의 귀한 출판을 진심으로 축하드립니다. 오랜 세월 동안 극동방송을 비롯한 다양한 언론 매체를 통해 복음의 생명력을 전하시며, 말씀의 향기를 세상 가운데 퍼뜨려 오신 그 헌신의 여정은 참으로 귀하고 아름답습니다.

이 책은 단순한 저술이 아니라, 하나님 앞에서 깊은 묵상과 순종의 삶으로 빚어진 믿음의 고백이자 사랑의 열매라 생각합니다. 그 속에는 상처받은 영혼을 위로하고, 낙심한 이들에게 새로운 용기를 불어넣으며, 세상 속에서 복음으로 살아가려는 모든 이들에게 방향을 제시하는 진리의 울림이 담겨 있습니다.

읽는 이마다 그 말씀의 향기를 따라 마음이 따뜻해지고, 삶의 자리가 새로워지며, 하나님의 사랑 안에서 진정한 행복을 누리게 되기를 소망합니다. 이 책을 통해 많은 이들이 신앙의 본질을 다시 붙잡고, 일상의 자리에서 복음의 향기를 전하는 감동의 통로가 되기를 기도드립니다.

나아가 이 귀한 저서가 가정과 교회, 그리고 이 나라와 민족의 영혼을 살리는 복된 도구로 쓰임받기를 간절히 바랍니다.

다시 한 번 최선 목사님의 귀한 옥고가 많은 이들의 사랑과 은혜 속에 널리 읽히며, 하나님의 나라를 더욱 풍성하게 세워가는 귀한 통로가 되기를 축복합니다.

장경동 목사
대전중문교회 담임
CTS 기독교TV 강사
대전광역시기독교총연합회 증경총회장

열정의 사역

최선 박사는 오랜 세월 동안 말씀과 글을 통해 복음의 진리를 전하며, 수많은 독자들의 마음에 신앙의 불씨를 심어온 기독교의 대표적인 베스트셀러 작가입니다. 그의 글에는 늘 하나님을 향한 뜨거운 사랑과, 영혼을 향한 깊은 연민, 그리고 교회를 향한 헌신의 열정이 살아 숨 쉽니다. 목회자로서, 또 칼럼니스트로서 그는 시대의 아픔 속에서도 하나님의 말씀을 바로 세우며 한국 교회의 회복과 부흥을 위해 쉼 없이 섬겨왔습니다.

뿐만 아니라 SBCM KOREA 대표로서 세계 여러 지역에서 복음을 전파하며, 하나님의 사랑을 실천하는 지구촌 사역에 온 힘을 다하고 있습니다. 그의 사역의 중심에는 언제나 '한 영혼의 행복'이라는 거룩한 소명이 자리하고 있습니다. 그는 진정한 행복이란 세상의 조건이 아니라, 오직 생명이신 예수 그리스도 안에서만 발견된다는 복음의 진리를 선포하고 있습니다.

이번에 출간되는 이 책 『절망의 끝자락에서』는 그가 걸어온 믿음의 여정과 사역의 열정이 응축된 귀한 결실입니다. 이 저서를 통해 한국 교회의 성도들이 다시금 복음의 감격을 회복하고, 각자의 자리에서 예수 그리스도의 생명을 전하는 기쁨을 누리게 되기를 소망합니다. 한국 교회의 미래를 향한 희망의 빛을 바라보며, 하나님의 나라를 확장해 가는 최선 박사의 열정적인 사역을 진심으로 응원하며 기쁘게 추천합니다.

김문훈 목사
부산포도원교회 담임
부산기독교총연합회 증경총회장
CTS 기독교TV 강사

선한 영향력

시인이며 작가로서, 또한 복음의 사역자로서 오랜 세월 동안 말씀과 문학을 통해 하나님의 사랑을 전해오신 최선 목사님은, 한국 교회의 귀한 자산이자 백석의 자랑이라 할 만한 목회자이십니다. 그의 글과 말씀 속에는 세속의 소음 속에서도 하나님의 음성을 들으려는 진지한 영혼의 울림이 있으며, 복음의 빛으로 시대를 비추려는 선지자의 마음이 담겨 있습니다. '사람은 책을 만들고, 책은 사람을 만든다'는 말처럼, 좋은 책 한 권은 단순한 읽을거리가 아니라 한 시대의 영혼을 일깨우는 생명의 통로가 됩니다.

최선 목사님의 이번 저서는 바로 그런 생명의 책으로서, 독자들에게 신앙의 깊은 울림과 삶의 변화를 이끌어낼 귀한 은혜의 도구가 되리라 확신합니다. 그가 쌓아온 문학적 통찰과 신앙적 사색은, 삶의 자리에서 고단한 이들에게 위로를 주고, 낙심한 이들에게는 새 희망을 일으키며, 무엇보다 하나님 안에서 참된 평안을 발견하게 하는 길잡이가 되어 줄 것입니다.

그의 글이 품은 진리와 따뜻한 언어는 독자들의 마음에 선한 영향력을 흘려보내어, 더 아름답고 복된 세상을 향한 발걸음을 이끌 것입니다. 이 귀한 옥고를 통해 수많은 이들이 위로와 격려, 그리고 새로운 희망을 얻기를 소망하며, 주님 안에서 진심으로 출판을 축하드립니다.

이규환 목사
부천목양교회 담임
예장 백석총회 증경총회장
필리핀 주바로선교센타 대표

영혼 구원의 역사

최선 박사는 총신대학교에서 역사신학을 전공하며, 신앙의 뿌리와 교회의 역사를 깊이 탐구한 학자이자 목회자입니다. 그의 신앙은 단순한 지식의 차원을 넘어, 영혼 구원의 사명을 향한 확고한 믿음과 역사적 통찰 속에 서 있습니다. 그는 모교의 전통을 이어받아, 하나님 중심의 역사관 위에 굳게 서서, 시대 속에서 복음이 걸어온 발자취를 오늘의 삶으로 증언해 왔습니다. 인생은 단 한 번뿐인 신비로운 여정이며, 때로는 고통이 힘줄을 끊듯 찾아올 때도 있습니다. 그러나 그는 그 순간에도 신념이 아닌 신앙으로 사는 삶, 곧 하나님께 완전히 맡기고 순종하는 믿음의 길을 선택한 사역자였습니다. 그의 삶과 사역은 바로 그 신앙의 증거이며, 그 믿음이 곧 그가 선포하는 복음의 근원이었습니다.

한국인으로서는 최초로 미국 의회에서 기도하는 영광을 누렸으며, 하나님께서 역사의 주관자이심을 온몸으로 체험하였습니다. 그 사건을 통해 다시 한 번 복음의 절대성과 하나님의 주권을 확신하게 되었습니다.

최선 박사의 발걸음은 교회의 울타리를 넘어, 이제 지구촌의 모든 이들에게 하나님의 사랑과 구원의 메시지를 전하고 있습니다. 이번 출판은 그가 걸어온 신앙 여정의 집약이자, 영혼 구원을 향한 하나님의 역사가 어떻게 한 사람의 삶 속에 새겨지는지를 보여주는 귀한 증언입니다. 미국에서 이 소식을 전하며, 이 책이 세계 곳곳의 독자들에게 사랑받고, 많은 영혼을 살리는 복음의 통로가 되기를 진심으로 축복합니다.

류응렬 박사
전 총신대학교 교수
미국 워싱턴중앙장로교회 담임목사
국제적인 신학·성경세미나 강사

믿음의 지표

하나님을 진심으로 사랑하며, 그 사랑을 삶과 글로 증언해 온 최선 목사님은 우리 시대가 귀히 여기는 목회자이자 시인이며, 신앙과 문학을 아름답게 결합시킨 탁월한 문필가이십니다. 그의 글에는 섬세한 감성과 영적인 깊이가 어우러져, 사람의 마음을 어루만지고 영혼을 일깨우는 하나님의 사랑이 흐르고 있습니다.

최선 박사님은 영성과 지성, 그리고 인격의 조화를 이루신 분으로서, 혼탁한 시대 속에서 믿음의 본질이 무엇인지, 천국의 소망을 품은 삶이 어떠해야 하는지를 분명히 제시하고 있습니다. 그의 사역과 저서는 단지 한 사람의 경험을 넘어, 오늘을 살아가는 신앙인들에게 삶의 방향을 제시하고, 세상 속에서 어떻게 복음의 사람으로 서야 하는지를 깨닫게 하는 신앙의 나침반이 됩니다.

이번에 출간되는 『절망의 끝자락에서』는 믿음의 여정을 걸어가는 모든 목회자와 성도들에게 새로운 영적 지표가 되어 줄 귀한 선물입니다. 그 속에 담긴 말씀의 향기와 생명의 메시지가 독자들의 마음에 깊은 울림을 주고, 하나님께 더 가까이 나아가도록 인도하기를 소망합니다.

최선 목사님의 이번 저술이 많은 이들에게 신앙의 비전과 삶의 용기를 불어넣는 복된 도구로 쓰임받기를 기도드리며, 진심으로 출판을 축하드립니다.

주성민 목사
파주시 세계로금란교회 담임
CTS 기독교TV 주담길 진행자
국제적인 탁월한 부흥회 강사

활활 타올라 봄날의 꽃처럼

골고다의 창끝이
사랑을 찌를 때,
십자가 위에 흐르던
당신의 보배로운 피,
그 붉은 핏줄이 곧
사랑의 강물임을 깨닫게 하소서.
그 피의 언어로
이 땅의 고통이 씻기고,
마른 가슴마다 새 생명의 숨결이
되살아나게 하소서.
인간의 서정이
자연과의 교감 속에서 피어나듯,
한 편의 글, 한 줄의 고백도
하늘의 숨결에서 비롯됩니다.
백성의 영혼이 그 숨결을 마시며
빛과 사랑으로 자라납니다.

그 귀한 옥고(玉稿)가

이 땅의 독자들 마음 밭에 심겨,

시간이 흘러도 시들지 않는

진리의 향기로 남게 하소서.

여호와를 즐거워하라

저녁이면 한 송이 꽃이 지고,

아침이면 또 한 송이 꽃이 피어나듯,

하루의 끝과 시작마다

당신의 은혜를 새로이 노래합니다.

예수 그리스도께서는

우리의 죄를 대속하시기 위해

이 땅의 낮은 골짜기로 내려오셨습니다.

그 사랑이 오늘도 이 글 속에,

이 책의 모든 문장마다 살아 숨 쉬게 하소서.

최선 박사님의 출판을 진심으로 축하드립니다.

그분의 삶이 이미 한 권의 복음이었듯,

이제 그 말씀이 활자로 빛을 입어

세상을 향해 나아가니,

그 걸음마다 주의 영광이 머물게 하소서.

전 세계 헐벗은 이웃에게

사랑을 전하던 그 손길이,

이제는 글로써 더 멀리 퍼져

상처받은 영혼을 싸매는 위로가 되길 원합니다.

SNS로 흘러나온 말씀 하나하나,
늘 은혜의 강물처럼
마음을 적시고,
생각의 길을 밝히며,
진리의 향기로 이어졌습니다.
활활 타올라라, 봄날의 꽃처럼,
밝아질 사랑의 불로,
그리고 성령의 불로.
그 불이 꺼지지 않는 등불 되어
우리 모두의 마음속에
날마다 새롭고 거룩한
하늘의 빛이 임하소서.

- 최선 박사의 출판 기념에 부쳐 -

백정해
시인 수필가 소설가
대한민국 향토문학상 수상
국민봉사훈장 시인과 예술인 수필집

길 위에서 피어난 믿음

그 길의 시작은 고요한 기도였습니다.

절망의 끝자락에서 피어난 한 줄기 희망,

속건제의 향기처럼 드려진 눈물과 헌신이

오늘의 열매가 되어 우리 앞에 놓였습니다.

에녹의 믿음으로 걸어온 발자국,

정금 같은 신앙의 연단을 통과한 삶의 기록이

이 책의 장마다, 한 편의 시마다 숨 쉬고 있습니다.

"나는 네 방패요"라고 하신 주의 약속처럼

광야의 바람 속에서도 굽히지 않았던 확신,

그 믿음이 오늘 '길을 걸으며'의 첫 장을 엽니다.

하나님의 손에 잡힌 사람,

그 손에 의해 세워진 삶은 흔들리지 않습니다.

고통 속에서도 희망을 노래하고,

역사 속에서도 진리를 증언하며,

섬김의 손길로 세상을 품습니다.

그 길은 개인의 길을 넘어,

민족과 교회의 길이었고,

복음으로 이어진 인류의 길이었습니다.

순국의 정신, 선교의 헌신,

그리고 믿음으로 세워진 나라의 위상을 향해

최선 박사님의 펜은 묵묵히 걸어왔습니다.

이 책은 단지 글이 아니라,

하나님의 나라를 향한 여정의 증거입니다.

그 속에는 사랑이 있고, 눈물이 있고,

그리고 구원의 은총이 흐르고 있습니다.

오늘, 우리는 그 길 위에 서서

감사와 찬송으로 이 책의 출간을 축하합니다.

그 믿음의 기록이 다음 세대의 빛이 되고,

섬김의 손길이 세상 끝까지 닿기를 기도합니다.

최선 박사님의 걸음이 곧 믿음의 길이었고, 당신의 글이 곧 하나님의 말씀의 울림이었습니다. 오늘, 그 수고의 열매인 옥고 『절망의 끝자락에서』가 세상에 드러남을 진심으로 축하드립니다.

文岩 염성철

시인, 수필가, 칼럼니스트

도서출판 해븐, 문암출판사 대표

차 례

제1부 길을 걸으며

제2부 하나님의 손에 잡힌 자

제1부

길을 걸으며

절망에서 희망으로

한반도의 오천 년 역사에는 수많은 전쟁의 흔적이 남아 있습니다. 외세의 침략이 끊이지 않았고, 때로는 같은 민족끼리 총을 겨누며 무고한 피를 흘려야 했습니다.

대한민국은 전쟁의 폐허와 절망의 끝자락에서 다시 일어섰지만, 지금도 휴전선이라는 현실 속에서 끝나지 않은 전쟁을 살아가고 있습니다. 1950년 6월 25일 새벽, 북한군은 선전포고도 없이 남침을 감행했습니다.

탱크와 전투기가 앞세워진 전면전이었고, 불과 이틀 만에 유엔 안전보장이사회는 대한민국을 돕기로 결의했습니다. 그 결과, 전투 16개국·의료 5개국·물자 및 재정 지원 39개국·지원 의사 표시 3개국 등, 총 63개국이 한국전쟁에 참여했습니다. 이 전쟁은 핵무기만 사용되지 않았을 뿐 사실상 제3차 세계대전이었습니다.

국군 62만 명, 유엔군 16만 명, 북한군 93만 명, 중공군 100만 명이 참전했고, 민간인 희생자는 250만 명에 달했습니다. 이재민 370만 명, 전쟁미망인 30만 명, 전쟁고아 10만 명, 이산가족 1,000만 명, 남북한 인구 3,000만 명 중 절반 이상이 전쟁의 상처를 입었습니다. 1,129일 동안 이어진 이 전쟁은 수많은 생명을 앗아가며 1953년 7월 27일 휴전협정으로 멈추었습니다.

세월이 흘러도, 그 상흔은 쉽게 지워지지 않습니다. 나는 어느 해 6·25 참전용사들과 함께 전쟁의 흔적이 남아 있는 격전지를 찾았습니다. 강화도에서 시작해 김포와 연천을 거쳐, 영국군 설마리 전투 추모 공원, 철원 백마고지, 노동당사, 철원제일교회를 방문했습니다. 그리고 마지막으로 향한 곳은 강원도 양구군의 도솔산. 그곳은 '난공불락의 요새'로 불렸던 전투 현장이었습니다.

1951년 6월 4일부터 시작된 도솔산 전투는 미 해병대와 교대한 국군 해병대 제1연대가 주도했습니다. 암석지대와 중화기로 무장한 적의 완강한 저항 속에서 17일간의 혈투가 이어졌고, 마침내 6월 20일, 24개 고지를 완전히 탈환했습니다. 이 전투에서 해병대는 3,265명의 적을 사살했고, 아군의 희생은 123명에 그쳤습니다. 전투의 승전 소식에 이승만 대통령은 현장을 방문해 '무적해병대'라는 휘호를 직접 하사했습니다.

도솔산은 오늘도 그 이름 그대로, 신앙과 용기의 상징처럼 서 있습니다. 전쟁은 땅만 불태운 것이 아니라, 마음과 기억까지 잿빛으로 만들었습니다. 그러나 그 폐허 속에서도 하나님은 우리 민족을 붙들어 주셨습니다.

한국 교회는 기도의 무릎으로 이 땅을 세웠고, 수많은 눈물 속에서 다시 일어섰습니다. 그럼에도 여전히 분단의 상처는 아물지 않았습니다. 민족의 비극은 세대를 넘어 우리 안에 남아 있습니다. 이제 우리가 해야 할 일은, 그 상처를 기억하면서도 절망에 머물지 않는 것입니다. 전쟁의 비극을 단지 아픔으로 남기지 않고, 새로운 문화의 에너지와 미래의 지혜로 바꾸어야 합니다.

평화통일의 길은 단숨에 이루어지지 않습니다. 시간과 인내, 그리고 무엇보다 하나님께서 주시는 은혜가 필요합니다. 주님이 다시 오시는 그날까지, 우리는 복음의 빛으로 통일의 길을 준비해야 합니다. 남과 북이 함께 세계 복음화와 민족의 재도약을 이루는 그날, 이 땅의 절망은 마침내 희망으로 바뀔 것입니다.

속건제

'속건제'(贖愆祭)라는 말은 히브리어 '아샴'에서 유래합니다. 이 단어는 '허물', '죄', '유죄', '배상'이라는 뜻을 지니며, '죄를 짓다' 또는 '책임을 지다'라는 어근에서 비롯되었습니다. 즉 속건제는 죄를 범한 자가 그 죄의 대가로 드리는 배상과 회복의 제사입니다.

레위기에 기록된 다섯 번째 제사인 속건제는, 주로 부주의로 성물을 범했을 때 또는 부지중에 하나님의 명령을 어겼을 때 드려졌습니다. 이는 단순한 제의 행위가 아니라, 하나님과의 관계를 바로 세우는 회복의 예식이었습니다.

성물에 대한 속건제에 이어 레위기 본문은 이웃의 소유권 침해에 관한 규례를 제시합니다. 다시 말해, 속건제는 하나님과 사람 모두에게 진 빚을 갚는 제사였습니다. 이 때문에 속건제를 '배상제' 혹은 '보상제'라고 부르기도 합니다. 속건제의 목적은 죄책감의 제거에만 있지 않았습니다. 그것은 잘못된 관계를 바로잡고 정의를 회복하는 제사였습니다. 부지중에 여호와의 계명을 어겼을 때에도 속건제를 드렸습니다. '부지중에'라는 표현은 원어로 '야다'인데, 이는 죄가 의심되거나 무엇이 잘못되었는지 분명히 알지 못할 때, 혹은 율법을 어긴 것 같아 마음이 불편할 때를 의미합니다.

이스라엘 백성은 이런 상황에서도 하나님 앞에 제물을 드림으로써 마음의 부담을 덜고 죄책을 해결하고자 했습니다. 이웃에 대한 속건제 규례도 흥미롭습니다. 이는 소유권 침해와 관련된 경우였습니다. 예컨대 전당물에 불성실했을 때, 도둑질이나 임금 착취의 사실을 부인했을 때, 분실물을 감추거나 거짓 맹세를 한 경우 속건제를 드렸습니다. 이러한 행위는 단지 사람에게 불성실한 것이 아니라, 하나님께 신실하지 못한 행위로 여겨졌습니다. 왜냐하면 이스라엘은 하나님의 백성이며, 모든 맹세는 하나님의 이름으로 이루어졌기 때문입니다.

그래서 다른 사람의 소유를 침해한 사실을 깨달았을 때, 그는 원래의 물건에 오분의 일을 더하여 돌려주고, 속건제를 드려야 했습니다. 그리고 그 행위는 즉시, 깨달은 순간 이루어져야 했습니다.

결국 속건제는 성물에 대한 죄든, 이웃에 대한 허물이든 '갚음'을 통해 회복을 이루는 제사였습니다. 죄의 사함은 단지 말로 얻어지는 것이 아니라, 책임을 인정하고 실천을 통해 이루어지는 것임을 보여줍니다. 제사자는 그 절차를 통해 하나님의 용서를 받고, 공동체 안에서 다시 설 수 있었습니다.

이사야 53장은 속건제의 궁극적인 성취를 보여줍니다. "여호와께서 그에게 상함을 받게 하시기를 원하사 … 그의 영혼을 속건 제물로 드리기에 이르면 …"(사 53:10) 이 말씀은 메시아가 자신의 생명을 속건제물로 드릴 것을 예언합니다. 또한 "그가 자기 영혼을 버려 사망에 이르게 하며 … 많은 사람의 죄를 담당하며 범죄자를 위하여 기도하였느니라"(사 53:12)는 구절은, 그리스도의 십자가 희생이 곧 속건제의 완전한 성취임을 선포합니다.

이제 우리는 구약의 제사를 드리지 않습니다. 이는 예언된 메시아, 예수 그리스도께서 이미 단번에 모든 속건의 값을 치르셨기 때문입니다. 그분은 우리 대신 배상하시고, 죄의 짐을 지셨습니다. 속건제의 정신은 여전히 우리 삶 속에서 살아 있습니다. 그것은 단순히 제사법이 아니라 하나님과 이웃 앞에 진 빚을 인정하고, 갚음으로써 관계를 회복하는 신앙의 길입니다.

에녹의 신앙

인간의 삶에서 가장 근본이 되는 요소 중 하나는 '믿음'입니다. 우리의 일상은 믿음 위에 세워져 있습니다. 믿음이 없다면 우리는 배나 비행기를 탈 수 없을 것이며, 음식을 사 먹는 일조차 불안할 것입니다. 사람과의 약속도, 사회의 신뢰도 모두 믿음을 기반으로 존재합니다.

이 믿음은 눈에 보이는 현실 세계뿐 아니라, 보이지 않는 영적 세계에서 더욱 절실히 요구됩니다. 세상의 일은 눈으로 확인할 수 있지만, 영적인 세계는 오직 믿음으로만 접근할 수 있기 때문입니다.

성경 속 인물들 가운데 하나님께서 처음으로 믿음의 예배를 받으신 이는 아벨이었고, 하나님과 동행한 첫 번째 사람은 에녹이었습니다. 오늘 우리가 주목하는 인물, 에녹의 이름은 히브리어로 '하노크'라 하며, '전수자', 곧 하나님으로부터 배움을 이어받은 자라는 의미를 지니고 있습니다.

에녹의 삶은 인간적인 기준으로 볼 때 완전하지 않았습니다. 그러나 그는 하나님의 마음을 기쁘시게 했습니다. 그래서 하나님은 그를 더 이상 이 세상이라는 훈련의 장에 머물게 하지 않으셨습니다. 성화를 위한 시련과 연단을 거듭할 필요가 없을 만큼, 그의 삶은 이미 하나님의 뜻과 일치해 있었던 것입니다.

에녹은 므두셀라를 낳은 후 300년 동안 하나님과 동행했습니다. 그 시간은 단순히 긴 세월이 아니라, 하나님과의 끊임없는 연합을 향한 영적 여정이었습니다. 그에게 '동행'은 하루의 습관이 아니라, 존재의 방식이었습니다. 그는 마치 하인처럼 자신을 낮추어 하나님을 섬기며, 한 순간도 그분의 울타리 밖으로 벗어나지 않으려 애썼습니다.

그래서 그는 이 땅의 모든 사람처럼 죽음을 경험하지 않았습니다. 하나님은 에녹을 하늘로 들어 올리셨습니다. 인간의 생애가 끝나는 자리에서, 그의 믿음은 오히려 완성되었습니다.

오늘을 사는 우리 역시 녹록하지 않은 현실 속에서 신앙인으로 부름받은 사람들입니다. 눈앞의 불확실한 세상 속에서도, 에녹처럼 하나님과 결합된 삶을 살아야 할 이유가 여기에 있습니다. 믿음은 단지 어떤 것을 '믿는 행위'가 아니라, 하나님과 '함께 걷는 관계'이기 때문입니다. 하나님과 동행하는 삶, 그것이 곧 믿음의 본질이며, 에녹이 우리에게 남긴 가장 순수한 신앙의 유산입니다.

안식일

고대 근동 사회에서 안식일은 단순한 휴식일이 아니었습니다. 그것은 시간과 질서를 세우는 거룩한 약속이자, 인간이 창조주 앞에서 자신을 성찰하는 날이었습니다. 시간의 경계를 세우고 그 경계를 지키는 일은 곧 신앙의 훈련이었으며, 이스라엘은 그 신앙적 리듬을 통해 하나님과의 관계를 새롭게 다졌습니다.

구약성경에서 안식일은 노동뿐 아니라 일상의 행위들까지도 멈추는 날로 규정됩니다. 쟁기질, 추수, 음식 조리, 불 피우기, 나무하기, 짐 나르기, 상거래에 이르기까지 모든 일상이 금지되었습니다. 중앙 성소에서만 지켜지는 날이 아니라, 백성의 모든 처소에서 여호와의 안식일을 거룩히 구별해야 했습니다.

안식일은 단순히 쉬는 날이 아니라, 하나님을 기억하는 날이었습니다. 창조주께서 천지를 지으시고 일곱째 날에 안식하신 것을 기념하며, 동시에 이스라엘을 구속하신 하나님의 은혜를 묵상하는 시간입니다. 그래서 안식일은 '시간의 성소'라 불립니다. 신약으로 오면서 이 안식일은 주일, 곧 주님의 날로 이어졌습니다. 예수 그리스도께서 십자가에서 구속을 완성하시고 부활하신 그 날이 바로 새로운 창조의 시작이 되었기 때문입니다. 주일은 창조와 구속, 두 사건의 영적 의미가 하나로 만나는 날입니다.

레위기 25장은 안식일의 정신을 사회 제도로 확장한 안식년과 희년을 다루며, 율법의 절정이라 할 만한 내용을 담고 있습니다. 안식년은 땅이 쉼을 얻는 해이며, 희년은 일곱 번의 안식년이 지난 오십 년째 되는 해로 '요벨의 해', 곧 기쁨의 해입니다. 이스라엘 백성은 이 해에 숫양의 뿔을 불어 그 시작을 선포했습니다. 희년은 단지 제도적인 휴식이 아니라, 하나님께서 땅의 주인이심을 고백하는 신앙적 행위였습니다.

땅을 쉬게 하는 일은 단순히 생산성을 높이기 위한 농경의 지혜가 아니라, 창조 질서를 회복하는 신앙의 순종이었습니다. 희년에는 종이 자유를 얻고, 팔렸던 땅이 본래의 주인에게로 돌아가며, 가난한 자가 회복되는 은혜가 선포되었습니다. 희년은 하나님 앞에서 모든 인간이 평등하다는 선언이며, 사회 안에 절대 빈곤과 절대 부를 방지하는 거룩한 장치였습니다.

이 희년의 정신은 단지 과거의 제도로 머물지 않습니다. 토지는 하나님께 속해 있고, 인간은 잠시 머무는 나그네일 뿐이라는 사실을 일깨워 줍니다. 이 진리는 오늘의 신앙인에게도 동일한 의미를 던집니다. 우리는 이 땅의 소유자가 아니라, 천국을 향해 나아가는 순례자입니다. 베드로전서 2장 11절과 히브리서 11장 13-14절의 말씀처럼, 우리의 본향은 하늘에 있으며 생명의 주인은 오직 하나님이십니다.

예수 그리스도께서는 "인자는 안식일의 주인이라"(막 2:28)고 말씀하셨습니다. 부활의 날, 곧 주일은 인류의 구속이 완성된 새 창조의 날이요, 참된 안식이 시작된 날입니다. 그러므로 우리 주님의 생명 자체가 바로 희년의 복음이며, 그분이 오심으로 희년의 복음이 세상 가운데 선포되었습니다.

오늘의 교회는 그 복음을 이어받은 공동체입니다. 주님께서 열어주신 새 창조의 시간 속에서, 우리는 여전히 희년의 나팔을 불어야 합니다. 모든 억압에서 해방되고, 모든 상처가 치유되는 하나님의 나라, 그것이 안식일이 품고 있는 궁극의 약속입니다.

나는 네 방패요

삶의 여정 속에서 우리는 크고 작은 어려움과 마주합니다. 마음이 지치고 몸이 피곤할 때, 해결할 수 없는 문제 앞에서 무력함을 느낄 때가 있습니다. 그러나 믿음의 사람은 그 무거운 짐을 홀로 지지 않습니다. 우리 주 예수 그리스도께 맡기고, 그분의 품 안에서 쉼을 얻습니다. 이것이 신앙의 출발점이자 위로의 자리입니다.

히브리어에서 숫자 8은 '헤트'라 하며, '울타리' 혹은 '장벽'을 의미합니다. 생명을 보호하는 경계, 곧 생명을 지켜주는 벽의 상징입니다. 우리가 사는 집이 벽으로 구분되어 있는 것처럼, 신앙에도 영적인 경계와 보호의 울타리가 존재합니다. 그 울타리 가운데 하나가 바로 '믿음의 방패'입니다.

'방패'라는 말은 히브리어로 '마겐'이라 합니다. 작지만 단단한 원형 방패를 가리키며, 단순히 물리적인 보호를 넘어 진리를 수호하고 구원의 길을 지키는 상징으로 사용되었습니다. 창세기 15장 1절에서 하나님께서는 아브람에게 말씀하십니다. "아브람아, 두려워하지 말라. 나는 네 방패요, 너의 지극히 큰 상급이니라."

이 말씀 속의 '방패'는 단순한 무기가 아닙니다. 싸움터에서 몸을 막아주는 철판이 아니라, 영혼을 지켜주는 신적 보호의 표상입니다. 하나님께서는 아브라함의 인생 전장을 직접 지켜 주시겠다고 약속하신 것입니다.

에베소서 6장 16절에서도 사도 바울은 말합니다. "모든 것 위에 믿음의 방패를 가지고, 이로써 악한 자의 모든 불화살을 소멸하라." 믿음의 방패는 단순한 신념이 아니라, 주 예수 그리스도에 대한 신뢰입니다. 악한 세력의 공격 속에서도 흔들리지 않게 하는 진리의 수호막입니다.

창세기의 "나는 네 방패요"와 에베소서의 "믿음의 방패"는 모두 같은 단어 '마겐'으로 연결되어 있습니다. 결국 하나님께서 친히 우리의 방패가 되신다는 뜻입니다. 이 방패는 말씀의 진리로 이루어져 있습니다. 말씀을 잃어버린 신앙은 보호받지 못한 영혼처럼 쉽게 무너집니다. 오직 진리의 복음이 우리의 영혼을 지켜줍니다.

신명기 33장 29절은 이렇게 노래합니다. "이스라엘이여, 너는 행복한 사람이로다. 그는 너를 돕는 방패시요, 네 영광의 칼이시로다." 하나님을 방패로 삼은 자는 어떤 환경 속에서도 행복한 사람입니다. 하나님께서 그를 싸매시고, 보호하시며, 마침내 승리의 자리로 이끄시기 때문입니다.

그러므로 우리는 스스로에게 물어야 합니다. 나는 지금, 믿음의 방패를 지니고 있는가? 진리의 말씀으로 무장하고 있는가? 만약 그 방패가 없다면, 지금이 바로 준비할 때입니다. 우리의 싸움은 눈에 보이는 전쟁이 아니라, 어둠의 권세와 맞서는 영적 전투이기 때문입니다. 믿음의 방패를 든 사람, 그는 결코 쓰러지지 않습니다. 하나님이 그와 함께 계시기 때문입니다.

정금 같은 신앙

사람이 인생을 살아가다 보면 예기치 못한 풍랑과 맞닥뜨릴 때가 있습니다. 나의 의지와는 전혀 상관없이 억울한 오해를 받기도 하고, 시기와 질투 속에서 마음 깊은 곳이 상처로 일렁이기도 합니다. 그러나 신앙의 길을 걷는 이들에게도 이런 시련은 결코 예외가 아닙니다. 오히려 믿음의 사람은 그 연단의 과정 속에서 더 단단해지고, 다음 단계의 은혜를 받을 자격을 준비하게 됩니다.

금이 불속에서 단련되어 정금으로 거듭나듯, 신앙인도 고난의 불길을 통과하며 순결한 믿음으로 빚어집니다. 금을 제련할 때 장인은 망치로 두드리고, 불 속에 넣어 불순물을 제거합니다. 그 과정을 견뎌낸 금만이 찬란한 빛을 발합니다. 우리의 믿음도 그렇습니다. 환란과 핍박을 지나오며 하나님과 함께 숨 쉬고, 그분의 뜻 안에서 정금처럼 순수한 신앙으로 단련됩니다.

창세기 2장 12절에 나오는 '금'이라는 단어는 히브리어로 '자하브'입니다. 이 말에는 단순히 물질적 금속의 의미를 넘어, "환란 속에서도 하나님과 함께 호흡하며 안식을 누리는 존재"라는 상형적 의미가 담겨 있습니다. 즉 시련 속에서도 하나님을 잃지 않는 삶, 그것이 참된 '자하브의 신앙'입니다.

우리의 신앙 여정에서 어려움이 다가올 때, 우리는 반드시 임마누엘 하나님과 동행해야 합니다. 그분과 함께 호흡하며, 성령의 인도하심 아래 은혜와 평강의 길을 걸을 때, 고통은 기도로 정화되고 절망은 소망으로 변합니다.

루마니아의 신앙인 리처드 범브란트(Richard Wurmbrand)는 이렇게 말했습니다. "의무적인 신앙은 언제나 껍데기처럼 보이지만, 진정한 신앙은 어느 날 마음의 불빛으로 살아난다." 그는 화창한 주일 아침, 한 성도가 늘 그렇듯 의무적으로 예배에 참석한 이야기를 들려줍니다. 찬송가의 가사를 익숙하게 부르고, 설교를 무심히 듣던 그 순간, 갑자기 그의 마음에 섬광처럼 한 문장이 스쳤다고 합니다.

"하나님은 살아 계시다." 그 깨달음은 단 한순간이었지만, 그의 인생 전체를 바꾸어 놓았습니다. 신앙이란 바로 그런 것입니다. 불 속에서도 사라지지 않는 믿음, 연단 속에서도 더욱 빛나는 확신. 그것이 하나님께서 우리 안에 빚으시는 정금 같은 신앙입니다.

아벨의 제사

아벨의 생애는 짧았지만, 그가 남긴 신앙의 향기는 긴 세월을 지나 지금까지도 빛나고 있습니다. 성경 원어에서 그의 이름은 '헤벨'이라 불리는데, 이는 하나님을 향한 갈망과 예배자의 삶을 뜻합니다.

아벨은 하나님을 뜨겁게 사랑하던 사람이었습니다. 그는 마음을 다해 하나님을 찾았고, 그분 앞에서 진실한 예배를 드리며 살았습니다. 아벨의 삶은 단지 순종의 기록에 그치지 않습니다. 그의 죽음은 혈통 안에서 거름이 되어, 하나님의 구속의 역사를 이어 가는 밑거름이 되었습니다. 그래서 그의 이름에는 '거름', '분토'라는 의미도 함께 담겨 있습니다.

아벨의 순전한 신앙이 있었기에, 그 믿음의 계보 위로 셋이 태어나고, 결국 예수 그리스도의 구원 계보가 이어질 수 있었습니다. 히브리어 철자 '라메드'에는 '심장'이라는 뜻이 있습니다. 이 단어가 '헤벨' 속에 들어 있다는 것은, 아벨이 단순한 제사자가 아니라 '심장으로 드린 예배자'였음을 암시합니다.

그는 형식이 아니라 마음으로 하나님을 예배했습니다. 그의 제사는 제물이 아니라 '뜨거운 심령'으로 드려졌던 것입니다. 오늘의 그리스도인들도 아벨의 신앙을 본받아야 합니다.

삶의 희로애락 속에서도 하나님을 찾는 갈망, 그분을 향한 사랑의 열정이 식어서는 안 됩니다. 사역이 아무리 크고 화려해도, 그 기초가 예배 위에 놓이지 않으면 그것은 하나님께 드려지지 않은 껍데기에 불과합니다. 예배가 무너진 사역은 결국 사람의 영광만 남기고, 하나님의 영광은 사라집니다.

우리가 드리는 주일 예배를 돌아보면, 정해진 순서와 형식 속에 익숙해진 자신을 발견하게 됩니다. 묵도하고, 신앙을 고백하고, 찬양을 부르고, 설교를 듣는 그 시간 속에서 어느새 마음은 멀어지고, 입술만 남는 예배가 되어버리지는 않았을까요? 예배는 효율이나 생산성이 아닌, 하나님께 향한 '전심(全心)의 사랑'입니다.

아벨의 제사는 짧은 생애 속에서도 하나님께 온전히 향했던 '심장의 예배'였습니다. 그의 제사를 기뻐 받으신 하나님은, 오늘 우리에게도 같은 마음을 요구하십니다. 형식보다 마음이, 제물보다 사랑이 앞서는 참된 예배. 그것이 바로 하나님께서 기뻐하시는 '아벨의 제사'입니다.

사명 받은 크리스천

지구촌 곳곳에 있는 수많은 사람들은 각자 자신만의 가치관과 세계관 속에서 꿈과 비전을 품고 살아갑니다. 하지만 모든 사람이 다 성공하는 건 아니죠. 성공의 기준도 사람마다 다릅니다.

어떤 사람은 지도력이나 부를, 또 어떤 사람은 학력이나 사회적 지위를 성공의 잣대로 삼습니다. 그런데 하나님을 믿고 사명을 받은 크리스천에게 '성공'의 의미는 좀 다릅니다. 이 땅에서의 성공이 전부가 아니기 때문입니다. 진짜 상급은 천국에서 주어질 '생명의 면류관'이니까요. 하나님께서 보시는 가치는 겉모습이 아니라 마음속에 있습니다. 병이 있더라도, 사회적 지위가 낮더라도, 그 안에 주님을 향한 신실한 믿음이 있다면 그 사람은 복된 사람입니다.

인격과 영성을 세워가는 일, 하나님이 주신 형상을 회복하는 일, 그게 바로 거듭남의 길이고, 그것이야말로 주님께 영광을 돌리는 삶이죠. 사람은 모두 죄인입니다. 스스로 구원할 힘이 없고, 죽음의 어둠을 이길 능력도 없습니다.

오직 하나님의 은혜만이 우리를 살릴 수 있고, 그 은혜의 길은 예수 그리스도를 통해 열립니다. 저도 연약한 육체로 태어났지만, 하나님께서 긍휼히 여겨주셔서 가족들보다 먼저 저를 만나주셨습니다. 처음엔 그저 예수님이 좋았습니다.

그런데 주님을 알고 사랑할수록 제 마음은 자연스럽게 가족의 구원을 위해 기도하게 되더군요. 오랜 세월 간절히 기도한 끝에, 결국 하나님께서 제 가족들도 주님께로 인도해 주셨습니다. 삶의 여러 위기 속에서도 하나님은 제게 소명을 주셨습니다.

로마서 15장 13절의 말씀처럼, "소망의 하나님이 모든 기쁨과 평강을 믿음 안에서 너희에게 충만하게 하사 성령의 능력으로 소망이 넘치게 하시기를 원하노라." 이 말씀을 가슴 깊이 새기며, 지난 37년 동안 주님의 교회를 섬기고 복음 전도의 길을 걸어왔습니다.

1990년대 초, 교육전도사로 사역하던 노원 창일교회에서 의정부에 '호렙산 영성기도원'을 세우고 입당예배를 드렸던 날이 있었습니다. 그날은 제게 참 감사한 날이었어요. 개척 이후 40여 년 동안 오직 십자가의 복음을 붙들고 세계 열방을 향해 달려온 박호식 목사님, 그분은 무릎으로 기도하며 성령의 능력으로 회복과 치유, 전도와 선교의 길을 걸어오신 분이었습니다.

하나님의 은혜로 시작된 기도원 공사는 코로나19 팬데믹이라는 시련 속에서도 멈추지 않았습니다. 목사님과 성도들의 믿음과 헌신으로 결국 2년 만에 완공되었고, 감사의 예배를 드릴 수 있었습니다. 그 일은 하나님께서 여전히 이 땅 가운데 살아 역사하고 계신다는 증거였습니다. 1884년, 알렌 선교사가 조선 땅에 첫 발을 내딛으며 복음의 씨앗이 심어졌습니다.

그 뒤를 이어 언더우드, 아펜젤러 선교사들이 들어오며 한국 교회는 생명의 빛을 품기 시작했죠. 길선주, 김익두, 손양원, 한경직 목사님을 비롯한 많은 신앙의 선배들은 눈물의 기도와 성령의 역사로 부흥의 시대를 열었습니다. 그 하나님은 지금도 동일하게 역사하십니다.

구약의 하나님, 초대 교회의 하나님이 바로 지금, 우리 안에 계십니다. 그러니 우리는 그분이 주신 사명을 붙들고 살아야 합니다. 생명을 전하는 복음의 증인으로, 민족 복음화와 세계 복음화를 향한 작은 밀알로 쓰임 받아야 합니다. 우리의 사명은 결코 작지 않습니다. 주님이 우리를 부르신 그 자리에서, 빛과 소금으로 살아가는 것, 그게 바로 하나님이 기뻐하시는 사명의 삶입니다.

인내와 연단

조개는 몸속에 불순물이 들어오면 스스로 치유하려고 끊임없이 분비물을 내보냅니다. 그 분비물이 오랜 세월 쌓여서 결국 찬란한 진주가 되죠. 그래서 진주는 고통의 결정체이자 인내의 열매라고 할 수 있습니다. 조개가 매일의 고통을 견뎌야 아름다운 빛을 내듯, 신앙인의 삶도 고난의 연단을 지나야만 믿음의 보석으로 빚어집니다.

성경에 나오는 '베델리엄'이라는 단어는, 하나님의 말씀을 배우고 익히며 겸손히 그리스도의 울타리 안에서 생명을 얻는다는 뜻을 담고 있습니다. 조개가 고통 속에서 진주를 품듯이, 우리 영혼도 말씀 속에서 연단을 받을 때 참된 생명으로 자라납니다. 살다 보면 물질의 문제, 인간관계의 어려움, 상실과 배신의 아픔 같은 일들을 겪게 됩니다. 하지만 그 모든 순간마다, 하나님만이 우리를 살리실 분이라는 사실을 믿는 그 체험이 바로 '신앙의 근육'을 키우는 과정입니다.

믿음은 결코 쉽게 자라지 않습니다. 말씀을 매일 배우고, 그 말씀을 삶 속에 익숙하게 실천하고, 또 다른 사람들에게 가르칠 때에야 비로소 믿음은 살아 있는 능력이 됩니다. 조개가 진주를 품느라 자기 공간을 점점 좁혀 가듯, 신앙의 연륜이 깊어질수록 우리는 자신을 비워야 합니다. 그리고 그 빈 자리를 예수 그리스도의 생명으로 채워야 합니다. 그때 비로소 우리의 신앙은 진주처럼 빛나게 됩니다.

그래서 숨이 붙어 있는 동안, 날마다 주님의 울타리 안에서 생명수를 마시며 승리하는 신앙인으로 살아가야 합니다. 기독교의 본질은 오직 예수 그리스도 한 분이십니다. 예수님이 없으면 교회도, 구원도, 소망도 없습니다. 예수님이 빠진 신앙은 껍데기에 불과합니다. 그래서 우리는 늘 자신에게 물어야 합니다. "예수님은 지금 내 삶의 주인이신가?"

주일에만 주인이 아니라, 1년 365일 내내 주인이신가? 교회 안에서뿐 아니라, 일상의 모든 자리에서 주인이신가? 예배할 때만이 아니라, 일할 때에도, 사람을 대할 때에도 주님이 중심이신가?

이 질문 앞에서 우리는 진지하게 자신을 돌아봐야 합니다. 매일의 삶 속에서, 어떤 장소에서도, 어떤 상황에서도, 누구와 함께 있을 때에도 나는 예수님을 바라보고, 그분을 사랑하며, 그분의 뜻을 따라 살고 있는가? 참된 신앙은 고통을 피하는 데 있지 않습니다. 고통을 통해 단단해지는 데 있습니다. 인내는 우리를 약하게 만들지 않습니다. 오히려 진주처럼 빛나는 영혼으로 단련시킵니다. 그러니 오늘의 연단을 두려워하지 마세요.

그것이 바로 하나님께서 우리를 진정한 믿음의 사람으로 세우시는 은혜의 과정이기 때문입니다.

내면의 우상

자녀는 부모를 닮습니다. 얼굴 생김새뿐 아니라 말투나 성격, 습관까지 닮아갑니다. 세월이 흐를수록 그 닮음은 더 뚜렷해지죠. 의학적으로도 혈액형이나 체질, 질병까지 유전된다고 합니다. 그러나 사실 인간이 닮은 것 중에서 가장 근원적인 것은 육체가 아닙니다.

하나님께서는 우리를 당신의 형상대로 지으셨습니다. 히브리어로 '형상'을 '체렘'이라 하는데, 이는 단순히 겉모양을 뜻하는 말이 아닙니다. 사랑과 진리, 생명, 의, 인격처럼 하나님의 성품과 속성을 반영한다는 뜻이 담겨 있습니다. 그래서 인간은 창조주를 비추는 거울이며, 하나님의 영광을 담는 그릇이라 할 수 있습니다.

이렇기에 하나님께서는 "이 땅에서 어떤 형상도 만들지 말라"고 명하셨습니다. 이 말씀은 단지 조각상이나 그림을 금지하신 것이 아니라, 우리의 마음속에 우상을 새기지 말라는 뜻입니다. 우리는 하나님의 형상으로 지음 받았기에 그분의 말씀을 품고, 그분의 성품을 닮아가야 합니다. 우리의 몸과 마음은 하나님의 말씀을 담는 그릇이기 때문입니다.

그러므로 우리는 날마다 내 안의 우상을 버리고, 성령님을 모시며 은혜와 평강 가운데 살아가야 합니다. 자녀가 부모를 닮아가듯, 우리도 주님의 자녀로서 영적인 아버지이신 하나님을 닮아가야 합니다. 비록 연약하고 불완전하지만, 하나님의 형상을 회복하며 그분을 닮아가려는 삶이 곧 신앙의 여정입니다.

자신의 뿌리를 잃은 사람은 정체성을 잃습니다. 부모를 모르거나 기억을 잃은 사람이 "나는 누구인가?"를 물어도 답을 찾지 못하듯, 하나님의 형상을 잃은 인간 또한 어떤 철학이나 사상으로는 참된 만족을 얻을 수 없습니다.

이와 관련된 한 이야기가 있습니다. 옛날에 소금으로 만들어진 인형이 있었습니다. 그 인형은 "나는 누구일까?"를 알고 싶어 세상을 떠돌다가 어느 날 끝없는 바다를 만나게 됩니다. 처음 보는 거대한 존재 앞에서 인형이 묻습니다. "당신은 누구세요?" 그러자 바다가 미소 지으며 말합니다. "내게 들어와 보렴." 인형은 조심스럽게 바다 속으로 걸어 들어갑니다. 그러자 몸이 조금씩 녹아내리기 시작합니다. 그리고 마지막 한 점이 남을 때, 인형은 깨닫습니다. "아, 나는 바다였구나."

소금 인형이 바다 안에서 자신을 발견했듯, 우리 그리스도인도 예수 그리스도 안에서 진짜 '나'를 발견해야 합니다. 우리는 그분 안에서 비로소 '나'의 의미를 이해하게 됩니다.

하나님의 형상으로 지음 받은 우리는 결코 우연한 존재가 아닙니다. 세상의 가치가 아니라, 창조주의 사랑과 은혜 안에서 우리의 존재는 존귀합니다. 그러므로 내면의 우상을 버리고, 그 자리에 하나님의 말씀을 새겨야 합니다. 그럴 때 우리는 비로소 진정한 나, 하나님께서 지으신 본래의 나로 다시 살아나게 될 것입니다.

성령으로 결합된 공동체

봄을 이기는 겨울이 없듯, 세상도 늘 변합니다. 강자가 약자가 되기도 하고, 약자가 강자가 되기도 하죠. 인생의 순위는 언제든 바뀔 수 있습니다. 그래서 우리는 "먼저 된 자가 나중 되고, 나중 된 자가 먼저 된다"라는 말씀을 실감하며 살아가게 됩니다.

우리 주변의 교회들을 보면, 크고 작은 공동체들이 참 많습니다. 그 안에서 함께 신앙생활을 하다 보면, 여러 사람들의 인생 이야기를 보게 되죠. 한때 어려움 속에 있던 교우가 세월이 지나 사회적으로나 경제적으로 풍요로워지는 모습을 보면, 참 감사하고 기쁜 일입니다. 하나님의 은혜가 분명하니까요. 하지만 문제는 그다음입니다. 은혜를 받았지만, 그 초심을 잃지 않고 겸손하게 그 은혜를 이어가는 건 생각보다 쉽지 않습니다.

가난할 때는 마음이 부드럽고, 작은 것에도 감사할 줄 압니다. 섬김이 몸에 배어 있죠. 그런데 풍요로워지면 교만이 스며들기 쉽습니다. 내가 잘해서, 내가 노력해서 여기까지 왔다는 착각이 생기고, 과거의 도움과 은혜를 잊어버리기도 합니다. 그렇게 사람 사이의 믿음과 의리가 조금씩 흐려집니다. 하지만 하나님을 믿는 사람이라면 세상의 기준이 아니라 말씀을 기준으로 살아야 합니다. 손해를 보더라도 신의와 겸손을 지키고, 자신에게 맡겨진 십자가의 길을 끝까지 걸어가는 것이 진짜 신앙인의 모습입니다.

'교회'라는 말을 헬라어로 '에클레시아'(Ekklesia)라고 하는데요, '불러 냄을 받은 사람들의 모임'이라는 뜻입니다. 세상 속에서 하나님이 불러 내신, 성령 안에서 하나 된 공동체라는 거죠. 또 히브리어로는 '카할' (Qahal) 이라고 하는데, '회중', '총회', 즉 하나님께서 택하신 백성의 모임을 뜻합니다. 그러니까 교회는 단순히 건물이 아니라, 하나님께서 세상 가운데 불러 모으신 거룩한 공동체인 겁니다.

사도행전에는 이렇게 기록되어 있습니다. "사도의 가르침을 받아 서로 교제하며 떡을 떼며 기도하기를 전혀 힘썼다"(행 2:42). 성령이 임하심으로 교회가 시작되었고, 그들은 성령 안에서 서로를 사랑하고, 하나 되어 주님의 몸을 이루었습니다.

그래서 우리는 꼭 기억해야 합니다. 교회는 단순한 조직이 아니라 성령으로 연결된 그리스도의 몸입니다. 초대 교회로부터 지금까지, 교회는 살아 계신 그리스도의 영에 의해 인도되어 왔습니다. 우리 각자는 그 몸의 한 부분으로 부르심을 받은 존재입니다.

시간이 지나면 누구나 초심을 잃기 쉽습니다. 하지만 믿음의 사람은 끝까지 첫사랑을 지켜야 합니다. 처음 주님을 만났을 때의 그 떨림과 감사, 순수한 믿음을 잊지 않아야 하죠. 하나님은 변함없이 당신의 자녀들을 눈동자처럼 지키십니다.

그러니 우리도 그 사랑에 응답하며 교회를 사랑해야 합니다. 그리고 잃어버린 영혼을 품고, 복음을 전하는 일에 동참해야 합니다. 성령의 능력으로 하나 되어 세상 속에 빛을 비추는 공동체, 그것이 바로 주님이 꿈꾸신 교회의 모습입니다.

광명체인 별

태초에 하나님께서 우주 만물을 창조하셨습니다. 그분의 손길 아래 피조된 모든 것은 우연히 존재하는 것이 하나도 없습니다.

창세기 1장 16절은 이렇게 전합니다. "하나님이 두 큰 광명체를 만드사 큰 광명체로 낮을 주관하게 하시고 작은 광명체로 밤을 주관하게 하시며 또 별들을 만드시고", 여기서 '별'로 번역된 히브리어 '코카브'(Kokav)는 단순히 하늘에 떠 있는 빛나는 천체를 의미하지 않습니다. 그 단어 속에는 진리의 말씀 안에서 하늘과 땅을 잇고, 하나님과 인간을 연결하는 상징적 의미가 담겨 있습니다. 다시 말해, 별은 어둠 속에서도 하나님의 뜻을 가리키며 그분께 나아가는 길을 비추는 존재입니다.

우리의 삶에도 이런 별이 필요합니다. 관계가 멀어진 사람들을 다시 화해로 이끄는 사람, 절망 속에서 한 줄기 희망을 비추는 사람, 그리고 믿음 공동체 안에서 서로를 연결시키는 사람이 바로 그 별입니다.

요한계시록 1장 20절은 "일곱 별은 일곱 교회의 사자요, 일곱 촛대는 일곱 교회니라"고 말씀합니다. 별은 교회의 사자, 곧 목회자를 상징합니다. 하나님께서 교회마다 세우신 이들은 오직 진리의 말씀 안에서 하나님과 성도를 연결시키는 사명자들입니다.

수많은 영혼이 방황하는 세상 속에서, 생명이신 예수 그리스도께로 인도하는 사람이 바로 목회자입니다. 신약성경 속의 동방박사들이 별

빛을 따라 아기 예수께 나아갔던 것처럼, 오늘의 우리는 인생의 길을 잃은 자들을 그리스도께로 인도하는 '별'이 되어야 합니다.

작은 이야기 하나를 떠올립니다. 숫자 '0'은 초라했습니다. 가진 것도 없고, 곁에는 아무도 없었습니다. 외로움에 지친 '0'은 친구를 찾아 나섰지만, 어느 숫자도 그를 받아주지 않았습니다. 그때, 숫자 '1'이 나타났습니다. '1' 또한 외롭고 홀로였습니다. 그렇게 '1'과 '0'은 서로를 향해 손을 내밀었습니다. 그 순간, 그들은 '10'이 되었습니다. 이제 그들을 무시했던 숫자들이 모여들어 친구가 되기를 청했습니다. 이 단순한 이야기 속에는 깊은 진리가 있습니다. 아무리 미약하고 작아 보여도, 하나님 안에서 서로 결합할 때 놀라운 능력이 나타난다는 것입니다. 혼자 있을 때는 연약하지만, 함께 있을 때 우리는 빛을 발합니다.

우리 인생도 마찬가지입니다. 때로는 '0'처럼 보잘것없고 초라하게 느껴질 때가 있습니다. 그러나 하나님은 그 '0'을 '1'과 결합시켜 '10'으로 만드시는 분이십니다. 우리의 연약함을 통해 주님의 능력을 드러내시고, 상처 입은 자를 다시 세우시는 분이십니다. 낙심과 좌절 속에서도 별을 바라보십시오. 하늘의 별은 어둠이 깊을수록 더욱 빛납니다.

우리가 진리의 말씀 안에서 하나님을 향할 때, 우리 또한 누군가의 길을 밝히는 별이 될 수 있습니다.

불순종과 저주

에덴동산의 천국은 완전한 조화의 세계였습니다. 뱀과 어린아이가 함께 놀고, 독사의 굴에 손을 넣어도 해를 입지 않는 곳, 그곳은 하나님이 지으신 창조 질서가 온전히 유지되던 평화의 낙원이었습니다. 그러나 인간의 타락 이후, 그 질서는 무너졌습니다.

하나님께 대한 불순종의 죄가 세상에 들어오자 모든 피조물이 혼란에 빠졌고, 평화는 깨어졌으며, 피조물 간의 관계도 원수가 되었습니다. 성경 속의 뱀, 용, 바다 괴물을 뜻하는 히브리어 '탄닌'(Tannin)은 흥미로운 상징을 지닙니다. 그 어원에는 십자가의 생명 언약, 그리고 하나님께 절대 복종함으로 구원에 이르는 길이라는 의미가 함축되어 있습니다. 그러나 계시록 12장 3절은 이렇게 말합니다. "하늘에 또 다른 이적이 보이니, 보라 큰 붉은 용이 있어 머리가 일곱이요 뿔이 열이라 …" 이 붉은 용은 하나님과 교회를 대적할 세력을 상징하며, 결국 영원한 멸망의 불못에 떨어질 존재로 그려집니다.

하나님께 순종하지 못하고 교만으로 대적한 결과, 생명에서 끊어진 존재가 된 것입니다. 오늘날 세상 속에도 '탄닌'의 유혹은 여전히 존재합니다. 하나님의 말씀을 왜곡하고 자신을 신격화하며, 진리를 대체하려는 수많은 사이비와 이단들이 그 예입니다. 그들은 스스로를 구원의 길이라 주장하지만, 실상은 하나님께 불순종함으로 멸망의 길을 걷는 자들입니다.

하와를 미혹해 선악과를 따먹게 한 뱀처럼, 불순종은 언제나 저주를 낳습니다. 구원받은 성도는 이 불순종의 사슬에서 벗어나야 합니다. 성령의 충만함으로, 하나님께 온전히 복종하는 길로 나아가야 합니다. 그 길만이 영원한 생명의 길, 곧 하나님 나라로 향하는 유일한 길입니다. 세상에는 해로운 곤충이 있는가 하면, 유익한 곤충도 있습니다.

모기, 파리, 벼룩처럼 사람에게 질병을 옮기고 고통을 주는 존재들이 있습니다. 그런데 하나님은 왜 그런 것들을 창조하셨을까요? 발로 모건의 저서 『무탄드』에는 흥미로운 장면이 등장합니다. 오지의 원주민들이 수백만 마리의 파리 떼에 몸을 맡긴 채, 입과 귀, 코로 파리가 들어와 그들의 몸을 청소해 주는 장면입니다.

그들에게 파리는 해로운 존재가 아니라, 오히려 자연과 더불어 사는 동반자요 청소부였습니다. 이 장면은 우리에게 중요한 깨달음을 줍니다. 하나님은 우리가 보기엔 쓸모없고 불필요해 보이는 것들까지도, 그분의 창조 질서 안에서 필요한 역할을 맡기셨다는 것입니다. 그러나 인간의 불순종이 그 질서를 무너뜨렸기에, 우리 눈에는 이제 그것이 저주처럼 보일 뿐입니다.

결국 불순종이란, 하나님이 만드신 질서를 자기 뜻대로 바꾸려는 마음입니다. 그 마음에서 비롯된 혼란이 곧 저주의 시작입니다. 그러므로 성도는 날마다 자신의 내면을 돌아보며, 불순종의 마음을 성령의 순종으로 바꾸어야 합니다. 하나님께 순종하는 삶, 그것이 저주를 넘어 복으로 가는 길이며, 타락의 사슬을 끊고 다시 에덴의 평화를 회복하는 길입니다.

평화의 수호자

현충일은 단순한 공휴일이 아닙니다. 이 날은 조국의 자유와 평화를 위해 생명을 바친 이들을 기억하는 거룩한 시간입니다. 그들의 희생은 역사의 한 장면이 아니라, 오늘 우리가 누리는 평화의 뿌리이며, 하나님이 허락하신 이 땅의 생명과 질서를 지탱하는 기둥입니다.

국가의 흥망성쇠 속에서도, 개인의 안락을 넘어 조국을 사랑한 순국선열의 희생은 결코 잊혀져서는 안 됩니다. 그들은 이름 없이 사라졌지만, 그들의 피와 눈물은 나라의 기초석이 되었습니다. 우리가 그 희생을 기억하고 존경을 표하는 것은, 단지 과거를 기념하기 위함이 아니라 그들의 정신이 오늘 우리의 삶 속에서도 이어지게 하기 위함입니다.

성도는 하나님을 사랑함과 동시에, 하나님께서 세우신 나라를 사랑하는 사람이어야 합니다. 하나님께서 인간을 그분의 형상으로 지으신 이유는 우리 각자가 이 세상 속에서 하나님의 뜻을 구현하며 살아가도록 하기 위함입니다. 예수 그리스도께서 하나님의 본체이시나, 스스로 낮아져 종의 형체로 이 땅에 오셨듯, 우리 또한 그분의 겸손과 순종을 본받아, 섬김과 희생의 삶으로 세상 속에서 하늘의 뜻을 실천하는 자가 되어야 합니다.

나라가 존재하기 위해서는 국민과 국토가 있어야 하고, 그것을 지키기 위한 국방과 헌신이 필요합니다. 젊은이들이 자신의 미래와 꿈을 내려놓고 조국을 위해 생명을 바친 것은 단순한 용기가 아니라, 사랑의 결정체요 순종의 행위였습니다. 그들의 희생은 오늘 우리의 안락함을 가능하게 했고, 그 정신은 앞으로도 계속 이어져야 할 거룩한 유산입니다. 오늘의 한국 사회는 풍요와 민주화를 이뤘지만, 그만큼 개인주의와 이기심이 깊게 자리 잡고 있습니다.

그러나 진정한 자유는 나 혼자 누리는 것이 아니라, 공동체와 나라를 위해 나를 내어놓을 줄 아는 데서 비롯됩니다. 가정에서부터 부모는 자녀들에게 하나님 사랑과 나라 사랑의 정신을 가르쳐야 합니다. 전쟁의 아픔을 겪지 못한 세대에게, 그 희생의 의미와 평화의 가치를 일깨우는 일은 우리의 책임입니다.

오늘 우리가 누리는 평화는 결코 값없이 주어진 것이 아닙니다. 선조들은 가난과 무지 속에서도 자녀의 미래를 위해 땅을 팔고, 소를 팔고, 흙먼지 속에서 묵묵히 씨앗을 뿌리며 희생과 헌신의 삶을 살았습니다. 그 눈물과 땀이 대한민국의 오늘을 만들었습니다.

한국 교회 역시 이러한 희생의 정신 위에 서 있습니다. 교회가 존재할 수 있는 것은 자유로운 나라가 존재하기 때문입니다. 공산주의 국가에서는 예배도, 전도도, 선교도 불가능합니다. 그러므로 신앙의 자유가 보장된 지금의 현실은 하나님의 은혜이며, 그 은혜를 지키기 위해 교회는 신앙교육과 더불어 애국교육에도 힘써야 합니다.

하나님을 사랑하는 마음이 곧 나라를 사랑하는 마음으로 이어질 때, 우리는 비로소 하늘의 평화를 이 땅에서 이루는 사명자가 될 것입니다. 생명은 하나님께서 주신 가장 고귀한 선물입니다. 현충일을 지내며 우리는 생명의 존귀함을 다시 새겨야 합니다.

전쟁의 참화를 겪은 민족으로서, 다시는 그 비극이 반복되지 않도록 나라의 구성원 모두가 한마음으로 평화와 생명을 지키는 일에 힘써야 합니다. 21세기 지구촌의 한편에서는 지금도 전쟁이 이어지고 있습니다. 무고한 생명이 죽어가고, 아이들은 고향을 잃은 채 난민이 되어 떠돕니다. 우리의 기도와 관심이 그들에게 닿아야 합니다. 진정한 평화의 수호자는 총을 든 자가 아니라,

기도로 세상을 품고 사랑으로 상처를 싸매는 사람입니다. 하나님께서 주신 자유와 평화를 지키기 위해, 우리 각자가 그분의 평화를 이루는 작은 도구가 되기를 소망합니다.

우주 만물의 주관자

이 세상의 모든 존재는 창조주 하나님의 손길로부터 비롯된 것입니다. 하늘과 땅, 바다와 그 안의 생명들, 빛과 어둠까지, 그분의 창조는 인간을 위한 섭리의 질서 속에 있습니다. 하나님께서 보시기에 이 모든 것은 다 필요하고, 또 선한 것이었습니다.

자연의 이치는 놀랍습니다. 식물은 어둠 속에서 더 깊이 뿌리를 내리고, 밤의 정적은 생명의 성장을 돕습니다. 빛이 없는 시간, 곧 어둠은 결코 부재의 시간이 아니라 생명을 키우는 은밀한 시간입니다. 이처럼 인간의 삶에도 밤이 있습니다. 예기치 못한 고난과 슬픔의 밤은 우리 영혼을 단단히 세우고, 믿음의 뿌리를 깊게 내리게 합니다. 하나님께서는 이 어둠의 시간을 통해 우리의 영혼이 자라나도록 허락하십니다.

우리 인생에 때로 홍수가 일고 태풍이 몰아치는 이유 또한 다름 아닌 하나님의 섭리입니다. 그것은 심판이 아니라 선물입니다. 겉으로는 불편하고 고통스러워 보이지만, 하나님의 관점에서는 모든 것이 합력하여 선을 이루는 과정입니다. 우리가 불행이라 여기는 일조차, 결국은 영혼을 성숙시키는 도구가 되는 것입니다.

그러므로 삶의 현장에서 마주하는 고난 앞에 불평하지 말고, 감사의 마음으로 받아들이는 지혜가 필요합니다. 하나님이 허락하신 하루하루의 여정 속에서 범사에 감사하며 기도하는 것이 참된 신앙의 길입니다.

지구촌의 모든 사람은 인종과 세대를 초월하여 예외 없이 고난을 경험합니다. 어느 시대든 시련 없는 인생은 없었습니다. 사람들은 고통의 이유를 이해하고자 수많은 책을 쓰고, 종교를 만들며, 피난처를 찾았습니다. 그러나 그 어떤 사상도 고난의 깊이를 완전히 해석하지는 못했습니다.

많은 종교는 고난을 인과응보의 결과로 설명하거나, 피할 수 없는 운명으로 받아들이라 말합니다. 그러나 성경은 다르게 말합니다. 고난에는 인과의 측면도 있으나, 그것이 전부는 아닙니다. 성경은 고난을 하나님이 허락하신 성장의 과정으로 바라봅니다.

예수께서는 요한복음 16장 33절에서 이렇게 말씀하셨습니다. "이것을 너희에게 이르는 것은 너희로 내 안에서 평안을 누리게 하려 함이라. 세상에서는 너희가 환난을 당하나 담대하라, 내가 세상을 이기었노라." 이 말씀은 고난이 끝이 아님을 증언합니다.

고난은 오히려 믿음이 완성되는 자리이며, 하나님이 우리를 향한 사랑의 또 다른 표현입니다. 그러므로 지금의 어려움을 두려워하지 말고, 예수 그리스도를 믿음으로 담대히 일어서십시오. 고난 속에는 언제나 하나님의 뜻이 있으며, 그 끝에는 반드시 유익이 있습니다.

창조주 하나님

어제나 오늘이나, 그리고 영원토록 변함이 없으신 창조주 하나님께
서는 낮과 밤을 지으셨습니다. 성경의 언어인 히브리어에서 '밤'은 '라
일'이라 하는데, 이 단어에는 단순히 어둠의 시간이 아니라 하나님을 더
욱 사랑하고 그분의 말씀을 깊이 묵상하며 가까이 나아간다는 상형적
의미가 담겨 있습니다. 그러므로 밤은 하나님께 더 가까이 나아가는 시
간, 곧 사랑과 교제의 시간이라 할 수 있습니다.

기도의 사람들은 종종 밤에 주님 앞에 나아갑니다. 세상의 소음이 가
라앉고, 마음이 고요해질 때 우리는 하나님의 음성을 더욱 선명하게 들
을 수 있기 때문입니다. 밤은 두려움의 시간이 아니라, 영혼이 하나님
께 집중하는 복된 시간입니다.

히브리어로 '저녁'을 뜻하는 '에레브'라는 말은 '통찰력 있게 시작하고
지혜롭게 행동하다'는 의미를 내포하고 있습니다. 흥미로운 것은, 이스
라엘의 하루는 아침이 아니라 저녁부터 시작된다는 점입니다. 안식일
또한 금요일 저녁부터 시작해 토요일 해질 때에 마칩니다. 그들에게 저
녁은 하루의 끝이 아니라 새로운 시작이었습니다.

저녁은 귀가(歸家)의 시간입니다. '집'을 뜻하는 히브리어는 '베이트'
에는 쉼, 안식, 평안이라는 뜻이 함께 담겨 있습니다. 이처럼 하나님께
서는 저녁과 밤이라는 시간을 통해 우리에게 쉼의 은혜를 주셨습니다.

밤은 단순히 노동의 끝이 아니라, 영원한 안식을 미리 맛보게 하시는 하나님의 선물입니다. 그러나 오늘날 세상은 이 창조 질서를 거스르고 있습니다. 밤은 더 이상 쉼의 시간이 아니라, 일하고 소비하고 즐기는 시간으로 변질되었습니다. 불야성의 도시들은 잠들지 않습니다. 하지만 그 대가로 우리는 점점 더 피로하고 병든 삶을 살아갑니다.

하나님께서 만드신 인간의 몸은 밤에 자야 건강하도록 설계되어 있습니다. 의학적으로도 암세포 억제 호르몬인 멜라토닌은 밤 12시부터 새벽 3시 사이, 깊은 잠에 빠졌을 때 분비됩니다. 인체의 세포는 해마다 약 90-95퍼센트가 새롭게 교체되며, 그중 대부분이 수면 중에 이루어집니다. 하나님은 밤을 통해 우리 몸을 회복시키시고 새 생명을 준비하게 하십니다.

그러므로 잠은 단순한 휴식이 아니라, 하나님의 창조 질서에 순응하는 신앙적 행위입니다. 우리가 밤을 무시하고 삶의 리듬을 깨뜨릴 때, 피로와 무기력, 질병이 따라옵니다. 반대로 하나님이 정하신 질서를 따라 살 때, 우리는 진정한 평안과 회복을 누릴 수 있습니다.

밤은 하나님이 우리에게 주신 축복의 시간입니다. 그 어둠 속에서 주님을 만나고, 쉼을 얻고, 영원한 안식을 바라보는 믿음의 사람이 되기를 소망합니다.

교만과 불신앙

오늘날 한국 교회의 성도들 가운데는 종종 이렇게 말하는 이들이 있습니다. "뭘 해도 안 됩니다. 내가 할 수 있는 건 다 해봤어요." 이 말 속에는 패배의식과 체념이 깔려 있습니다. 문제는 그 체념이 단순한 낙심이 아니라, 하나님 앞에서의 교만과 불신앙이라는 사실을 깨닫지 못한다는 데 있습니다.

과연 우리는 정말 죽을 만큼 최선을 다해 보았을까요? 모든 방법을 시도해 보고, 하나님 앞에 목숨 걸고 기도해 본 적이 있을까요? "안 된다"는 말은 종종 하나님의 가능성을 차단하는 불신앙의 선언이 되기도 합니다.

우리의 마음은 태도로 드러납니다. 말투와 표정, 행동, 심지어 몸짓 하나에도 마음의 상태가 담겨 있습니다. 안토니 라빈스는 "네 안에 잠든 거인을 깨우라"고 말했습니다. 하나님께서 인간을 하나님의 형상으로 지으셨기에, 우리 안에는 놀라운 잠재력과 가능성이 있습니다. 하늘과 땅을 창조하신 하나님의 지혜가 우리 속에 함께하기 때문입니다.

이스라엘 백성도 절망의 시간을 겪었습니다. 로마의 압제 아래에서 그들은 독립의 꿈을 잃고 좌절했습니다. 그러나 예수 그리스도께서는 그들에게 말씀하셨습니다. "보이는 세상이 전부가 아니다. 눈을 들어 하나님의 나라를 바라보라."

주님은 우리에게 이 땅의 현실을 넘어서는 천국의 소망을 주셨습니다. 십자가 위에서 "다 이루었다"고 하신 그 말씀은, 단순한 죽음의 선언이 아니라 절망 위에 세워진 완전한 믿음의 승리였습니다.

크리스천 동기부여가인 지그 지글러는 이렇게 말했습니다. "당신의 능력이 아니라, 당신의 태도가 당신의 고도를 결정한다." 성공의 길은 지식이나 학벌, 능력보다 먼저 태도에서 시작됩니다.

태도는 곧 마음의 방향입니다. 사람의 말투 하나, 표정 하나에서도 그 마음이 긍정인지 부정인지 알 수 있습니다. 예수 그리스도는 자신의 태도를 통해 우리에게 겸손과 복종의 본을 보여주셨습니다. 그분은 하늘의 영광을 버리고 종의 형체를 취하셨으며, 십자가에 죽기까지 복종하셨습니다.

이것이 참된 낮아짐이며, 하나님의 뜻을 이루는 길이었습니다. 인생의 방향은 비행기의 고도와 같습니다. 상승할 수도, 추락할 수도 있습니다. 우리의 마음이 향하는 방향이 곧 인생의 방향을 결정합니다. 따라서 성도는 늘 자신의 태도를 점검해야 합니다.

좌절과 불평의 언어 대신 믿음과 감사의 언어로 바꾸는 것, 그것이 신앙인의 긍정적 태도이며, 믿음의 고도를 높이는 비결입니다. 성경은 마음의 중요성을 반복해 강조합니다. "모든 지킬 만한 것 중에 더욱 네 마음을 지키라, 생명의 근원이 이에서 남이니라"(잠 4:23).

마음이 무너지면 삶도 무너집니다. 잠언 25장 28절은 이렇게 경고합니다. "자기의 마음을 제어하지 아니하는 자는 성읍이 무너지고 성벽이 없는 것과 같으니라." 마음을 다스리지 못하면 욕심과 교만, 분노와 시기, 낙심과 절망이 삶을 무너뜨립니다.

그러므로 성도는 무엇보다 마음을 지켜야 합니다. 사도 바울은 그 비결을 빌립보서 2장 5절에서 제시합니다. "너희 안에 이 마음을 품으라, 곧 그리스도 예수의 마음이니." 그리스도의 마음은 곧 비움의 마음입니다. "그는 근본 하나님의 본체시나 하나님과 동등 됨을 취할 것으로 여기지 아니하시고, 오히려 자기를 비워 종의 형체를 가지사 사람들과 같이 되셨고"(빌 2:6-7)라고 기록하고 있습니다.

예수님께서 자기를 비우셨다는 것은 단순히 욕심을 버렸다는 뜻이 아닙니다. 그분은 존재 자체를 내려놓고, 하나님의 뜻에 온전히 순복하셨습니다. 그 길이 바로 구원의 길이었고, 낮아짐을 통해 완성된 사랑이었습니다. 교만과 불신앙은 하나님과의 관계를 단절시키지만, 겸손과 믿음은 그 관계를 다시 이어줍니다.

우리 안에 있는 불신의 말을 멈추고, 예수 그리스도의 마음을 품어 겸손히 순복하며, 하나님께서 예비하신 승리의 길을 믿음으로 걸어가야 하겠습니다.

보시기에 좋았더라

하나님은 태초에 세상의 모든 것을 독특하고 개성 있게 창조하셨습니다. 그리고 그분은 여전히 그렇게 보시며 기뻐하십니다. 창세기의 첫 장면에서 반복되는 구절이 있습니다. "각기 종류대로 … 하나님이 보시기에 좋았더라." 이 짧은 말씀 속에는 창조의 질서와 하나님의 기쁨이 함께 담겨 있습니다.

풀과 나무, 새와 짐승, 모든 생명은 각기 종류대로 지음을 받았습니다. 하나님의 손길에는 우연이 없었습니다. 지금 존재하는 모든 피조물은 진화의 산물이 아니라, 처음부터 하나님의 생각과 계획 속에 완전한 형태로 창조된 것입니다.

창세기 1장 25절은 이렇게 말합니다. "하나님이 땅의 짐승을 그 종류대로, 가축을 그 종류대로, 땅에 기는 모든 것을 그 종류대로 만드시니 하나님이 보시기에 좋았더라." 이 말씀은 하나님의 창조가 의도적이고 아름다운 다양성 위에 세워졌음을 보여줍니다.

하나님의 형상으로 지음 받은 인간도 마찬가지입니다. 지구촌에 81억이 넘는 사람이 살고 있지만, 얼굴이 같은 사람은 단 한 명도 없습니다. 이토록 독특하게, 오직 하나뿐인 존재로 창조된 것이 바로 '나'입니다. 그런데 우리는 종종 자신을 하찮게 여기며, 세상 속에서 작고 무가치하다고 느낍니다.

그러나 하나님은 그런 우리를 향해 말씀하십니다. "내가 너를 내 형상대로 지었고, 너는 내가 보기에 좋다." 예수 그리스도께서 이 땅에 오셔서 십자가에서 피 흘려 죽으신 이유는, 바로 그 '좋았더라' 하신 하나님의 창조를 다시 회복시키기 위함이었습니다.

하나님의 형상이 죄로 인해 훼손되었지만, 예수님의 보혈은 그 형상을 다시 빛나게 하셨습니다. 우리가 별 볼 일 없는 인생처럼 느껴질 때에도, 하나님은 독생자 예수님을 희생하실 만큼 우리 한 사람 한 사람을 소중히 여기셨습니다. 그러므로 우리는 하나님이 보시기에 좋은 삶을 살아야 합니다.

남이 보기 좋은 삶이 아니라, 하나님이 기뻐하시는 삶, 하나님이 미소 지으시는 삶, 그것이 믿음의 사람에게 주어진 가장 아름다운 사명입니다. 세상은 종종 사람을 겉모습으로 평가합니다. 그러나 하나님은 중심을 보십니다.

사람들이 시시하게 여기는 존재라도, 예수님을 인격적으로 만나면 가장 가치 있는 사람으로 변화됩니다. 성경은 그 증거로 수많은 사람들의 이야기를 들려줍니다. 돈밖에 모르던 수전노 삭개오가 예수님을 만나, 재산의 절반을 가난한 자에게 나누는 사람으로 변했습니다. 물고기를 잡던 어부 베드로는, 예수님을 만나 사람을 낚는 사도가 되었습니다.

그리스도를 핍박하던 바울은 복음을 위해 자신의 생애를 모두 헌신한 이방인의 사도가 되었습니다. 예수님을 만나면 인생이 달라집니다. 그 만남은 단순한 종교적 감정이 아니라 존재의 근본적 변화를 일으킵니다. 예수님이 인생의 해답이시기 때문입니다.

그분을 만나는 순간, 무익하던 인생이 유익한 인생으로 바뀝니다. 방황이 끝나고, 인생의 목적과 우선순위가 새롭게 정렬됩니다. 하나님은 오늘도 우리를 바라보시며 말씀하십니다. "보시기에 좋았더라." 그 말씀이 다시 우리의 삶 위에 울려 퍼지기를 바랍니다. 비록 연약하고 부족하지만, 그분의 형상대로 지음 받은 존재로서 하나님이 기뻐하시는 삶을 살아가기를 소망합니다.

종교개혁과 신앙

종교개혁은 단지 교회의 변화를 향한 외침이 아니었습니다. 그것은 하나님 말씀으로 돌아가고자 하는 영혼의 각성이었습니다. 그 길은 언제나 험하고, 때로는 피로 물들었습니다. 그러나 그 헌신의 길 위에 지금의 개신교 신앙이 서 있습니다.

종교개혁의 뿌리를 따라가다 보면, 그 뒤편에는 수많은 이름 없는 믿음의 사람들이 있습니다. 후스가 일어서기 전, 그 길을 닦았던 왈도파가 있었고, 존 웨슬리의 회심 뒤에는 언제나 찬양하며 기도하던 모라비안 공동체가 있었습니다. 그리고 존 칼빈이 종교개혁의 기둥으로 서기까지는 믿음의 위그노들이 있었습니다.

'위그노'(Huguenots)라는 이름은 1506년경부터 프랑스 개신교도를 가리키는 말로 사용되었습니다. 그들은 신앙의 자유를 위해 싸웠지만, 16세기 종교전쟁의 소용돌이 속에서 극심한 박해를 받았습니다. 예배당은 불타거나 무너졌고, 목회자들은 감옥에 갇히거나 참혹한 죽음을 당했습니다. 심지어 노예선의 배 밑창에 묶여 노를 젓다 생을 마감한 이들도 있었습니다. 그럼에도 그들은 굴복하지 않았습니다. "하나님께만 영광을!"

이 신앙고백 하나로 모든 것을 버리고 새로운 땅을 향해 나아갔습니다. 국경은 막혔지만, 믿음의 발걸음은 멈추지 않았습니다. 그들은 네

덜란드와 독일, 영국, 스위스, 심지어 뉴욕과 남아프리카까지 흩어졌습니다. 그들의 손에는 검이 아니라 성경과 찬송, 그리고 노동의 땀이 있었습니다.

위그노들은 가는 곳마다 문화를 일구고 산업을 세웠습니다. 네덜란드에서는 금융과 출판의 기틀을 마련했고, 영국에서는 찰스 2세의 특별 이민법을 통해 적극적으로 받아들여져 산업혁명의 불씨가 되었습니다. '위그노 실크로드'라 불린 직물산업의 부흥은 세계 경제를 뒤흔들었고, 런던에는 수많은 위그노 교회가 세워졌습니다.

영국에 시민혁명이 일어나지 않은 이유 중 하나로 위그노를 통한 신앙의 윤리와 근면의 정신이 꼽히기도 합니다. 그들이 남긴 유산은 단지 산업과 문화의 발전이 아니었습니다. 그것은 신앙의 품격과 삶의 철학이었습니다.

존 칼빈이 강조한 경건한 삶과 교육의 중요성, 목숨보다 귀하게 여긴 예배자의 소명, '만인 사제설'과 '직업 소명설'에 근거한 노동의 신성함, 이 모든 것이 그들의 뿌리를 이루었습니다.

위그노의 삶에는 일관된 정신이 있었습니다. 하나님 앞에서의 성실, 이웃을 향한 섬김, 그리고 죽음 앞에서도 흔들리지 않는 믿음. 그들은 공동체를 소중히 여겼고, 서로의 생명을 구하기 위해 자신을 내어주었습니다.

그들의 형제애와 신앙의 연대는 오늘의 교회가 잃어버린 거룩한 공동체의 본질을 일깨웁니다. 사랑하는 여러분, 위그노들의 이야기는 먼 역사의 기록이 아니라, 오늘 우리에게 던져진 신앙의 질문입니다. 그들은 예배를 목숨보다 귀하게 여겼던 사람들이었습니다.

매일 말씀을 읽고, 가정예배를 드리며, 말씀을 자녀에게 전수했습니다. 그들의 가정은 작은 교회였고, 그들의 삶은 예배 그 자체였습니다. 오늘 우리는 얼마나 예배를 사랑하고 있는가요? 하나님 앞에 머무는 시간을 얼마나 귀히 여기고 있나요? 성령의 임재를 구하며, 내가 속한 공동체를 위해 기도하고 있나요? 위그노들은 그 믿음으로 역사를 바꾸었습니다.

그들의 신앙은 독일의 경건주의 운동, 영국의 청교도 운동, 그리고 미국의 대부흥운동으로 이어졌습니다. 그들의 피와 눈물은 후대를 깨우는 복음의 씨앗이 되었습니다. 이 시대의 성도들도 그 길을 따라야 합니다. 나의 신앙이 다음 세대로 흘러가고, 그리스도의 복음이 땅끝까지 전해지는 참된 제자의 삶으로 이어지길 소망합니다.

하나님께서 "너의 믿음을 보시기에 좋았더라."고 하시는 그날까지, 우리는 말씀 위에 굳게 서야 합니다.

심히 좋았더라

창세기의 첫 장은 하나님의 시선으로 세상을 바라보는 법을 가르쳐 줍니다. "하나님이 지으신 그 모든 것을 보시니 보시기에 심히 좋았더라." 이 한 구절은 창조의 완성을 선포함과 동시에, 하나님이 보시는 세상의 질서와 조화를 드러냅니다.

하나님께서 '심히 좋다' 하신 이유는 단지 인간이 존재해서가 아닙니다. 만일 사람만을 창조하셨다면 하나님께서 그렇게 기뻐하지 않으셨을 것입니다. 하나님이 보시기에 아름다운 세상은, 각기 다른 존재들이 조화를 이루며 함께 살아가는 세상이었기 때문입니다. 하늘과 땅, 빛과 어둠, 바다와 육지, 사람과 피조물 … 그 모든 것들이 서로 어울려 하나의 선율을 이루었습니다.

창조는 단순한 나열이 아니라, 하나님의 의도와 질서 속에 자리한 '관계의 예술'이었습니다. 오늘 우리가 사는 세상도 그 창조의 질서 위에서 있습니다. 그러나 인간의 욕심과 교만이 그 질서를 흔들고 있습니다. 다름은 언제부턴가 불편함이 되었고, 다양성은 경쟁의 대상이 되었습니다. 그 결과 우리는 조화의 기쁨보다 고립의 슬픔을 더 많이 경험합니다.

하나님께서 보시기에 '심히 좋았던 세상'을 회복하기 위해, 우리는 다시 관계의 자리로 나아가야 합니다. 내가 옳다는 주장보다 함께함의 지혜를 구해야 합니다. 나와 다른 사람을 배척하기보다, 그 다름 속에 깃든 하나님의 아름다움을 발견해야 합니다. 혹시 지금 홀로 싸우며 마음의 문을 닫고 있습니까? 그렇다면 먼저 손을 내밀어 보십시오. 사람을 만날 때 역사가 일어납니다. 그리고 그 만남 속에서 우리는 결국 하나님을 만나는 기적을 경험합니다.

우리의 마음은 눈에 보이지 않습니다. 그럼에도 마음은 인생의 중심이며, 영혼의 방향을 결정짓는 자리입니다. 사람들은 마음으로 기뻐하고, 마음으로 상처받고, 마음으로 사랑합니다. 상황이 힘들면 "마음이 아프다"고 말하고, 결심이 서면 "마음을 굳게 먹는다"고 합니다. 그만큼 마음은 우리 존재의 사령탑이며, 모든 생각과 말, 행동을 이끄는 본질입니다.

그래서 성경은 말합니다. "모든 지킬 만한 것 중에 더욱 네 마음을 지키라, 생명의 근원이 이에서 남이니라." 마음이 바로 설 때, 삶이 바로 섭니다. 마음이 무너지면 인생이 흔들립니다. 하나님께서는 우리의 마음이 서로 연결되어 조화를 이루기를 원하십니다.

자신의 유익만을 좇는 마음이 아니라, 서로를 품고 이해하는 마음으로 세상을 바라보기를 원하십니다. 그럴 때 하나님께서 태초에 말씀하신 그 선언, "보시기에 심히 좋았더라"는 말씀이 오늘 우리의 삶 가운데 다시 울려 퍼질 것입니다.

감사하는 생활

하나님은 빛이십니다. 그분은 타락하여 어둠에 잠긴 세상에 참된 빛을 보내시어 세상을 밝히셨습니다. 그 빛이 바로 하나님의 독생자 예수 그리스도이십니다.

빛으로 오신 그분을 닮아 살아가는 것이 그리스도인의 본질입니다. 사도 바울은 데살로니가전서 5장 5절에서 이렇게 말합니다. "너희는 다 빛의 아들이요 낮의 아들이라. 우리가 밤이나 어둠에 속하지 아니하나니", 성경 원어에서 '날, 낮, 하루'를 뜻하는 히브리어 '욤'은 단순한 시간의 단위를 넘어 예수 그리스도께서 십자가 위에서 피 흘리시며 진리의 말씀을 완성하신 사건을 상징합니다. 곧 욤 은 구속의 빛이며, 진리의 생명을 품은 시간입니다.

하루를 살아가며 우리는 스스로에게 물어야 합니다. "나는 오늘, 나를 위하여 피 흘리신 예수님을 얼마나 기억하고 감사하며 살고 있는가?" 그분은 우리의 허물과 죄, 사망의 권세에서 우리를 건지시기 위해 자신의 몸을 내어주셨습니다. 그 은혜를 묵상하는 삶이 곧 빛의 자녀로 사는 감사의 생활입니다.

하나님께서는 우리를 구원하시며 "너는 빛의 아들이라."고 선언하셨습니다. 그분은 어둠 속에서 방황하던 우리를 낮으로 불러내시고, 구원과 영생의 상속자로 삼으셨습니다. 그러므로 우리는 어둠에 속한 자들이 아닙니다.

빛 가운데서 주님의 제자로서 살아가야 하는 사람들입니다. 그리스도인은 하루의 시작을 예수 그리스도의 십자가로 맞이해야 합니다. 바쁜 일상 속에서도, 피 흘리신 주님의 사랑을 기억하는 습관은 우리의 영혼을 다시 밝히는 등불이 됩니다.

십자가에서 쏟으신 그 피는 단지 과거의 사건이 아니라, 오늘도 우리를 살리는 생명의 근원입니다. 이 사실을 기억할 때 우리는 어떤 어려움 속에서도 무너지지 않고, 다시 일어설 힘을 얻게 됩니다. 삶이 무겁고 고난이 깊을지라도 낙심하지 마십시오. 주님께서 함께하신다는 확신이 우리를 일으킵니다. 빛으로 부르신 하나님께서 결코 그 손을 놓지 않으실 것입니다.

어느 날, 한 사람이 지나친 자기 자랑으로 대화를 지배하고 있었습니다. 그는 말했습니다. "나는 면도하는 동안 외국어를 공부하고, 식사하면서 하루 일과를 점검합니다. 일터에서는 정신없이 바빠요. 사람들이 나를 그냥 두질 않습니다. 다른 사람보다 훨씬 부지런하죠." 그의 자랑이 끝나자 잠시 침묵이 흘렀습니다.

그때 곁에 있던 겸손한 이가 조용히 물었습니다. "그렇다면 당신은, 생각할 시간은 언제 가지십니까?" 이 짧은 질문 속에 깊은 통찰이 담겨 있습니다. 감사하는 생활은 '바쁘게 사는 삶'이 아니라 '바르게 사는 삶'입니다.

생각 없이 흘러가는 시간 속에서 감사는 잊히고, 교만은 자라납니다. 감사는 생각에서 시작되고, 생각은 믿음에서 자라납니다. 그러나 사탄은 바로 그 '바른 생각'을 방해합니다. 감사를 잊게 하고, 어둠의 의심과 불평으로 마음을 물들입니다. 그러므로 우리는 늘 깨어 있어야 합니다. 빛의 자녀로서, 예수 그리스도의 보혈을 기억하며 하루를 감사로 채워야 합니다.

감사는 단순한 예절이 아니라, 믿음의 증거요 빛의 언어입니다. 감사하는 사람에게 하나님은 더 큰 빛을 비추시며, 그 빛으로 세상은 조금 더 따뜻해집니다.

조선 말기의 개화 과정

　조선 말기는 닫힌 문과 닫힌 마음의 시대였습니다. 홍선대원군의 통상수교 거부 정책은 나라를 외세의 흐름에서 고립시켰고, 세계는 이미 산업과 문명으로 진보하고 있었지만 조선은 여전히 봉건의 틀 안에 머물러 있었습니다. 그 결과, 강대국의 압력과 군사적 침탈 앞에 조선은 깊은 혼란의 시기를 맞이하게 됩니다.

　그러나 하나님께서는 역사 속에서도 언제나 새로운 길을 여십니다. 1882년 조미수호통상조약 체결은 조선의 닫힌 문을 여는 첫 걸음이 되었고, 이듬해 고종은 민영익을 단장으로 한 사절단을 미국으로 파견했습니다. 이들이 바로 보빙사절단, 혹은 견미단이라 불렸던 사람들입니다. 1883년, 견미단은 샌프란시스코에 도착하여 기차로 시카고, 워싱턴 DC, 뉴욕, 보스턴을 거치는 대장정을 시작했습니다. 그들은 미국의 소방서, 학교, 기업, 행정기관, 그리고 대통령과 정치인들을 방문하며 문명과 제도의 현실을 직접 체험했습니다. 이 여정은 단순한 외교 사절의 방문이 아니라, 조선의 개화 과정에 중대한 전환점이 되었습니다.

　그 길 위에서 하나님의 섭리는 놀랍게 펼쳐졌습니다. 미국 볼티모어 기차역에서, 견미단 일행은 한 목사를 우연히 만나게 됩니다. 그는 바로 존 가우처(John Goucher) 목사였습니다.

　동양 선교를 위해 늘 기도하던 그는 조선 사절단을 발견하자 통역을 대동해 대화를 시도했고, 이것이 하나님의 응답이 되었습니다. 가우처 목사는 이후 일본에 있던 맥클레이 선교사에게 조선 입국 가능성을 문의했고, 그의 후원으로 맥클레이는 조선으로 들어와 고종 황제를 알현하게 되었습니다.

그 자리에서 고종은 미국의 의료인과 교육인들의 조선 입국을 공식적으로 허락했습니다. 이 역사적 만남의 결과, 1884년 호러스 알렌이 첫발을 디뎠고, 1885년에는 언더우드, 아펜젤러, 매리 스크랜턴 선교사 등이 뒤를 이었습니다.

이들은 정동 지역에 정착하여 정동제일교회, 배재학당, 이화학당, 독립신문사 등을 세웠고, 복음과 근대 문명이 함께 전해지기 시작했습니다. 그 열매는 자유와 민주, 교육과 선교의 형태로 조선 사회 곳곳에 뿌리내렸습니다.

특히 배재학당에서 자유의 개념을 배우며 새로운 조국의 비전을 품었던 이승만은 훗날 대한민국의 건국 이념을 세운 인물이 되었습니다. 그의 사상과 신앙의 기초에는 정동의 복음 정신이 자리하고 있었습니다. 오늘날 한국 교회의 청소년과 청년들이 '견미단'의 이름으로 미국을 탐방하며 그 길을 다시 밟고 있습니다.

이들은 배재학당 역사박물관에서 발대식을 가진 후, 미국의 독립정신이 대한민국의 건국정신으로 이어진 신앙의 흐름을 직접 체험했습니다. 1776년 미국의 독립이 선언되었듯, 1948년 대한민국의 자유 또한 하나님이 주신 은혜의 결실이었습니다. 이번 탐방은 단순한 역사 견학이 아니라, 자유와 신앙의 뿌리를 되새기는 영적 순례였습니다.

우리는 이 모든 과정을 통해 한 가지 진리를 봅니다. 하나님께서는 언제나 인간의 역사 위에 주권적으로 일하신다는 것입니다. 1883년의 견미단은 외교 사절로 출발했지만, 하나님의 계획안에서는 복음의 통로가 되었습니다. 닫힌 나라의 문을 여신 분도, 그 문을 통해 빛을 비추신 분도 하나님이셨습니다. 1945년 8월 15일, 우리는 해방의 은혜를 받았습니다.

그날의 자유는 단지 정치적 해방이 아니라, 하나님께서 주신 복음의 자유, 신앙의 자유였습니다. 오늘의 대한민국은 그 은혜 위에 서 있습니다. 그러므로 우리는 다시 감사하며 다짐해야 합니다. 하나님이 세우신 자유 대한민국이 주님 오시는 날까지 복음을 땅 끝까지 전파하는 나라가 되기를, 우리의 청년 세대가 견미단의 믿음과 용기를 이어받아 자유와 진리 위에 굳게 서는 미래의 지도자들로 성장하기를 소망합니다.

영적 황무지

사람은 대개 자기의 소유에 따라 만족을 느끼며 살아갑니다. 그러나 삶의 어느 순간, 이유를 알 수 없는 공허가 밀려와 허무한 인생을 한탄하거나 지난날을 후회하는 이들이 있습니다. 겉으로 보기엔 신앙생활을 성실히 이어가는 듯하지만, 마음 깊은 곳에서는 황무지 같은 무력감에 갇혀 방황하는 성도들도 있습니다.

'공허'라는 단어의 원어는 '보후'(bohu) 입니다. 이 말은 예수 그리스도 안에서의 호흡, 즉 그분 안에서 쉼을 얻고 생명과 연결된다는 상징적 의미를 담고 있습니다. 공허하다는 것은 아직 준비되지 못한 빈 상태를 뜻합니다. 이는 태초에 하나님께서 세상을 창조하시기 전, 아무 생명도 살 수 없었던 황량한 상태와 같습니다.

결국 영적 공허, 마음의 황무지는 생명 되신 예수 그리스도 안에서 참된 안식을 누리지 못하고 있다는 증거입니다. 그 메마름을 회복하는 길은 단 하나, 영적 호흡, 곧 기도입니다. 그리고 예배를 삶 속에서 실천할 때, 영혼의 황무지는 서서히 사라지고 생명의 기운이 움트게 됩니다.

성경에서 '깊음'을 뜻하는 히브리어 '테홈'(tehom) 은 바다, 심연, 깊은 물을 의미합니다. 이는 십자가의 예수 그리스도께서 그 말씀으로 온 세상을 덮어 생명을 주셨다는 상형적 의미를 지니고 있습니다. 바다보다 더 깊은 진리의 말씀, 그 심연 속에서 우리는 날마다 새 생명의 숨결을 얻습니다.

하나님의 은혜와 상관없어 보이는 분야 중 하나가 과학입니다. 종종 과학은 신의 영역에 도전하는 것으로 오해받기도 하지만, 사실 그 안에도 하나님의 은혜가 깊이 스며 있습니다. 미국 항공우주국(NASA)의 직원들 가운데 95퍼센트가 기독교인이라는 사실은 이를 잘 보여줍니다. 그들은 매일 아침 예배를 드리며 이렇게 기도한다고 합니다.

"하나님, 우리의 할 일은 다했습니다. 이제 하나님, 도와주십시오." 그 기도에는 단순한 겸손이 아닌, 존재의 깊은 자각이 담겨 있습니다. 사람이 할 수 있는 일에는 한계가 있습니다. 우리의 최선을 다한 그 끝에서, 하나님의 손길이 닿을 때 비로소 완전한 걸작이 완성됩니다.

삶의 자리에 서 있는 우리도 마찬가지입니다. 내가 아무리 다해도 하나님이 함께하시지 않으면 모든 것이 헛될 뿐입니다. 그러나 부족함 속에서도 하나님이 오셔서 살피시고, 그분의 은혜로 우리의 걸음을 점검하실 때, 인생의 황무지는 서서히 푸른 생명의 들판으로 변해갑니다.

오늘도 그 은혜의 들판 위에서, 다시 숨을 고르고 기도의 호흡을 내쉬며 나아가시길 바랍니다.

개혁 교회의 기초

16세기 유럽은 천 년에 이르는 기독교 역사 속에서 신앙의 발전과 더불어 깊은 왜곡과 타락을 경험하던 시대였습니다. 성경의 진리는 제도와 권력에 의해 가려졌고, 참된 복음은 교권의 그림자에 묻혀 있었습니다. 이러한 상황 속에서 하나님께서는 진리 회복을 위한 개혁의 불씨를 일으키셨습니다. 그 불길은 마틴 루터로부터 시작되어, 스위스 제네바의 존 칼빈을 중심으로 한 개혁 교회의 토대를 세우게 됩니다.

프랑스 출신의 존 칼빈(John Calvin, 1509-1564) 은 종교개혁의 2세대 지도자로서, 루터의 개혁 정신을 계승하고 더 깊이 발전시켰습니다. 루터가 "오직 믿음"(Sola Fide)으로 의롭다 함을 강조했다면, 칼빈은 한 걸음 더 나아가 하나님의 절대주권과 교회와 국가의 분리, 그리고 경건과 질서의 회복을 주장했습니다. 그는 하나님 중심의 신앙과 원칙에 철저했으며, 우상숭배를 철저히 배격하여 십자가 위의 형상조차 두지 못하게 할 정도로 순수한 예배를 추구했습니다.

칼빈은 미사를 예배와 설교 중심으로 개혁했으며, 그의 영향을 받은 스코틀랜드의 존 낙스(John Knox) 는 귀국 후 장로, 목사, 집사, 교사로 구성된 장로교회 제도를 세웠습니다. 이로써 개혁주의 교회의 기틀이 완성되었습니다.

루터가 제시한 종교개혁의 세 가지 기본 원칙은 '오직 믿음'(Sola

Fide), '오직 은혜'(Sola Gratia), '오직 성경'(Sola Scriptura)이었습니다.
여기에 칼빈은 '오직 그리스도'(Solus Christus)와 '오직 하나님께 영광
을'(Soli Deo Gloria) 더해, 오늘날 우리가 알고 있는 종교개혁 5대 강령
을 완성했습니다. 이 다섯 가지 원칙은 개혁 교회의 신앙적 뿌리이자,
지금도 변함없이 모든 예배와 교리의 기준이 되고 있습니다.

칼빈의 동역자 기욤 파렐(Guillaume Farel)은 프랑스에서 추방된 후
스위스 전역을 순회하며 복음을 전한 인물이었습니다. 그는 제네바를
종교개혁의 도시로 세우는 데 큰 공헌을 하였고, 칼빈이 제네바에서 사
역하도록 적극적으로 주선했습니다. 또한 칼빈의 후계자 테오도르 베
자(Theodore Beza)는 법학도 출신으로, 개종 후 제네바 아카데미의
초대 원장이 되어 개혁주의 신학의 학문적 체계를 세웠습니다. 베자는
또한 고대 사본 정리와 프랑스 위그노들의 신앙 자문을 맡아 개혁 운동
을 국제적으로 확산시키는 데 기여했습니다.

스코틀랜드의 개혁자 존 낙스(John Knox, 1514-1572)는 로마 가톨
릭 사제로 출발했으나, 제네바에서 칼빈의 신학을 배우며 개혁주의 신
앙으로 돌아섰습니다. 그는 귀국 후 여왕 메리 1세의 교황 정치 복귀 시
도를 강력히 반대하며, 교회를 성경 위에 다시 세우기 위해 헌신했습니
다. 그의 개혁적 신앙은 결국 스코틀랜드를 장로교 국가로 세우는 데
결정적인 영향을 미쳤습니다.

칼빈과 그의 동역자들이 세운 개혁 교회의 기초는 단지 한 시대의 운
동이 아니라, 하나님을 향한 참된 예배와 말씀 중심의 교회를 회복하려
는 영적 혁명이었습니다. 그 정신은 오늘날에도 여전히 살아 있습니다.
"아버지께 참되게 예배하는 자들은 영과 진리로 예배할 때가 오나니 곧

이 때라 아버지께서는 자기에게 이렇게 예배하는 자들을 찾으시느니라 하나님은 영이시니 예배하는 자가 영과 진리로 예배할지니라"(요 4:23-24).

혼돈과 공허

　태초에 하나님이 천지를 창조하시기 전, 세상은 흑암과 혼돈으로 가득했습니다. 모든 것은 형체가 없고 공허했으며, 빛이 존재하지 않았습니다. 그러나 그 암흑의 수면 위를 하나님의 영이 운행하셨습니다. 어둠 속에서도 하나님의 생명은 이미 그곳에 임재하고 계셨던 것입니다.

　히브리어로 '흑암'은 '호쉐크'라고 합니다. 이 단어에는 "거룩하신 하나님의 생명을 붙잡는다"는 상형적 의미가 담겨 있습니다. 세상의 사람들이 영적 흑암 가운데 사는 이유는 바로 생명이신 예수 그리스도를 붙잡지 못하기 때문입니다.

　빛은 단순한 밝음이 아니라, 하나님께 속한 생명의 본질입니다. 진리를 향한 갈망으로 거룩하신 하나님의 이름을 붙잡을 때, 그 안에서만 생명이 싹트고 어둠은 물러갑니다.

　히브리어에는 또 하나의 중요한 알파벳, '헤이트'가 있습니다. 이것은 '울타리'를 뜻하며, 곧 생명을 보호하는 경계의 상징입니다. 예수 그리스도의 울타리 안으로 들어온 자만이 참된 생명을 얻습니다. 그분의 울타리 밖에서는 어둠과 멸망, 혼돈이 지배합니다.

　인생이 무질서하고 공허한 이유는, 하나님의 울타리 안에서 호흡하지 못하기 때문입니다. '혼돈'의 히브리어는 '토후'입니다. 그 의미는 "십자가에 달리신 예수 그리스도와 결합하여 숨 쉬고 예배드린다"는 상징을 내포합니다. 즉 혼돈이란 단순한 무질서가 아니라 하나님과의 단절, 곧 예배 없는 상태를 가리킵니다. 신앙생활 속에서 마음이 공허하고 방향을 잃는 것은 바로 그 영적 질서가 무너졌기 때문입니다. 그러므로 우리의 텅 빈 마음은 말씀으로 채워야 하며, 성령의 바람이 다시 영혼을 일으키게 해야 합니다. 그때 비로소 혼돈은 질서로, 공허는 충만으로, 흑암은 빛으로 변하게 됩니다.

이런 이야기가 있습니다. 한 사람이 무덤가를 걷다 묘비를 보았습니다. 거기엔 이렇게 적혀 있었습니다. "나도 전에는 당신처럼 그 자리에 그렇게 서 있었소." 그는 웃음을 지으며 고개를 끄덕였습니다. 그런데 그 아래 줄에는 이런 문장이 이어져 있었습니다. "나도 전에는 당신처럼 그곳에 서서 그렇게 웃고 있었소." 순간, 그 사람의 얼굴이 굳어졌습니다. 그리고 마지막 줄을 읽자 그는 깊은 침묵에 잠겼습니다. "이제 당신도 나처럼 죽을 준비나 하시오."

그렇습니다. 우리는 언젠가 주님 앞에 서야할 날을 맞이할 것입니다. 예수 그리스도의 재림으로 만나든, 혹은 우리의 생이 끝나는 그날에 만나든, 우리는 반드시 하나님 앞에 서게 됩니다. 세월은 결코 우리를 기다려주지 않습니다. 그러므로 오늘 하루를 헛되이 흘려보내지 말고, 말씀으로 마음을 채우며 주님을 향한 믿음의 삶을 살아야 합니다. "보라, 지금은 은혜 받을 만한 때요, 보라, 지금은 구원의 날이로다"(고후 6:2). 지금 이 순간이 바로, 흑암에서 빛으로 나아갈 시간입니다.

혼돈과 공허의 자리를 말씀과 기도로 채우며, 하나님의 생명이 내 안에 흐르는 삶을 살길 소망합니다.

생명의 근원

우주 만물에 어둠만 존재한다면, 우리는 아무것도 볼 수 없는 깊은 암흑 속에 갇히게 될 것입니다. 그곳에서는 생명도, 자연의 성장도, 존재의 움직임도 불가능합니다. 그러나 전능하신 하나님께서는 그 어둠 속에서 "빛이 있으라" 하시며 빛을 창조하셨습니다. 그 빛으로 말미암아 세상은 질서를 얻었고, 생명은 숨을 쉬게 되었습니다.

태초에 창조된 빛은 단지 물리적인 밝음이 아니라, 생명을 유지시키는 에너지의 근원이었습니다. 태양은 그 명령에 순종하여 광명을 발하고, 그 빛을 따라 생명이 자라며, 모든 존재는 살아 움직입니다. 성경은 분명히 말씀합니다. "하나님이 빛을 창조하시니라."

이 빛은 곧 생명의 본질이며, 그 빛의 완전한 실체가 바로 예수 그리스도이십니다. 히브리어로 '빛'은 '오르'라고 합니다. 이 단어는 단순한 빛을 넘어, 하늘과 땅을 연결하고, 하나님의 권세로부터 흘러나오는 생명의 능력을 뜻합니다. 그러므로 모든 생명의 시작점은 하나님의 '오르', 곧 예수 그리스도의 빛입니다.

세례 요한은 요한복음 1장 7절에서 이렇게 증언합니다. "그가 증언하러 왔으니 곧 빛에 대하여 증언하고 모든 사람이 자기로 말미암아 믿게 하려 함이라." 요한이 증거한 '빛'은 바로 예수 그리스도이십니다. 그분은 죄의 어둠 속에 있던 인류를 자유케 하신 구원의 빛, 죽음의 그림자 속에 있던 영혼을 살리신 생명의 빛입니다. 우리가 그 빛을 따를 때 어둠은 물러가고, 마음의 그림자도 사라집니다.

한 의사의 이야기입니다. 어느 날 한밤중, 폭설이 내리는 가운데 13킬로미터 떨어진 시골 마을로 중환자를 왕진하러 가야 했습니다. 길은 어둡고 눈보라가 앞을 가려, 혼자서는 결코 환자의 집을 찾을 수 없었습니다. 의사는 길목의 첫 번째 집에 전화를 걸어 창문에 등불을 켜 두도록 부탁했습니다. 그리고 그 집에서 다음 이웃에게, 또 그 다음 이웃에게 전화가 이어졌습니다. 그렇게 마을의 모든 집들이 창문마다 등불을 밝혔습니다.

의사는 그 불빛들을 따라가며 마침내 환자의 집에 도착할 수 있었습니다. 이것이 바로 교회의 모습, 그리고 성도의 사명입니다. 세상이 어두워질수록, 누군가의 길을 비추는 작은 등불이 되어야 합니다. 생명을 살리기 위해 자신의 시간을 내어주고, 기도의 불을 밝히며, 사랑으로 서로를 이끌어야 합니다.

빛은 결코 자기 자신만을 비추지 않습니다. 빛은 어둠 속의 다른 생명을 향해 흘러갑니다. 그것이 바로 하나님의 빛, 예수 그리스도의 생명력입니다. 오늘 우리도 그 빛 안에서 살며, 누군가의 인생길을 밝혀주는 길목의 등불이 되기를 소망합니다.

예수, 구원의 그 이름

미국 LA 남가주사랑교회에서 KWMC 주최로 열린 제10차 세계한인 선교대회에는 전 세계에서 모인 2,000여 명의 선교사와 목회자, 평신도, 그리고 젊은 리더들이 참석하였습니다. "예수, 구원의 그 이름"(행 4:12)을 주제로 한 이번 대회는 세대를 초월한 믿음의 열정이 하나로 타오르는 복음의 축제였습니다.

그 가운데 튀르키예에서 사역하고 계신 강인애 선교사님의 간증은 많은 이들의 마음에 깊은 울림을 주었습니다. 2023년, 튀르키예 동남부 가지안테프 인근을 강타한 규모 7.8의 대지진은 새벽녘 잠든 사람들을 덮친 참혹한 재앙이었습니다. 그러나 그 속에서도 강인애 선교사 부부께서는 두려움보다 하나님의 살아계신 역사를 먼저 체험하셨습니다. 그분들은 그 땅의 상처 위에서 여전히 복음을 전하며, 절망의 자리에서 소망을 심고 계십니다.

30여 년에 가까운 세월 동안 선교사 부부는 현지 원주민들과 함께하며 태권도와 합기도를 통해 복음의 길을 열어오셨습니다. 매주 월요일에는 도장을 찾는 학생들의 어머니들과 복음을 나누시고, 목요일에는 교회 성도들에게 일대일 제자훈련을 진행하고 계십니다. 또한 여성 선교사들과 함께 영어로 복음을 전하는 모임을 만들어 매주 금요일마다 서로를 격려하며 기도하고 계십니다. 튀르키예는 역사적으로도 우리 민족과 각별한 인연을 지닌 나라입니다.

고대에는 돌궐족의 후예로서 고구려와 교류하며 군사동맹을 맺었고, 6·25전쟁 당시에는 미국 다음으로 많은 전투병을 파병하여 대한민국의 자유를 위해 피를 흘린 형제의 나라입니다. 그 후로도 튀르키예는 국제무대에서 언제나 한국을 지지해온 소중한 우방이었습니다. 강인애 선교사님은 모든 사역의 걸음을 "하나님의 은혜"라 고백하십니다.

대지진 이후, 가장 피해가 컸던 이스켄데룬 지역에는 한국이 지원한 컨테이너 마을, 일명 '한국 마을'이 세워졌습니다. 그곳의 집들은 지금도 많은 이들에게 희망의 보금자리가 되고 있습니다.

선교사 부부는 류당열 목사와 함께 지진 피해 지역을 찾아가 무너진 수리아 안디옥 인근 하타이 지역에서 하루 3,000명에게 식사와 물을 나누는 사역에 동참하셨습니다. 이후 미주 지역 의료선교팀이 2차로 방문했을 때에도 그분들은 고통받는 이재민들을 위해 헌신하셨습니다.

지진 지역의 완전한 재건에는 빠르면 10년, 길게는 20년이 걸릴 것으로 예상됩니다. 그러나 선교사 부부는 "주님께서 함께하신다면 반드시 회복될 것"이라 믿으며 기도하고 계십니다.

현재 그분들이 운영하시는 지하 태권도 도장은 습기와 해충으로 어려움을 겪고 있으나, 결코 낙심하지 않으십니다. 새로운 사역지로 이전하고, 복음을 함께 전할 젊은 동역자들을 세우기 위해 오늘도 기도의 손을 놓지 않고 계십니다.

"하늘과 땅의 모든 권세를 내게 주셨으니 그러므로 너희는 가서 모든 민족을 제자로 삼으라"(마 28:18-20).

예수 그리스도의 명령에 순종하여 열악한 선교지에서 길과 진리, 생명의 복음을 전하시는 모든 선교사님들을 우리는 한마음으로 응원합니다. 선교는 곧 사랑의 실천이며, 그 사랑의 근원은 언제나 예수, 구원의 그 이름에 있습니다.

관계의 연속성

사람은 태어나는 순간부터 관계 속에 놓이게 됩니다. 태어나 보니 대한민국의 품 안이었고, 부모와 친척, 이웃과의 만남이 이어졌습니다. 이 모든 것은 나의 선택이 아니었습니다. 그러나 우리는 가정과 사회의 관계망 속에서 희로애락을 배우며 성장하였고, 점차 이해의 폭이 넓어지면서 나라와 민족의 형편을 깨닫게 되었습니다. 그리하여 개인이 속한 사회와 국가의 중요성을 인식하게 됩니다. 무엇보다 감사한 일은, 우리가 북한이 아닌 대한민국에서 태어났다는 사실입니다.

대한민국은 자유와 민주를 바탕으로 한 민주공화국입니다. 일제의 압제에서 해방된 후, 1948년 8월 15일 자유시장경제와 한미동맹, 그리고 기독교 입국론을 근간으로 대한민국이 건국되었습니다. 그 결과 오늘의 대한민국은 경제력과 정치력, 외교력, 국방력, 그리고 문화적 영향력에 이르기까지 세계적으로 주목받는 나라로 성장하였습니다.

만약 그때의 선택이 달라 인민민주주의 체제로 건국되었다면, 오늘의 대한민국은 북한과 같은 현실에 놓여 있었을 것입니다. 식량난과 억압, 감시 속에 일부만이 특권을 누리고 대다수 국민은 굶주림과 추위 속에서 참된 자유를 알지 못한 채 살아갔을 것입니다.

그러나 자유민주주의 대한민국에서는 종교의 자유가 보장되었기에 생명의 복음을 받아들이고 영생의 소망을 품을 수 있었습니다. 1945년 해방 이전만 해도, 북한 지역에는 교회와 성도의 수가 남한보다 훨씬 많았습니다. 그러나 공산화와 6·25전쟁을 거치며 수많은 성도들이 남한으로 피난 내려왔습니다. 그들이 신앙과 인격을 겸비한 목회자와 성도로서 각지에 교회를 세우고 복음 전파에 헌신한 결과, 한국 교회는 놀라운 부흥의 역사를 이루었습니다. 그리하여 대한민국은 미국 다음으로 선교사를 많이 파송하는 나라가 되었습니다.

반면 북한은 정치적 억압과 종교의 박탈로 교회가 사라졌습니다. 겉으로는 종교의 자유가 존재한다고 선전하지만, 그 안에는 참된 신앙과 성도가 존재하지 않습니다.

건국 77년이 지난 오늘, 우리나라는 또 다른 위기를 맞고 있습니다. 자유민주주의의 뿌리를 흔들고 그 정신을 부정하려는 세력이 등장하였습니다. 우리의 선조들이 전쟁의 폐허 속에서도 경제와 산업을 일으키기 위해 밤낮으로 헌신했던 수고를 되돌리려는 움직임이 곳곳에서 보입니다. 사회주의 이념을 내세워 공동체를 분열시키고, '개혁'이라는 이름으로 국민을 선동하여 시장경제의 근간을 흔드는 일들이 일어나고 있습니다. 그러나 아직 희망이 있습니다.

실력과 인격, 그리고 기독교적 세계관으로 무장한 젊은 세대가 있기 때문입니다. 그들은 보수적 가치와 자유민주주의의 정신을 이어받아 미래의 통일한국을 책임질 인재로 자라나고 있습니다. 여러 단체들이 이러한 젊은이들을 길러내기 위해 헌신하고 있으며, 이 일은 곧 나라의 미래를 세우는 일이기도 합니다.

지난 8월 23일부터 24일까지 서울 코엑스 오디토리움 홀에서는 "이제 한국을 위대하게(Make Korea Great Again)"라는 주제로 빌드업 코리아 콘퍼런스가 열렸습니다. 국내외 강사들과 보수 패널들이 참석하여 자유민주주의의 가치를 나누고, 세계적 위기 속에서 나아갈 길을 모색하였습니다. 찬양과 워십, 세션별 토론과 간증이 어우러진 뜻 깊은 자리였습니다.

1954년 한미상호방위조약을 통해 체결된 군사동맹 이후, 대한민국과 미국은 군사적·경제적 협력을 넘어 신앙의 동맹을 이어오고 있습니다. 그 뿌리는 1882년 조미수호통상조약으로 거슬러 올라갑니다. 이듬해 고종황제는 미국에 보빙사절단을 파견하였고, 그 여정에서 존 가우처 목사를 만나 복음의 문이 열리게 되었습니다.

그의 권유로 맥클레이 선교사가 조선 입국의 가능성을 타진하였고, 고종의 허락으로 1884년 호러스 알렌 의사가 조선에 들어왔습니다. 이후 아펜젤러, 언더우드, 매리 스크랜턴 선교사 등이 차례로 입국하면서 제중원과 배재학당, 이화학당, 연희전문학교, 세브란스병원 등 의료와 교육을 통한 복음사역이 전국적으로 확산되었습니다. 이러한 선교의 씨앗은 오늘날까지 이어지고 있습니다.

빌드업 코리아와 같은 청년 프로젝트가 통일한국 시대를 이끌어갈 인재를 양성하는 토대가 되기를 소망합니다. 자유와 신앙, 그리고 진리 위에 세워진 대한민국의 관계의 연속성이 미래 세대 안에서도 굳건히 이어지기를 바랍니다.

구원자 예수 그리스도

세상에서 눈에 보이는 것들은 모두 주인이 있습니다. 그렇다면 이 세상의 주인은 누구일까요? 우주 만물을 창조하신 하나님이십니다. 스스로 계신 성부 하나님은 말씀으로 만물을 지으셨습니다. 영이신 창조주와 피조물인 인간 사이의 접촉점이 되신 분, 그 인격체가 바로 이 땅에 오신 구원자 예수 그리스도이십니다.

만세 전에 나를 택하여 주시고, 하나님의 백성으로 삼아주신 은혜! 전능하신 하나님은 아무것도 없는 무(無)에서 온 우주와 작은 미생물까지 말씀으로 창조하셨습니다. 하나님의 약속은 반드시 성취됩니다.

하나님은 '바라' 창조를 하시며 말씀하신 그대로 이루시는 전능하신 분입니다. 성경에서 '땅'은 히브리어로 '에레츠'는 대지와 육지를 의미합니다. 이는 곧 하나님의 지혜와 능력으로 모든 땅과 만물을 창조하시고 그분이 주인이심을 선포한 것입니다.

그러므로 우리는 이 세상의 모든 것이 창조주 하나님의 것임을 깨달아야 합니다. '태초에 하나님이 천지를 창조하시니라' 이 말씀을 믿고 신뢰하며, 우리에게 맡기신 자리에서 청지기의 삶을 살아야 합니다. 주님이 "오라" 하실 때, "잘하였다" 칭찬받으며 천국에 입성하기를 소망합니다.

어느 날 한 아주머니가 목사님을 찾아와 자신의 고민을 길게 이야기했습니다. 그러나 그 이야기에는 신앙적인 내용이 전혀 없었습니다.

목사님이 물었습니다. "자매님, 하나님을 아십니까?" 아주머니는 대답 대신 그 질문을 되묻습니다. "목사님은 하나님을 아십니까?" 목사님은 잠시 미소를 지으며 대답했습니다. "나도 모릅니다. 그러나 나는 매 순간마다 하나님의 역사에 놀라고 있습니다."

믿음으로 보면, 이 세상에 하나님의 역사가 아닌 것이 없습니다. 모든 것은 하나님의 역사이며, 그분의 품 안에서 존재합니다. 결국 문제는 증거가 아니라 믿음입니다. 증거가 없는 것이 아니라, 우리가 보지 않고 부정하고 있는 것입니다.

대한민국의 위상

우리나라는 1915년에 운전면허 법제화가 이루어졌습니다. 한국 최초의 운전면허는 조선총독부가 제정한 자동차 취체 규칙에 따라 발행되었습니다. 격동의 세월을 지나 1961년, 현대적인 도로교통법이 제정되면서 지금과 같은 운전면허 제도가 정착되었고, 경찰청이 이를 주관하게 되었습니다.

2011년부터는 그 업무를 도로교통공단에 위탁하여 모든 시험을 통과한 사람에게 각 시·도 경찰청장이 면허를 발행하고 있습니다. 오늘날 운전면허는 현대인에게 필수가 되었습니다. 많은 이들이 고등학교를 졸업하자마자 운전면허를 취득합니다.

어떤 일이든지 초보의 단계를 거치지 않고는 완성에 이를 수 없습니다. 사람이 성장하듯, 걸음마 단계를 지나야 비로소 달릴 수 있습니다. 넘어지고 다시 일어서며 얻는 시행착오 속에서 비로소 성숙과 발전이 이루어집니다. 사회생활 또한 같습니다.

학교를 마친 후 각자의 재능과 실력에 따라 다양한 직종에 진출합니다. 그 과정에서 인턴이나 수습 기간을 거치며 익숙하지 않아 실수도 하게 됩니다. 그러나 바로 그 실수의 과정이야말로 완숙으로 가는 훈련의 길입니다.

필자 또한 목회자가 되기까지 '인턴'과 같은 부교역자 시절의 시행착

오를 경험했습니다. 뼈아픈 실수 속에서 자신을 돌아보고 비전과 소명을 다듬으며 오늘에 이르렀습니다. 그때의 훈련이 없었다면 지금의 사역은 불가능했을 것입니다.

돌이켜보면 위기의 순간마다 분명한 목적을 붙잡았기에 포기하지 않을 수 있었습니다. 지성과 영성을 갖춘 사역자로 성장하기 위해 끊임없이 노력해온 시간들이 있었습니다. 모든 전문가도 처음엔 미숙한 초보였습니다. 그러나 그 초보가 완숙으로 나아가며 건강한 사회를 만들어가는 것입니다.

하지만 정치, 경제, 문화, 국방, 외교, 교육, 종교의 영역 속에는 여전히 초보적인 모습이 곳곳에서 드러나고 있습니다. 특히 정치권의 언행을 보면, 국민들은 실망과 피로를 느낍니다.

국회와 지방자치단체에서 보여지는 행태는 마치 초보 운전자가 불안하게 도로를 달리는 모습과도 같습니다. 위태롭고 긴장되는 순간들이 반복됩니다. 오늘날 대한민국의 국력은 세계 어느 나라와 견주어도 손색이 없습니다. 그렇다면 그에 걸맞은 인격과 품격, 그리고 책임 있는 언행이 필요하지 않을까요?

비록 한순간에 바뀌긴 어렵더라도, 개인과 공동체의 자성(自省)과 개선의 노력이 끊임없이 이어져야 할 것입니다. 당선 전에는 겸손히 머리 숙이던 사람들이 당선 이후에는 돌변하는 모습을 볼 때면 참으로 안타깝습니다. 그들의 품격이 곧 대한민국의 품격임을 잊지 말아야 합니다. 국민의 기대와 신뢰를 저버리지 말고, 봉사와 헌신으로 국민에게 꿈과 비전을 제시하는 성숙한 정치문화가 자리 잡기를 소망합니다.

모든 영역에서 자성의 목소리는 귀 기울여야 합니다. 특히 종교의 영역에서도 마찬가지입니다. 이단으로 인한 교회의 피해, 동성애 차별금지법 등 반기독교적 입법 시도는 국민들 간의 갈등과 상처를 심화시키고 있습니다.

아름다운 자유 대한민국은 하나님께서 세우신 민주공화국입니다. 창조 질서를 거스르고, 국가의 뿌리를 훼손하는 법과 제도, 상식과 법치를 벗어난 행동들은 결국 국민에게 그 피해가 돌아갑니다.

이제는 모든 분야에서 초보의 단계를 벗어나야 합니다. 성숙한 시민의식과 책임 있는 지도력을 통해 대한민국의 위상이 더욱 빛나기를 소망합니다.

당신의 이름이 생명책에 없소

우리가 살아가는 세상에는 눈으로 볼 수 있는 하늘이 있습니다. 그러나 성경이 말하는 하늘은 인간의 시야로 볼 수 있는 하늘이 아닙니다. 히브리어로 '하늘'을 뜻하는 '샤마임'은 거룩하신 하나님의 이름이 거하는 곳, 그분의 말씀이 정화되어 역사하는 곳, 그리고 하나님께서 친히 사역하시는 영역을 의미합니다.

특이하게도 '샤마임'은 복수형으로 사용됩니다. 이는 곧 하늘이 단일한 공간이 아니라 보이지 않는 또 다른 차원의 세계임을 암시합니다. 우리가 믿는 하늘나라, 곧 천국이 바로 그곳입니다.

영원한 나라 천국은 하나님께서 어린양 예수 그리스도와 함께 거하시며 그분의 말씀이 살아 역사하는 곳입니다. 십자가의 보혈로 죄 사함을 받고 예수 그리스도를 믿는 자들만이 그 영광스러운 나라에 들어갈 수 있습니다.

죄인은 결코 천국에 들어갈 수 없습니다. 그러므로 성도는 날마다 하늘나라를 소망하며 믿음을 굳게 지켜야 합니다. 비록 세상에서 어려움을 겪을지라도 임마누엘 되신 하나님은 때가 되면 반드시 응답하시고 축복의 길로 인도하실 것입니다.

삶의 매 순간마다 하늘 천국을 사모하며 하나님의 말씀으로 자신을 정화하고 그 은총 가운데 승리하는 성도가 되시기를 소망합니다.

어느 한 사람이 있었습니다. 그는 평생을 분주하게 살았습니다. 무엇이 옳은지, 무엇이 그른지, 하나님이 계신지조차 생각할 겨를 없이 일에 쫓기며 하루하루를 보내다가 결국 세상을 떠났습니다. 그가 천국 문 앞에 이르렀을 때, 베드로가 오른손에 생명책을 들고 서 있었습니다. 그는 기대에 찬 얼굴로 천국에 들어가려 했지만 베드로가 막아서며 말했습니다.

"당신의 이름은 이 생명책에 없소."

그는 당황하며 항의했습니다.

"내가 세상에서 얼마나 바쁘게 살았는지 아십니까? 당신이 그것을 모르니 이런 말을 하는 겁니다. 잘 찾아보시오. 분명 내 이름이 있을 것입니다."

그러자 베드로가 조용히 대답했습니다.

"나도 너무 바빠서 당신의 이름을 기록하지 못했소."

이 짧은 이야기는 우리에게 묵직한 교훈을 줍니다. 분주함이 신앙의 증거는 아닙니다. 세상의 일에 바빠 하나님을 잊어버린다면 그 분주함은 아무 의미가 없습니다.

삶의 우선순위를 바로 세우고 생명의 예수 그리스도를 믿고 고백하는 신앙이 우리의 중심에 있어야 합니다. 그것이 바로 생명책에 이름이 기록되는 길입니다.

교회 성장의 쇠퇴기

중세의 긴 어둠이 세상을 뒤덮던 시절이 있었습니다. 교황 중심의 권위가 절대적인 힘을 가지며, 성경보다 사람이 높아진 시대였죠. 바로 그때 스위스 출신의 종교개혁자 울리히 츠빙글리(Ulrich Zwingli, 1484-1531)가 개혁의 깃발을 들었습니다.

하지만 오늘의 교회도 다르지 않습니다. 시대의 흐름 속에서 신앙의 방향을 잃어버린 현대 기독교는 지금도 영적으로 깊은 흔들림을 겪고 있습니다. 한때 교회의 뿌리였던 전통과 진리의 가치들은 점점 희미해지고, 오히려 동성애나 차별금지법 논의로 인해 신앙의 기둥이 흔들리고 있지요. 그런 현실 속에서 우리는 다시 종교개혁의 달을 맞이하고 있습니다.

츠빙글리는 마틴 루터와 같은 시대 사람이었습니다. 스위스의 작은 마을 빌트하우스(Wildhaus)에서 태어난 그는 1498년, 비엔나로 유학을 떠나 철학을 공부하며 학문의 기초를 쌓았습니다. 이후 바젤에서 인문주의자 에라스무스의 영향을 받으며, 진리와 신앙에 대한 시야를 넓혀갔죠. 1506년 사제로 서품 받은 그는 교회의 부패와 타락을 직접 보며 충격을 받았습니다. 공로와 행위로 구원을 얻는다는 교리의 허구를 깨닫고, 그는 성경 연구에 몰두하기 시작했습니다.

결국 그는 확신하게 됩니다. "모든 답은 성경으로 돌아가야 한다."

1519년, 스위스 취리히에서 츠빙글리는 로마 가톨릭의 부패를 정면으로 비판하며, 성도들에게 영적 각성을 촉구했습니다. 그의 개혁은 단지 교리를 바꾸는 일이 아니라, 진리를 공개적으로 검증하고 나누는 일이었습니다. 루터가 내면의 고뇌 속에서 복음을 깨달았다면, 츠빙글리는 현실 교회의 타락을 보며 개혁의 실천으로 진리를 증거했습니다.

그는 독일어로 성경을 강해하며, 가톨릭의 신앙적 오류를 날카롭게 비판했습니다. 1521년에는 교황이 요구한 용병 파견을 거부하며 전쟁 반대 운동을 이끌었고, 1522년 사순절 기간에는 육식을 금지하던 교회 규정을 어기고 '소시지 사건'을 일으켰습니다. 단순한 해프닝처럼 보이지만, 그 일은 형식적인 신앙이 아닌 진리의 자유를 상징하는 사건이었습니다.

이 일을 계기로 1523년, 그는 '67개 신조'를 발표하며 '오직 성경'(Sola Scriptura)을 천명했습니다. 그가 추구한 개혁은 권위에 대한 반항이 아니라, 하나님의 말씀으로 돌아가자는 순수한 믿음의 외침이었습니다. 그러나 그 길은 쉽지 않았습니다. 결국 그는 1531년 제2차 카펠 전쟁에 종군 목사로 참여했다가 전사합니다. 그의 나이 47세였습니다.

츠빙글리의 정신은 이후 『제1 헬베틱 신앙고백서』와 '취리히 합의서'로 이어지며 개혁교회의 기초가 되었습니다. 그의 신앙 전통은 지금까지도 스위스 개혁파의 중심에 자리하고 있습니다.

이 시대의 교회는 한때의 부흥을 지나, 이제는 성장이 멈춘 현실 앞에 서 있습니다. 그러나 하나님은 여전히 살아 계십니다. 그분의 역사는 멈춘 적이 없습니다. 만약 동성애와 차별금지법이 실제로 제정된다면, 한국 교회는 영적·사회적·신학적으로 큰 도전에 직면할 것입니다.

그렇기 때문에 지금이야말로 교회가 깨어 기도하고, 믿음의 연합을 회복해야 할 때입니다.

코로나19의 긴 시간 동안 한국 교회는 전례 없는 시련을 겪었습니다. 수많은 작은 교회가 문을 닫았고, 예배의 자리가 흔들렸습니다. 그러나 역사는 묻습니다. "그때에도, 너희는 믿음을 지켰는가?"

우리는 잊지 말아야 합니다. 성경은 여전히 변함없는 진리이며, 믿음은 구원의 핵심입니다. 그리고 예수 그리스도만이 지금도, 그리고 끝까지 세상에 전해야 할 유일한 구세주이십니다.

하나님의 최고의 걸작품

인간은 누구도 무(無)에서 유(有)를 창조할 수 없습니다. 다만, 이미 존재하는 재료를 발견하고 조합하여 새로운 형태로 드러낼 뿐입니다. 그러나 태초에 창조주 하나님께서는 아무것도 없는 절대 무의 상태에서 하늘과 땅과 만물을 창조하시고, "보시기에 좋았더라"고 하셨습니다. 그리고 마지막으로 하나님의 형상대로 사람을 지으신 후에는, 그 모든 것을 보시며 "심히 좋았더라"고 하시며 창조의 완성을 선포하셨습니다.

창세기 1장은 인간이 하나님의 형상(Imago Dei)을 따라 창조되었다는 놀라운 진리를 선포합니다. 사람은 동물과 달리 하나님의 거룩한 속성을 담은 존재이며, 그분의 뜻과 성품을 반영하는 존귀한 피조물입니다. 하나님은 인간을 그 어떤 피조물보다 탁월하고 고귀한 존재로 창조하셨습니다.

그러나 인간은 교만과 불순종으로 인해 하나님처럼 되려는 욕망을 품었고, 결국 에덴동산에서 쫓겨나게 되었습니다. 하지만 하나님께로 돌아가는 길은 여전히 열려 있습니다. 십자가의 보혈, 곧 생명 되신 예수 그리스도를 통하여서만 허물과 죄악의 사슬에서 해방될 수 있습니다. 그러므로 사람은 무릎 꿇고 회개하며 복음 안에서 다시 살아야 합니다.

인간은 인생의 여정 속에서 성경 말씀을 배우고, 진리를 익히며, 거룩한 습관으로 살아가야 하는 존재입니다. 그리스도인은 말씀을 실천함으로써 세상을 이길 수 있습니다. 신앙의 길은 고난이 따르지만, 말씀 안에서 사는 자는 결코 패하지 않습니다.

한 병사가 광야의 수도사를 찾아가 물었습니다.

"하나님께서 제 회개를 받아 주실까요?"

수도사는 잠시 침묵하다가 되물었습니다.

"그대는 옷이 찢어졌을 때 그것을 버립니까?"

"아닙니다. 다시 꿰매서 입습니다."

그러자 수도사는 고개를 끄덕이며 말했습니다.

"그렇다면 하나님께서도 당신을 버리지 않으십니다. 옷에도 정성을 다하는 당신이, 하나님의 피조물이라면 그분의 사랑은 더욱 깊지 않겠습니까?"

우리가 돈이 찢어졌다고 해서 버리지 않듯, 하나님께서도 가장 귀한 존재인 인간을 결코 버리지 않으십니다. 하나님은 가치 없는 것은 버리시지만, 가치 있는 것은 반드시 고쳐 다시 사용하십니다.

우리는 하나님의 형상으로 지음 받은 최고의 걸작품입니다. 그러므로 실패와 낙심의 순간에도 좌절하지 마십시오. 하나님은 성령과 말씀으로 우리를 다시 세우시며, 그분의 뜻 안에서 귀하게 사용하십니다.

당신의 인생이 비록 찢기고 상처를 입었을지라도, 하나님의 손에 붙들릴 때 다시 새롭게 빚어집니다. 오늘도 그 사실을 기억하십시오. 당신은 하나님의 손에서 빚어진 가장 아름다운 걸작품입니다.

인천 상륙작전 기념식

제2차 세계대전이 막을 내릴 무렵, 연합국은 전후 세계 질서를 논의하기 위한 여러 회담을 열었습니다. 그 과정에서 한반도의 향방 또한 논의되었습니다. 일본의 패전이 임박하자, 미국은 소련의 한반도 진출을 견제하기 위해 38도선 분할안을 제안했고, 소련이 이를 수용함으로써 한반도는 북과 남으로 갈라졌습니다.

1945년 일본의 항복 이후, 38선을 경계로 북쪽은 구소련이, 남쪽은 미국이 각각 신탁통치를 시행했습니다. 그리고 그로부터 수십 년의 세월이 흐르는 동안 우리는 분단의 현실 속에서 살아왔습니다.

나는 얼마 전, 한국전쟁의 비극을 되새기며 인천상륙작전 기념식에 참석했습니다. 참상의 흔적이 남아 있는 인천 자유공원, 그 언덕 위 더글러스 맥아더 장군(Douglas MacArthur) 동상 앞에 서니, 70여 년 전 그날의 전운이 마음속에 다시 피어오르는 듯했습니다. 푸른 하늘 아래, 전쟁이 다시는 이 땅에서 일어나서는 안 된다는 뼈저린 결단이 가슴을 울렸습니다.

기념식은 한미 맥아더 장군 기념사업회(사단법인) 주관으로 열렸습니다. 미국, 캐나다, 일본 등 여러 나라에서 온 귀빈들과 전국의 애국자들이 자리를 함께했습니다.

1950년 6·25전쟁 발발 후, 단 사흘 만에 서울이 함락되고 한 달도 채 지나지 않아 남한의 80% 이상이 북한군에게 점령당했습니다. 국가의 존망이 위태로웠던 그때, 맥아더 장군이 지휘한 인천상륙작전은 전세를 뒤집은 기적의 작전이었습니다. 군사학적으로 5000분의 1의 성공 확률, 그러나 그는 불가능을 가능으로 바꾸어냈습니다.

맥아더 장군은 1880년 1월 26일, 미국 아칸소주 리틀록에서 태어나 1903년 웨스트포인트 육군사관학교를 우수한 성적으로 졸업했습니다. 대통령 부관과 육군참모총장을 거쳐 은퇴했지만, 태평양 전쟁 발발과 함께 다시 복귀하여 극동사령관으로 임명되었습니다. 전쟁이 끝난 후에는 일본 점령군 최고사령관이 되어, 동아시아 질서의 새로운 방향을 이끌었습니다.

한국전쟁 당시, 전 세계 16개국이 자유를 수호하기 위해 이 땅에 청년들을 보냈습니다. 그들은 이름 모를 산과 들에서 피를 흘리며 대한민국의 내일을 지켰습니다. 우리는 그들의 희생 위에 세워진 자유와 평화를 결코 잊어서는 안 됩니다. 그리고 순국한 국군 장병과 해외 파병국의 헌신에 깊은 경의와 감사를 드립니다.

한미동맹을 기점으로 대한민국은 눈부신 발전을 이루었습니다. 경제, 정치, 문화, 군사, 외교 등 모든 영역에서 괄목할 만한 성장을 이루었고, 1884년 이후 들어온 미국 선교사들을 통해 한국 교회는 세계 선교의 중심이 되었습니다. 이제 우리는 영적 동맹을 강화하여 쇠퇴해가는 신앙의 흐름을 다시 일으켜야 할 때입니다.

오늘날 세계는 문화의 거센 파도 속에 있습니다. 하나님의 창조 질서를 거스르고, 도덕적 기준을 흔드는 사상들이 법의 이름으로 제도화되고 있습니다. 동성애와 차별금지법 등 반기독교적인 흐름이 밀려오는 이때, 한국 교회는 연합하여 기도해야 합니다. 교단과 교파를 넘어, 찬양과 기도로 이 나라의 영적 방파제를 세워야 할 것입니다.

하나님이 세우신 대한민국, 그 자유와 평화의 가치가 다음 세대에게 온전히 전해지길 소망합니다. 거룩한 교회, 건강한 가정, 그리고 신앙 위에 세워진 나라, 그것이 하나님이 기뻐하시는 참된 대한민국의 모습입니다.

우리의 힘은 약하지만 한국 교회가 하나로 모일 때 거룩한 물결이 됩니다. 그 물결은 세상의 어둠을 막아내고, 지구촌에 선한 영향력을 흘려보내는 하나님의 큰 역사가 될 것입니다.

종교와 복음 사이

　세상 곳곳에서 복음을 전하는 사역자들을 통하여 하나님은 오늘도 영광을 받으시며 기뻐하십니다. 그러나 아무리 복음을 전해도 믿지 않는 이들이 있습니다. 그렇다고 해서 우리가 낙심할 이유는 없습니다. 복음의 역사는 인간의 설득이 아니라 성령의 역사이기 때문입니다.

　베드로전서 3장 18절에서 20절은 "예수께서 영으로 가셔서 옥에 있는 자들에게 복음을 전파하셨다"라고 기록합니다. 이 말씀은 예수님께서 지옥에 내려가 복음을 전하셨다는 의미가 아닙니다. 여기서 말하는 '옥'(牢)은 원어로 '가두다', '억누르다', '폐쇄하다'라는 뜻을 지닌 단어입니다. 다시 말해, '영적으로 억눌리고 갇혀 있는 상태'를 상징합니다.

　따라서 예수님께서 옥에 있는 자들에게 복음을 전하셨다는 것은, 죄와 사망의 권세에 매여 있던 영혼들에게 생명의 복음을 전하여 구원의 길을 여셨다는 뜻입니다. 이는 곧 성령의 역사로, 예수 그리스도의 말씀을 깨닫게 하시고 구원으로 인도하시는 하나님의 은혜를 나타냅니다.

　오늘날 우리의 현실 또한 노아의 시대와 다르지 않습니다. 예수님께서는 "노아가 방주에 들어가던 날까지 사람들이 먹고 마시고 장가들고 시집가더니 홍수가 나서 그들을 다 멸하였다"(눅 17:27)라고 하셨습니다. 지금 이 시대 역시 사람들은 삶의 향락과 일상 속에 파묻혀 구원의 메시지를 듣지 못한 채 살아갑니다. 그러나 바로 그때, 우리에게 맡겨진 사명은 죽은 영혼들에게 생명의 복음을 전하는 일입니다.

어느 날, 인도의 한 선교사가 복음을 전하고 있을 때 한 현지인이 다가와 물었습니다. "선생님, 인도는 이미 수많은 종교의 땅입니다. 그런데 왜 또 하나의 종교를 전하여 우리를 혼란스럽게 합니까?"

그때 선교사는 조용히 미소 지으며 이렇게 대답했습니다. "친구여, 나는 종교에는 관심이 없습니다. 나는 오직 복음에만 관심이 있습니다."

그렇습니다. 종교와 복음 사이에는 본질적인 차이가 있습니다. 종교는 인간이 만든 것이지만, 복음은 하나님이 주신 것입니다. 종교는 인간이 하나님께 다가가려는 시도이지만, 복음은 하나님이 인간에게 내려오신 은혜입니다. 종교는 인간이 하나님을 위해 무엇인가를 하는 것이고, 복음은 하나님이 인간을 위해 이미 모든 것을 이루신 사건입니다. 복음은 하늘로부터 내려온 하나님의 성육신의 사다리입니다.

그 사다리의 맨 아래에서, 죄인인 나를 만나주시고 손을 잡아 일으켜 세워주신 은혜의 손길이 바로 복음입니다. 우리는 종교적 행위에 머무는 신앙이 아니라, 예수 그리스도의 복음으로 새 생명을 얻는 참된 믿음의 길을 걸어가야 합니다.

그 길 위에서 오직 하나님의 사랑과 은혜를 전하며, 모든 영혼이 그분 안에서 자유와 구원의 기쁨을 누리기를 소망합니다.

이웃 사랑을 실천

사람은 누구나 인생의 어느 시점에서 어려움을 겪습니다. 그 시련의 무게가 너무 커서 실망하고 포기하는 이들도 있지만, 그 고통을 믿음으로 견뎌내며 다시 일어서는 이들도 있습니다. 그리고 그들 가운데에는, 하나님 사랑과 이웃 사랑을 삶으로 실천하는 이들이 있습니다.

저의 주변에도 그러한 귀한 분들이 있습니다. 지역 사회를 위해 묵묵히 헌신하며 크리스천의 사랑을 나누는 사단법인 누가 참의원과 참빛병원이 바로 그들입니다. 하나님께 영광을 올려드리며 사회 속에서 빛과 소금의 역할을 감당하는 그들의 모습은 참으로 귀감이 됩니다.

기부와 섬김을 목적으로 설립된 (사)누가 참의원은, 성경 속 의사 누가를 본받아 사랑과 나눔의 길을 걸어가고 있습니다. 그들은 의료 봉사를 통해 소외된 이웃을 찾아가 사랑의 씨앗을 심고, 그곳에서 감사와 회복의 열매를 맺고 있습니다.

특히 신장 질환으로 고통받는 환우들을 위해 가정의학과와 신장내과 전문의들이 헌신하고 있습니다. 이사장과 전 직원들은 '아픔이 없는 사회'를 꿈꾸며 환자의 곁에서 정성과 기도로 섬기고 있습니다. 나아가 국내를 넘어 해외로도 사랑의 손길을 뻗어, 의료 선교와 인도적 구호 활동에 힘쓰고 있습니다.

그들의 선행은 넓고 깊습니다. 아프리카 우간다의 식수 지원, 몽골 ·

일본·필리핀의 선교 후원, 튀르키예와 우크라이나의 전쟁 난민 구호 등, 국경을 초월한 사랑의 발자취가 이어지고 있습니다. 국내에서도 미자립교회 지원, 신장장애인협회 후원, 취약계층 생계비와 장학금 지원, 무료 도시락 배달 등 다양한 나눔 사업을 꾸준히 펼치고 있습니다.

'당신의 건강을 내 가족 건강처럼'이라는 구호 아래, (사)누가는 포괄적인 의료 서비스를 제공하며 따뜻한 지역 돌봄을 실천합니다. 특히 부천 심곡동 일대의 독거 어르신들을 찾아가 따끈한 도시락과 소박한 빵 한 조각을 나누며 그들의 마음을 어루만집니다. 그들은 "어르신들의 식사를 챙길 수 있어 더없이 행복하다"고 고백합니다.

누가 법인은 환자들의 신체와 정서, 삶의 전반을 365일 세심하게 돌보고 있습니다. 매월 투석 환자들에게 생계비를 지원하며, 신장장애인협회 부천지회와의 협력을 통해 더불어 사는 삶을 실천합니다. 인근 6개 경로당을 방문하여 어르신들의 간식과 안부를 챙기며, 지역사회 안에 따뜻한 손길을 전하고 있습니다.

그들의 섬김은 의료에만 머물지 않습니다. 선교 봉사, 장애인 이미용 서비스, 참어울림 바자회, 저소득층 지원, 연탄 나눔, 다문화가정 돌봄, 결식아동 급식 지원 등 다양한 현장에서 사랑의 손과 발이 되고 있습니다. 해외에서는 몽골·튀르키예·필리핀 등지의 의료선교, 김장 나눔, 해외 혈액투석 협력 등으로 하나님의 사랑을 실천하고 있습니다.

예수님께서는 "네 이웃을 네 자신 같이 사랑하라"고 말씀하셨습니다. 누가 참의원의 임직원들은 그 말씀을 행동으로 증명하고 있습니다. 그들의 삶은 '선한 사마리아인'의 비유처럼, 이웃의 아픔을 자신의 아픔으로 여기며 치유와 위로의 손길을 내밉니다.

이 땅 곳곳에서 이렇게 하나님의 사랑이 손끝과 발끝으로 흘러가는 삶, 그것이 곧 복음의 완성입니다. 우리 또한 그 사랑의 길에 동참하여, 세상을 밝히는 거룩한 등불이 되기를 소망합니다.

코람데오의 신앙

생명의 복음을 전하는 사역의 소중함을 새삼 깨닫게 됩니다. 미국은 신앙의 자유를 찾아 영국에서 목숨을 걸고 대서양을 건너온 청교도들에 의해 시작되었습니다. 고통스러운 과정을 거쳐 영국으로부터 독립한 이후, 다양한 유럽인들이 정착하면서 또 다른 위기를 맞이했으나 하나님은 19세기에 영적 대각성을 허락하셨습니다. 준비된 자들을 통하여 복음이 전파되었고, 세계 선교의 문이 활짝 열렸습니다. 그 복음이 20세기 초 한반도에 들어와 생명의 꽃을 피웠습니다.

우리나라는 산업화와 민주화의 격랑을 지나 또 다른 정치 이념과 젠더 이데올로기의 혼란을 겪고 있습니다. 물질의 풍요가 오히려 아름다운 전통을 훼손하고, 하나님이 세우신 창조 질서를 흔드는 세력들이 등장하고 있습니다. 시대적 위기에 처한 대한민국은 새 시대를 여는 동시에 소중한 가치를 지켜내야 하는 막중한 사명을 지니고 있습니다. 다음 세대를 보호하고 세계를 이끌어가는 탁월한 민족으로 서기 위해, 우리는 하나님의 언약을 이루어 가는 길 위에 서 있습니다.

'코람데오', 곧 '하나님 앞에서'의 신앙을 되새기며, 주께서 개인과 가정, 공동체 위에 베푸신 은혜와 평강에 감사를 드립니다. 언제나 신실하신 하나님을 기억하며, 그 크신 사랑과 은혜에 감사드립니다. 하나님 앞에서 성도의 실존을 인식하고, 각자의 삶의 자리에서 구속의 은혜를 체험하며 감사로 살아가는 성도들이 되기를 소망합니다.

예수를 구주로 모시고 믿음으로 거듭난 우리는 새로운 피조물입니다. 예수 그리스도의 십자가 보혈로 죄 사함을 받았고, 그분의 죽음과 부활로 생명의 소망을 얻었습니다. 그러므로 하나님의 사랑과 온유로 가득한 삶을 살아야 합니다. 하나님의 나라는 오직 성령 안에서 누리는 의와 평강과 희락임을 깨닫고, 사람의 지혜가 아니라 성령의 능력으로 사는 그리스도인이 되어야 합니다.

일제강점기와 한국전쟁을 거치며 최빈국이었던 대한민국은 외국의 원조로 위기를 극복했습니다. 그로 인해 백성들이 하루하루를 살아갈 수 있었고, 경제적 부흥을 이루었습니다. 한미 통상조약을 통해 미국과 긴밀히 협력하며 영적·군사적 동맹의 토대를 세운 것도 감사한 일입니다. 그러나 오늘날 지구촌은 전쟁의 소용돌이에 휘말려 있습니다. 이스라엘과 팔레스타인, 우크라이나와 러시아의 분쟁은 수많은 생명을 앗아가고 있으며, 한 지역의 위기가 전 세계를 흔들고 있습니다.

한반도의 안보 또한 불안정합니다. 북한은 러시아-우크라이나 전쟁에 만여 명의 병력을 파병하며 국제사회의 제재를 무시하고 있습니다. 이러한 혼란 속에서 대한민국은 중심을 잡고 우방국들과 협력해야 합니다.

현재 한국에는 3만 4천 명이 넘는 북한 이탈주민들이 정착해 있습니다. 그들을 통하여 다가올 통일 시대에 북한 교회를 재건하는 일에 나아가야 합니다. 이념으로 접근하면 갈등만 깊어질 것입니다. 세뇌된 주체사상과 다른 문화의 장벽을 넘어 통일을 이루기 위해서는 오직 복음밖에는 길이 없습니다. 생명을 전하는 복음이 그들의 마음을 열고, 성령의 역사로 하나가 될 때 진정한 민족의 통일이 이루어질 것입니다.

　십자가의 능력으로 민족이 하나 되고, 하나님 나라의 영광을 드러내는 영적 통일을 이룸으로써 세계 속에 우뚝 선 자랑스러운 대한민국, 그리고 거룩한 한국 교회가 되기를 간절히 소망합니다.

겸손을 실천하는 삶

우리가 살아가는 세상 곳곳에는 여전히 비합리적인 일들이 존재합니다. 삶의 자리마다 불공정한 일들이 벌어지고, 가치의 저울이 고장 난 듯한 세상을 보며 사람들은 실망과 분노를 경험합니다. 공의가 올바르게 작동하는 사회는 누구나 바라는 이상이지만, 현실은 종종 그렇지 못합니다. 그래서 다양한 계층에서 저항의 목소리가 터져 나옵니다. 그러나 사회의 크고 작은 공동체 안에서는 정의가 하수같이 흐르고, 정직이 살아 있어야 합니다. 하나님이 창조하신 세계는 본래 그렇게 설계되었습니다.

성경 잠언 2장 3절은 말합니다. "네가 명철을 불러 구하며 지식을 얻으려고 소리를 높이며 찾으면 … 너는 모든 선한 길을 깨달을 것이라." 이 말씀처럼, 우리 삶의 현장에서도 정직함과 친절함으로 타인을 배려하며, 예수님처럼 진정한 섬김을 실천해야 합니다. 공정함을 추구하고, 부당함을 거부하며, 정당한 것을 선택할 때 비로소 밝은 사회가 세워집니다.

그리스도인은 언제나 즐겁고 기쁜 마음으로 삶을 빚어가는 지혜가 필요합니다. 하나님께서 우주 만물을 창조하시고 마지막으로 사람을 지으셨을 때, "보시기에 심히 좋았더라"고 하셨습니다. 이 말씀은 인간의 관계가 그만큼 중요하다는 뜻입니다. 아름다운 만남을 통해 예상치 못한 어려움과 장애물이 닥치더라도, 주님이 주시는 지혜로 선한 길을 걸어갈 수 있기를 소망합니다.

어느 날 한 사람이 랍비를 찾아와 고백했습니다. "나는 하나님을 공경하기 위해 힘닿는 대로 노력했습니다. 그러나 오늘 돌아보니 아무런 진보도 없었습니다. 여전히 보잘것없는 사람이며, 아는 것도 없습니다."

이 말을 들은 랍비는 기뻐하며 이렇게 말했습니다. "당신에게 축복이 있기를 바랍니다. 당신은 큰 지혜를 배웠습니다. 당신의 그 겸손이 진정한 깨달음을 말해 주고 있습니다."

겸손이란 무엇입니까? 겸손은 자신을 내세우지 않고, 상대가 말하고자 하는 것과 원하는 것을 존중하며, 그 안에서 하나님의 뜻을 헤아리는 태도입니다. 그리고 친절은 겸손의 쌍둥이입니다. 겸손하지 않으면 진정으로 친절해질 수 없고, 친절하지 않으면 참된 겸손을 가질 수 없습니다. 겸손은 신앙인의 미덕이자, 인간관계를 세우는 가장 아름다운 힘입니다.

하나님 앞에서 자신을 낮추고, 타인에게는 사랑과 존중으로 다가설 때, 그곳에 하나님의 나라가 임합니다.

제2부

하나님의 손에 잡힌 자

에덴의 기쁨

'에덴'이라는 단어를 모르는 사람은 거의 없을 겁니다. 신앙이 있든 없든, '에덴동산'이라는 말은 어릴 적부터 익숙하게 들어온 단어지요. 그런데 우리는 정작 그 이름 속에 담긴 깊은 뜻을 자주 놓칩니다. 성경에서 말하는 에덴의 본래 의미는 '기쁨', '즐거움'입니다. 하나님께서 친히 설계하시고 손수 지으신 곳, 완전한 조화와 평화가 깃든 곳이 바로 그 에덴이었습니다. 에덴은 단순히 어떤 지리적 공간이 아니라 하나님이 사람과 함께하신 기쁨의 상태를 말합니다.

하나님은 인간을 그 동산 안에 두시고, 기쁨으로 살게 하셨습니다. 생명의 강이 흐르고, 그 안에는 어떤 부족함도 없었죠. 그런데 인간이 하나님을 떠난 순간, 그 기쁨의 문은 닫히고 말았습니다. 그때부터 인류의 역사는 잃어버린 에덴을 찾아가는 여정이 되었습니다.

예수 그리스도께서 십자가 위에서 한 강도에게 하신 말씀, "오늘 네가 나와 함께 낙원에 있으리라"(눅 23:43)는 선언은, 곧 그 잃어버린 에덴이 다시 열렸다는 뜻입니다. 예수님 안에서 에덴의 문이 다시 활짝 열린 것이지요. 그래서 그리스도인의 삶은 단순히 종교적 의무를 다하거나 도덕적으로 바르게 사는 게 전부가 아닙니다. 하나님이 주신 '에덴의 기쁨'을 회복하며 사는 삶, 바로 그것이 복음의 본질입니다.

하지만 우리의 현실은 어떨까요? 교회로 향하는 발걸음이 설렘보다 무겁고, 예배의 자리가 감사보다 의무로 느껴질 때가 있습니다. 찬양의 입술은 굳어 있고, 얼굴에는 피곤이 묻어 있습니다. 마치 기쁨을 잃은 신앙인처럼, 우리의 마음은 어느새 메말라 버립니다.

혹시 우리도 모르는 사이, 우울이 신앙의 자리를 대신하고 있지는 않을까요? 우울과 무기력은 사탄이 가장 좋아하는 감정입니다. 그것은 믿음의 문을 닫게 만들고, 감사의 입술을 침묵하게 만듭니다. 그렇게 조금씩 마음속에서 하나님이 머물 자리가 사라져 갑니다.

성경은 "항상 기뻐하라, 쉬지 말고 기도하라, 범사에 감사하라"(살전 5:16-18)고 말합니다. 이건 단순한 권면이 아니라, 하나님의 백성이 살아야 할 존재의 방식이에요. 기쁨은 밖에서 얻는 감정이 아니라, 내 안에 계신 하나님으로부터 솟아나는 생명력입니다. 에덴의 기쁨은 바로 그 생명에서 비롯됩니다.

하나님이 우리 안에 거하실 때, 마음은 자연히 밝아지고 영혼은 햇살처럼 빛납니다. 기쁨의 마음은 그 자체로 복이고, 세상을 선하게 변화시키는 힘이 됩니다. 기쁨은 삶의 연료이고, 사랑의 원천이며 믿음이 자라는 토양이지요.

그래서 우리는 매일의 삶 속에서 에덴을 다시 세워야 합니다. 주님 안에서 감사하고, 말씀 속에서 평안을 찾고, 이웃 안에서 사랑을 실천하는 것, 그것이 바로 오늘의 에덴을 살아가는 길입니다.

하나님께서 처음 사람을 지으시고 "보시기에 심히 좋았더라"고 말씀하신 그 순간, 기쁨은 이미 창조의 본질이 되었습니다. 우리가 그 기쁨을 다시 회복할 때, 하나님이 기뻐하신 창조의 뜻이 비로소 완성됩니다.

에덴은 먼 과거의 동산이 아니라, 지금 이 자리에서 다시 시작되는 마음의 공간입니다. 오늘 우리의 내면이 그 에덴이 되기를, 잃어버린 기쁨이 다시 피어나 하나님과 함께 웃는 하루가 되기를 소망합니다.

희망 공동체

우리는 이 땅에서 하나님을 섬기며 살아가지만, 각자 다른 모습과 성품을 가지고 있습니다. 그런데 하나님은 그런 우리를 한 몸으로 부르셨습니다. 주님이 머리가 되시고, 우리는 그분 안에서 서로 연결된 몸입니다. 그러니까 교회는 단순한 모임이나 조직이 아니라 하나님의 생명이 흐르는 살아 있는 공동체입니다.

교회는 이미 완성된 공동체가 아닙니다. 오히려 그리스도의 장성한 분량에 이르기까지 자라가야 하는 성장의 과정에 있는 존재입니다. 지금의 교회는 그리스도 안에서 하나 되었지만, 여전히 종말의 완성을 향해 나아가고 있습니다. 그 소망이 있기 때문에 교회는 흔들리지 않습니다.

세상에서는 직위를 노력이나 실력으로 얻을 수 있지만, 교회에서의 직분은 결코 사람의 공로나 자격으로 주어지는 게 아닙니다. 그것은 하나님의 은혜이고, 그분이 주신 소명입니다. 하나님은 우리를 불쌍히 여기셔서 섬김의 기회를 주셨습니다. 그래서 직분은 명예가 아니라 봉사이고, 특권이 아니라 책임입니다. 낮은 자리에서 겸손히 주님을 섬기며, 맡겨진 일을 성실히 감당하는 것, 그것이 하나님이 진정 기뻐하시는 뜻입니다.

하지만 사람은 언제나 유혹 앞에 약합니다. 사회적으로 성공하고, 경제적으로 여유로워지면 신앙의 겸손이 무너질 때가 있습니다. 세상은

'높아지는 것'을 성공이라 말하지만, 하나님 앞에서는 낮아짐이 진짜 승리입니다. 교만은 오래가지 못합니다. 인생은 단거리 경주가 아니라 생명의 마지막 순간까지 달려야 하는 마라톤입니다. 믿음의 여정은 잠깐의 열심이 아니라, 꾸준한 인내와 끝없는 헌신으로 완주해야 하는 길입니다.

이제 우리 교회를 돌아봅시다. 나는 공동체를 세우는 사람인가, 아니면 그저 머물러 있는 사람인가. 십자가의 정신으로 희생하며 헌신하고 있는가, 아니면 나의 유익을 따라 신앙생활을 하고 있는가. 교회는 주님의 몸이고, 우리는 그 몸의 지체입니다. 머리 되신 그리스도와 연결되어 있을 때에만 생명이 흐르고 열매가 맺힙니다.

예수님은 "나는 참 포도나무요, 너희는 가지니"(요 15:5)라고 말씀하셨습니다. 가지가 포도나무에서 떨어지면 스스로는 아무것도 할 수 없습니다. 우리가 주님께 붙어 있을 때에만 안전하고, 그분의 생명으로 열매 맺을 수 있습니다. 그 열매는 바로 사랑과 순종의 결실이에요. 말씀에 따라 살고, 서로 사랑할 때 우리는 진정으로 그리스도 안에 거하게 됩니다.

교회는 예수 그리스도의 피로 세워진 거룩한 공동체입니다. 하나님의 집이자 성전이며, 그리스도의 신부이기도 합니다. 세상에서는 건물과 조직으로 존재하지만, 동시에 시대를 넘어 과거와 현재, 그리고 미래의 모든 참된 신자들이 연결된 보이지 않는 교회이기도 합니다. 하나님께서 주신 이 공동체는 인간이 만든 것이 아니라, 하늘의 뜻으로 세워진 하나님의 작품입니다.

그러므로 하나님이 내게 맡기신 공동체와 직분은 잠시 맡았다 놓는 자리가 아닙니다. 주님이 오시는 날까지 생명을 다해 섬기는 것이 마땅한 일입니다. 교회를 떠나 더 좋은 곳을 찾거나, 자신의 유익을 좇아 사명을 버린다면 그것은 이미 희망을 잃은 신앙입니다. 눈앞의 이익 때문에 영원한 부르심을 놓치는 건, 마치 결승선을 앞두고 멈춰 선 달리기 선수와 같습니다.

희망의 공동체는 사람의 노력으로 세워지지 않습니다. 오직 하나님의 능력이 우리 안에 역사할 때 살아납니다. 세상 끝까지 복음이 전파되는 이유도 바로 이 희망 때문입니다. 하나님은 어제도, 오늘도, 내일도 다양한 방법으로 복음을 전하게 하시고, 그 사역을 통해 교회를 자라게 하십니다.

우리의 교회가 바로 그 희망의 공동체가 되기를 바랍니다. 세상의 불확실함 속에서도 변하지 않는 소망을 붙들고, 주님의 다시 오심을 기다리며 믿음으로 견디는 공동체. 서로를 세워주고, 눈물로 기도하며, 사랑으로 연합하는 공동체. 그 안에서 우리는 하나님 나라의 모형을 미리 살아가고 있습니다.

희망의 공동체는 완벽하지 않습니다. 하지만 그 안에 주님이 계시기에 흔들리지 않습니다. 오늘도 그리스도의 사랑으로 서로를 품고, 주님의 재림을 바라보며 달려가는 우리 모두가 바로 그 희망의 공동체입니다.

고통의 은총

우리는 누구도 자신의 의지로 부모를 선택하거나, 어떤 가정에서 태어날지를 결정할 수 없습니다. 태어나 보니 부모가 있었고, 형제와 이웃이 있었습니다. 우리는 그 안에서 각자 주어진 환경 속에 뿌리내리고 살아갑니다. 어떤 사람은 부유하고 화목한 가정에서 자라지만, 또 어떤 사람은 가난과 결핍 속에서 어린 시절을 보냅니다. 저 역시 깊은 산골 마을에서 어렵고 고된 시절을 지나야 했습니다. 그런데 세월이 흘러 돌아보니 그때의 고통과 연단이 오히려 내 인생의 은총이었다는 걸 깨닫게 되었습니다.

권성수 목사님의 회고록 〈고통의 은총〉은 바로 그 진리를 담고 있습니다. 목사님은 환난과 역경이 사람을 무너뜨리는 게 아니라, 오히려 하나님을 더 깊이 믿게 하고 인격을 성숙하게 만드는 은혜의 통로라고 고백합니다. "여호와께서 거기에 계시다"(여호와 삼마)라는 말씀처럼, 고통의 자리에도 하나님은 늘 함께 계셨던 것입니다.

권 목사님은 신앙의 유산을 조부모님과 부모님으로부터 물려받았습니다. 그의 아버지는 교회를 개척하며 헌신적인 목회를 감당하셨고, 가족들은 그 과정에서 가난과 시련을 함께 견뎌야 했습니다. 그 시절은 몸도 마음도 힘들었고, 이해되지 않는 일도 많았지만, 돌이켜보면 하나님을 가장 가까이 만났던 복된 시간이었습니다.

목회 사역이 쉽지 않았기에 가족은 자주 이사를 해야 했습니다. 서울의 여러 지역을 옮겨 다니며 생계를 이어가는 동안에도 믿음을 놓지 않았습니다. 학업을 이어가기 어려운 환경이었지만, 그는 주님을 향한 소망으로 그 모든 시간을 버텨냈습니다. 그리고 결국 하나님의 인도하심 속에 총신대학교 신학대학원을 졸업하고, 믿음의 배우자와 함께 미국 유학길에 오르게 됩니다.

낯선 땅에서 공부와 생계를 병행하는 건 쉽지 않았습니다. 하지만 그 여정 속에서도 하나님의 도우심을 경험했습니다. 마침내 그는 최고의 논문으로 박사 학위를 받았고, 학문과 믿음, 인격을 함께 갖춘 신학자로 성장할 수 있었습니다. 그 모든 과정을 그는 이렇게 표현합니다. "그건 다 하나님의 은혜의 흔적이었습니다."

이후 그는 모교인 총신대학교에서 교수로 재직하며 또 다른 시련을 맞이했습니다. 배신과 오해, 질투와 비난이 그를 흔들었지만, 그 시간을 통해 그는 예수님의 마음으로 사람을 품는 법을 배웠습니다. 고통은 그를 무너뜨리지 않았고, 오히려 더 깊은 사랑과 용서의 사람으로 빚어냈습니다.

한 후배가 물었다고 합니다. "교수의 삶과 목회의 삶 중 어느 쪽이 더 복되셨습니까?" 그는 망설임 없이 대답했습니다. "목회의 삶이 더 큰 축복이었습니다. 영혼을 살리고 세우고 고치는 일이야말로 인생의 가장 큰 행복이기 때문입니다."

그는 신학이 단지 지식의 학문으로 머물러서는 안 되며, 반드시 교회와 생명을 살리는 데 사용되어야 한다고 강조했습니다. 그의 신앙과 사역의 중심에는 언제나 '균형'이 있었습니다. 선교, 예배, 교제, 교육, 봉사가 조화를 이루는 건강한 교회, 그것이 그가 꿈꾸었던 공동체였습니다.

권성수 목사님은 생명 사역의 핵심을 네 단어로 요약했습니다. 성경 (Bible), 강해(Exposition), 성령(Spirit), 변화(Transformation), 말씀을 따라 살고, 성령의 인도하심에 순종하며, 삶이 변화되는 것, 그것이 참된 복음의 열매이자 우리가 세상 속에서 감당해야 할 사명입니다.

사랑하는 여러분, 우리의 인생에도 크고 작은 고통이 있습니다. 때로는 이해되지 않는 일들이 일어나고, 이유 없이 상처받을 때도 있습니다. 하지만 믿음의 눈으로 보면, 그 모든 고통의 뒤편에는 하나님의 은혜가 숨어 있습니다. 고통을 뒤집어 보면 은혜가 보이고, 눈물을 닦아 내면 주님의 손길이 느껴집니다.

그러니 고난을 두려워하지 맙시다. 그것은 우리를 단련시키고, 하나님께 더 가까이 이끄는 통로입니다. 인생의 깊은 골짜기에서도 하나님은 결코 우리를 버리지 않으십니다. 오히려 그 순간, 주님은 가장 가까이 계십니다.

오늘도 지친 마음으로 하루를 살아가는 모든 이들에게 이 말씀이 위로가 되기를 바랍니다.

가족 공동체

한 해의 문턱을 막 넘어섰지만, 우리의 마음은 여전히 무겁습니다. 정치와 경제, 사회 곳곳에서 터져 나오는 크고 작은 사건들이 국민의 마음을 흔들고, 사회는 점점 더 깊은 분열의 골로 빠져들고 있습니다. 그런데 이런 혼란의 시대에도 변함없이 우리를 맞이하는 명절이 있습니다.

바로 가족이 모이는 날, 추석입니다. 오랜 세월 이어져 온 이 명절은 단순한 휴일이 아니라, 흩어진 마음을 모으고 가족 공동체의 본질을 다시 바라보게 하는 귀한 시간입니다.

추석은 우리 민족의 정서와 삶의 뿌리를 지탱해 온 문화의 결정체입니다. 곡식이 무르익는 계절, 조상께 감사드리고 가족이 서로의 안부를 묻는 자리, 그 안에는 '함께'라는 말의 깊은 의미가 담겨 있습니다. 세계 곳곳에도 각자의 전통 명절이 있지만, 우리처럼 가족의 품 안에서 정(情)을 나누는 문화는 흔치 않습니다.

추석은 단순한 풍습을 넘어, 세대를 잇는 신앙이자 삶의 철학이요, 공동체 정신의 상징이라 할 수 있습니다. 하나님께서는 인간에게 '가족'이라는 놀라운 축복을 주셨습니다. 창조주께서 주신 일반 은총 속에서 우리는 사랑을 배우고, 용서를 실천하며, 관계를 통해 성장합니다.

하나님은 하늘과 땅, 바다와 산, 그 안의 모든 생명을 지으시고, 인간에게 그것을 누릴 수 있는 공간을 주셨습니다. 그중에서도 가장 따뜻한 선물은 바로 가정이었습니다.

가정은 세상에서 가장 작은 교회이며, 사랑과 믿음이 자라는 첫 번째 학교입니다. 그리스도인이든 아니든, 누구나 그 안에서 하나님의 은혜를 경험하며 살아갑니다. 하지만 오늘의 현실은 냉혹합니다. 사회는 갈라지고, 사람들은 서로를 믿지 못하고, 이념의 대립은 관계를 무너뜨립니다. 산업화와 세계화의 물결 속에서 '가족'의 의미는 점점 희미해져 가고 있습니다. 그럼에도 불구하고, 우리는 여전히 가족 안에서 위로를 받고, 용기를 얻으며, 새로운 희망을 품습니다. 그래서 이번 추석만큼은 서로의 마음을 다시 잇는 시간이 되었으면 좋겠습니다.

분열과 상처로 얼룩진 사회가 다시 화합과 용서의 공동체로 회복되는 계기가 되길 바랍니다. 남북으로 나뉜 현실 속에서도 우리는 한 피, 한 뿌리로 이어진 민족입니다. 같은 하늘 아래, 같은 달빛을 바라보며 추석을 보내는 북한의 형제자매들을 생각하면 마음이 숙연해집니다.

그들을 향한 사랑과 섬김으로 평화통일의 씨앗을 심는 일, 그것이 우리가 감당해야 할 사명입니다. 특히 자유를 찾아 남한으로 온 북한이탈주민들을 따뜻하게 품는 일은 우리 사회가 감당해야 할 거룩한 책임입니다. 그들이 안정적으로 정착하고 뿌리내리도록 돕는 일은 단지 인도적 행위가 아니라, 민족의 미래를 세우는 희망의 다리를 놓는 일입니다. 이 시대의 한국 교회도 예외는 아닙니다. 코로나 팬데믹 이후 문을 닫은 교회가 1만 곳이 넘는다고 합니다. 하지만 위기는 동시에 새로운 기회의 문이기도 합니다.

지금은 교회가 다시 성령의 능력으로 회복되어야 할 때입니다. 말씀과 기도, 복음으로 생명을 살리고 세우는 사역, 그것만은 결코 멈출 수 없습니다. 교회는 다시금 '가족 공동체의 영적 울타리'로 서야 합니다. 지금 우리 사회가 가장 필요로 하는 것은 대결이 아니라 화해, 비판이 아니라 용서, 단절이 아니라 연결입니다. 서로 한 발짝 물러서서 상대의 마음을 헤아리고, 양보와 포용으로 다가갈 때 비로소 진정한 공동체의 회복이 가능합니다. 올 추석, 우리에게 던져진 질문은 이것입니다.

"당신에게 가족은 무엇입니까?" 가족은 피로 맺어진 인연을 넘어, 사랑으로 지켜야 할 하나님의 창조 질서입니다. 이 명절이 우리의 가정을 넘어 사회 전체가 하나 되는 출발점이 되기를 바랍니다. 가족은 하나님께서 주신 최초의 공동체요, 사회의 근본입니다.

가정이 건강해야 나라가 바로 서고, 가정이 화목해야 사회가 평안합니다. 이번 추석, 사랑의 식탁 위에서 나누는 작은 미소 하나가 우리 사회 전체를 밝히는 빛이 되기를 소망합니다.

절박한 생활환경

사람마다 살아가는 방식이 다르고, 욕망의 크기도 다릅니다. 누군가는 더 많이 소유하려 하고, 또 누군가는 그보다 더 의미 있는 삶을 꿈꿉니다. 하지만 인생을 오래 살아갈수록 우리는 깨닫습니다. 진정한 행복은 물질의 크기가 아니라 관계의 깊이에서 비롯된다는 사실입니다.

젊은 날의 혈기로, 환경의 힘을 믿으며 살아오던 시절이 있습니다. 그러나 세월이 쌓이고 인생의 저녁녘에 다다르면, 그때 비로소 돌아보게 됩니다. 내가 사랑하는 가족의 마음을 얼마나 헤아렸는가, 내 욕심으로 인해 얼마나 많은 상처를 남겼는가를 말입니다.

여든을 넘긴 김 씨 노인은 한때 누구보다 가정적인 사람이었습니다. 성실히 일했고, 자녀들은 그 사랑을 믿으며 자라났습니다. 그러나 세월이 흐르면서 그의 삶은 술에 잠식되었습니다. 가족의 만류에도 불구하고 그는 자신이 중독되어 있음을 인정하지 못했습니다. 그리고 마침내 가정은 무너졌습니다. 가족들의 마음은 지쳐버렸고, 그는 홀로 거리로 나와 방황하다가 노숙의 길로 들어섰습니다.

병든 몸으로 쉼터에 들어왔을 때, 그는 이미 늦게 깨달았습니다. 가족에게 상처를 준 지난날이 너무나 뼈아팠습니다. 그는 마지막으로 용서를 구했지만, 이미 가족의 마음은 닫혀 있었습니다. 결국 그는 홀로 세상을 떠났고, 뒤늦게 장례식장에서 마주한 가족들의 눈물은 너무도 늦은 화해의 흔적이었습니다.

반대로 박 씨 어르신의 이야기는 또 다른 비극을 보여줍니다. 그는 가족들의 간절한 부름에도 끝내 그들을 만나지 않았습니다. 평생 미안함을 안고 살았기에, 자신의 마지막 모습마저 보여주기 싫었던 것입니다. 그렇게 그는 홀로 생을 마감했습니다. 남겨진 가족들은 죄책감과 슬픔 속에 오랜 세월을 견뎌야 했습니다.

이 두 이야기는 우리 사회가 품고 있는 고통의 자화상입니다. 외로움과 상처, 관계의 단절은 물질의 풍요 속에서도 더 깊어지고 있습니다. 사람들은 욕망을 좇지만, 정작 그 욕망이 자신을 파괴한다는 사실을 모른 채 살아갑니다.

우리는 이제 멈춰 서서 자신을 돌아봐야 합니다. 나의 삶이, 나의 말과 행동이, 내 가족에게 어떤 흔적을 남기고 있는가. 내가 쾌락과 유흥을 좇는 동안, 누군가는 내 곁에서 상처를 견디고 있지는 않은가요.

감사하게도 이 땅에는 여전히 따뜻한 손길이 존재합니다. 노숙인과 출소자, 장애인과 홀몸노인을 돌보는 자활시설들이 있습니다. 그곳에서는 매일 예배와 말씀, 기도를 통해 새로운 희망이 피어납니다. 그들은 비록 세상에서 잊혔지만, 하나님께는 여전히 사랑받는 존재입니다. 과거의 실수를 회개하고 새로운 삶을 다짐하는 그들의 눈빛 속에는 진심이 있습니다. 그들과 함께 예배드리는 시간은 우리 모두에게 회복의 은혜를 체험하게 합니다.

한국 사회는 지금 '인구 절벽'이라는 위기를 맞고 있습니다. 아이의 울음소리가 사라지고, 노년층이 급격히 늘어가는 현실 속에서 가족의 가치는 점점 희미해지고 있습니다. 그러나 바로 지금, 우리는 가족의 의미를 다시 붙잡아야 합니다. 가족은 단순한 혈연이 아니라, 하나님의 은혜를 함께 누리는 작은 공동체입니다.

가정이 무너진 자리는 언제나 슬픔과 후회로 채워집니다. 아무리 많은 재산을 가지고, 아무리 높은 자리에 올라간다 해도, 사랑이 없는 가정은 결국 공허합니다. 물질은 풍요로울지 몰라도, 마음이 메마르면 행복은 사라집니다.

성경 에베소서 5장 8절은 이렇게 말씀합니다. "너희가 전에는 어둠이더니 이제는 주 안에서 빛이라. 빛의 자녀들처럼 행하라." 어둠 속에 살아가는 이들에게 필요한 것은 꾸짖음이 아니라, 빛을 비춰주는 사랑입니다. 우리가 이웃의 아픔을 외면하지 않고 다가갈 때, 그 사랑은 생명을 회복시키는 능력이 됩니다.

오늘 우리에게 주어진 과제는 분명합니다. 소외된 이웃을 찾아 손을 잡고, 상처 입은 가족에게 따뜻한 말을 건네며, 하나님의 빛으로 이 세상을 밝혀야 합니다. 그럴 때 비로소 절박한 생활의 어둠 속에서도 새로운 희망의 빛이 비추게 될 것입니다.

던바 넘버

요즘 인터넷을 열어보면 "페이스북에서 친구를 찾으세요"라는 문구를 자주 보게 됩니다.

그런데 가만히 생각해 보면, 정말 친구를 찾고 싶은 것인지, 아니면 단순히 인맥을 관리하려는 것인지 고개가 갸웃해질 때가 있습니다. 영국 옥스퍼드 대학의 진화인류학 교수 로빈 던바(Robin Dunbar)는 『사람에게는 몇 명의 친구가 필요한가』라는 책에서 "한 사람이 진정한 관계를 유지할 수 있는 최대치는 약 150명"이라고 말했습니다.

이 숫자를 흔히 '던바 넘버'(Dunbar Number)라고 부릅니다. 그는 인간의 신피질 용량이 사회적 관계의 폭을 결정한다고 하며, 결국 인간의 관계에도 분명한 인지적 한계가 존재한다고 하였습니다.

던바의 연구는 원시 시대 부족의 평균 인구수, 로마 군대의 조직 단위, 현대 기업과 공동체의 구조에서도 일관되게 같은 수치를 보여주었습니다. 심지어 최근에는 온라인 게임 이용자들의 행동 패턴을 분석한 결과에서도 이 사실이 입증되었다고 합니다.

이 이야기를 접하면서 저 역시 나의 인간관계를 돌아보게 되었습니다. 과연 나는 몇 명의 친구를 진심으로 알고 있으며, 그들과 얼마나 깊은 관계를 맺고 있을까 하는 생각이 들었습니다. 그리고 그 생각은 자연스레 '교회 공동체'로 이어졌습니다.

오늘날 한국 교회는 점점 공동체성을 잃어가고 있습니다. 메가 문화의 영향으로 교회마저 대형화를 추구하는 현실 속에서, 던바 넘버는 우리에게 중요한 교훈을 줍니다. 인간의 관계에는 한계가 있다는 사실, 그리고 그 한계를 무시한 확장은 결국 비인간화를 낳는다는 것입니다.

하나님께서 우리에게 주신 관계의 그릇이 150이라면, 그것은 실패가 아니라 질서입니다. 그러나 우리는 종종 그 이상을 바라보며, 목표에 도달하지 못하면 실패했다고 생각합니다. 교회 성장 이론이 유행하던 시절, '200명 돌파 세미나', '300명 돌파 세미나'가 전국적으로 열렸던 때가 있었습니다. 하지만 던바의 연구에 따르면 교회가 200명 선에서 머무는 것은 당연한 일입니다. 그 이상으로 커지면 교제의 밀도가 떨어지고, 성도들은 '가족'이 아니라 '참석자'가 되어버리기 때문입니다.

물론 교회의 성장은 중요합니다. 그러나 그것이 '규모의 성장'이 아니라 '신앙의 성숙'이어야 합니다. 하나님께서 허락하신 그릇이 200명이라면, 그 안에서 깊이 있는 사랑과 섬김을 실천하는 것이 더 큰 복입니다.

만일 우리가 1만 명, 10만 명을 목표로 삼으며 그것이 신앙의 성공이라 믿는다면, 하나님은 과연 어떻게 생각하실까요? 오늘날 한국 교회는 대형화의 그늘 속에서 신뢰를 잃어가고 있습니다. 교회는 기업처럼 변했고, 목회자는 CEO처럼 보입니다. 성도들은 숫자로 계산되고, 이름조차 모르는 이들이 늘어가고 있습니다. 그러나 교회는 본래 사랑과 돌봄의 공동체였습니다. 성도 한 사람 한 사람의 얼굴을 알고, 그들의 기도제목을 함께 나누며, 신앙의 가족으로 엮여 있던 곳이었습니다.

던바 넘버는 우리에게 본질로 돌아가야 함을 일깨워 줍니다. '크기'가 아니라 '깊이', '확장'이 아니라 '관계'가 중심이 되어야 합니다. 교회가 세상을 따라가면 세상을 이끌 수 없습니다.

하나님께서 세우신 교회는 경쟁의 장이 아니라, 상처 입은 영혼이 치유되고 서로의 아픔을 품어주는 거룩한 피난처여야 합니다. 오늘의 교회는 더 이상 세속적 성공을 좇아서는 안 됩니다. 사랑과 신뢰, 섬김과 나눔이 살아 있는 건강한 공동체, 그것이 하나님이 기뻐하시는 교회의 모습입니다.

던바 넘버가 말해 주는 단순한 진리가 바로 여기에 있습니다. 관계의 깊이가 곧 교회의 힘이며, 사랑의 밀도가 곧 신앙의 성숙입니다.

가슴 뛰는 선교 열정

중앙아시아에는 탕그리 토그산맥(천산산맥)으로 이어진 눈부신 설산들이 있습니다. 최고봉인 포베다산과 한텡그리봉은 해발 3,600~4,000m에 이르며, 산맥의 길이는 무려 2,000km, 너비는 400km나 됩니다. 봉우리마다 빙하가 남아 있고, 그 광대한 산세는 보는 이의 마음을 숙연하게 합니다.

타림분지와 타클라마칸 사막 북쪽 경계를 따라 이어진 이 산맥은 동서로 다양한 지형을 이루며, 그 장엄한 아름다움으로 인해 '중앙아시아의 알프스'라 불리기도 합니다.

농업과 목축업이 활발한 중앙아시아는 카자흐스탄, 키르기스스탄, 타지키스탄, 투르크메니스탄, 그리고 우즈베키스탄의 다섯 나라로 구성되어 있습니다.

그 가운데 키르기스스탄의 수도 비슈케크(Bishkek)에서 열린 중앙아시아 선교대회에 참석하여, 선교사들을 위로하고 그들의 영성과 사역에 새로운 힘을 불어넣는 귀한 시간을 가졌습니다.

선교사들은 각자의 꿈과 비전을 되새기며, 내일의 소망을 향한 사명선언서를 작성했습니다. 인구의 약 87.5%가 이슬람 문화권에 속한 키르기스스탄은 현재 약 720만 명의 국민이 살고 있습니다.

2024년까지만 해도 비교적 자유로운 선교 활동이 가능했지만, 올해

부터 시행된 개정 종교법으로 인해 복음 전파에 심각한 제약이 따르고 있습니다. 현재 약 400여 개의 교회가 정부의 허가를 받아 현지 목회자 중심으로 복음을 전하고 있으며, 교회는 국가의 승인을 받아 종교 단체로 등록해야 하고, 5년마다 재등록을 해야 합니다. 또한 외국 선교사는 선교사 자격으로 등록 후 3년간만 사역할 수 있으며, 이후에는 반드시 출국해야 하는 제한을 받습니다.

이번 선교대회 기간 중, 우리는 백석장학회와 키르기스 아라바예브 국립대학교 한국어학부(세종학당) 및 한길장학회와의 MOU 체결식에도 참석했습니다. 이 대학교는 경상북도와도 협약을 맺고 있으며, 우수한 사회복지학과 학생들에게 장학금을 제공하고 있습니다. 학생들은 2년은 본교에서, 나머지 2년은 경상북도 소재 대학에서 공부한 뒤 사회복지시설에서 일할 수 있는 기회를 부여받고 있습니다.

1991년 12월 25일, 미하일 고르바초프가 소련 대통령직을 공식 사임한 다음 날, 소련 최고 소비에트는 142-H 선언을 통해 연방 해체를 승인했습니다. 그 여파로 15개의 신생 독립국이 탄생했고, 중앙아시아 국가들도 그때 독립의 길로 나섰습니다. 그러나 그 역사 속에는 깊은 아픔도 있었습니다.

1937년, 소련 정부는 일본과의 전쟁을 우려하여 극동 연해주에 살던 고려인 약 18만 명을 중앙아시아로 강제 이주시켰습니다. 그 과정에서 수많은 이들이 목숨을 잃었고, 남겨진 이들은 낯선 땅에서 새로운 삶을 살아야 했습니다. 88년이 지난 지금도 그 상처는 한민족의 가슴 속에 남아 있습니다.

현지에서 만난 고려인 목회자 부부는 이전에는 공산당 간부로 활동했다고 했습니다. 그러나 하나님의 말씀으로 은혜를 받고 성령의 체험을 통해 새 사람으로 거듭났으며, 이제는 교회에서 복음을 전하며 생명을 살리는 사역에 헌신하고 있습니다. 그들의 간증은 참으로 감동적이었습니다.

중앙아시아는 무슬림 중심의 사회입니다. 과거에는 공산주의 국가였으나, 지금은 독립된 국가로서 여전히 사회주의의 잔재가 남아 있습니다. 기독교인들은 여전히 박해 속에 있지만, 선교사들은 정부의 감시와 시민들의 냉소 가운데서도 생명의 복음을 전하고 있습니다.

고국을 떠나 언어와 문화가 다른 땅에서 예수 그리스도의 복음을 전하는 그들의 사명은 얼마나 숭고한지요. 이번 선교대회를 위해 조지아에서 사역하던 한 선교사 부부는 튀르키예를 경유해 9시간 비행 끝에 도착했습니다.

또한 카자흐스탄, 우즈베키스탄 등 여러 나라에서 온 선교사들이 함께 모여, 비전을 향한 도전과 영혼 구원의 열정을 다시금 불태웠습니다. 그들의 가슴 속에는 '땅끝까지 이르러 복음을 전하라'는 주님의 명령이 여전히 살아 있었습니다.

머나먼 이국에서 눈물과 고난 속에서도 포기하지 않고, 복음을 위해 자신을 드리는 선교사 가정들을 축복합니다. 신변의 위협과 외로움 속에서도 주님의 부르심 앞에 굴하지 않고 헌신하는 그들의 사역 위에 하나님의 위로와 은혜가 늘 함께하시기를 기도합니다.

그들은 분명히 주님께서 오시는 날, "잘하였다, 착하고 충성된 종아"라는 칭찬과 함께 생명의 면류관을 받을 것입니다. 인생의 가장 큰 싸움은 타인과의 싸움이 아니라 자기 자신과의 싸움입니다.

환경이 어렵고 세상이 차갑다 해도, 마음속의 열정을 잃지 않는다면 우리는 여전히 살아 있습니다. 가슴 뛰는 사명, 멈추지 않는 복음의 열정으로 오늘을 살아가며, 남은 생애가 하나님께서 기뻐하시는 가장 아름다운 선교의 여정이 되기를 소망합니다.

거룩한 소원과 희망

사회의 보호도, 이웃의 도움도 없이 홀로 자녀를 키운다는 일은 언제나 고된 일입니다. 한국전쟁의 상처가 아직 채 아물지 않았던 시절, 농촌에서 여성 혼자 가정을 이끈다는 것은 거의 불가능에 가까운 일이었습니다. 그러나 그 시대에도 믿음과 인내로 자녀를 지켜낸 어머니들이 있었습니다.

경남 김해의 산자락 깊은 마을, 무척산 아래에서 한 아이가 태어났습니다. 훗날 부산 세계로교회 담임목사로 부름 받은 손현보 목사입니다. 그는 어려서부터 결핍과 싸워야 했습니다. 부친은 일찍 세상을 떠나, 단 한 번도 '아버지'라 부르지 못했습니다. 어머니는 아버지의 둘째 부인으로, 땅 한 평 없이 네 아이를 키우기 위해 밤낮을 가리지 않으셨습니다.

그러나 그 헌신에도 가난은 가시지 않았습니다. 중학교 시절, 수백 명의 학생들 중 유일하게 검정 고무신을 신었던 소년. 새 학기가 되어 짝을 바꾸자는 말을 들을 때마다 마음속 깊은 곳이 시렸습니다.

그럼에도 그는 좌절하지 않았습니다. 어머니의 입에서는 "돈은 다 어디 갔나, 그 돈 먹어 보고 죽고 싶네"라는 한탄이 날마다 흘러나왔지만, 그는 그 말 사이에서 삶을 견디는 법을 배웠습니다. 그 무렵, 중학교 3학년 때 따뜻한 친구의 손에 이끌려 스무 명 남짓한 작은 교회를 찾게 되었습니다. 그곳에서 처음으로 하나님을 만났습니다.

"하나님, 제가 어릴 적부터 아버지 없이 살아왔는데, 이제 하나님을 아버지라 부르니 참 감사합니다. 이제부터는 하나님을 위해 모든 것을 드리겠습니다. 복음을 전하는 전도자가 되겠습니다.

오직 주의 영광을 위해 살겠습니다." 그날 이후 그의 인생은 완전히 달라졌습니다. 실업계 고등학교에 진학한 그는 새벽마다 교회에 나가 기도하며, 방과 후에는 성경을 붙들었습니다.

그는 "하나님을 기쁘시게 하는 소원을 품으면 반드시 이루어 주신다"라는 말씀을 마음에 새기고, 삶의 고단함을 믿음으로 이겨냈습니다. 무척산 기도원으로 오르는 길에 사람들의 짐을 지게로 날라주며 얻은 품삯으로 생활비를 충당했습니다.

마침내 고신대학교에 합격했으나, 등록금을 마련할 길이 없었습니다. "논 서른 마지기가 있어야 공부를 하지, 네가 뭘로 대학을 다니겠느냐?" 외삼촌의 핀잔에도 그는 믿음으로 대답했습니다. "하나님은 살아 계십니다. 반드시 저를 졸업하게 하실 것입니다." 절박한 기도 끝에 뜻밖의 은혜가 찾아왔습니다.

부산 주례 삼거리 철길 위 불현사 절을 찾았을 때, 한 승려가 등록금을 내주었습니다. "열심히 예수 믿어서 부처가 되면 되지 않나." 믿음과 세상의 경계가 교차하던 순간, 그는 하나님께서 사람의 손을 빌려 일하신다는 사실을 배웠습니다.

숙식할 곳이 없어 다시 절을 찾아갔을 때, 승려는 방 한 칸을 내주었고, 그는 그곳에서 1년을 머물며 통학했습니다. 군 복무는 또 다른 믿음의 시험이었습니다. 논산 훈련소를 거쳐 701 특공대에 배치된 그는 예배에 참석했다는 이유로 구타를 당했습니다. 입술이 터지고 다리가 절 뚝거려도 교회를 향한 발걸음을 멈추지 않았습니다. 그러자 하나님은 그 눈물의 헌신을 사용하셨습니다.

한 사람, 두 사람 그의 믿음을 보고 교회로 나왔고, 마침내 소대 전체 가 복음으로 변화되었습니다. 심지어 부대장까지 예수를 영접하여 집 사가 되는 은혜가 있었습니다. 혹독한 훈련 중 쓰러진 동료의 군장까지 메고 완주하여 1등으로 결승점을 통과하던 날, 그는 깨달았습니다. "하 나님께서 나를 이곳에 보내신 뜻이 바로 이것이었구나."

그 후 그는 특공 모범상을 받고, 부대 내에 작은 도서관을 세워 장병 들의 마음을 돌보았습니다. 제대 후 그는 목회자의 길을 걸으며 다섯 번의 교회 건축을 이끌었고, 마침내 우리나라에서 가장 큰 예배당을 완 공하여 하나님께 영광을 돌렸습니다.

또한 다음 세대를 세우는 우남학교를 설립하여, 자유통일과 복음통일 시대의 지도자를 길러내는 사명을 이어가고 있습니다. 손현보 목사의 인생은 가난과 절망 속에서도 결코 믿음을 놓지 않은 한 사람의 고백이 자, 하나님께서 얼마나 세밀하게 한 인생을 인도하시는지를 보여주는 아름다운 증언입니다.

우리 또한 그처럼 고백할 수 있기를 바랍니다. "주님, 제 삶이 아무리 어렵고 힘들지라도 주를 기쁘시게 하는 소원을 품게 하소서." 거룩한 소원은 현실을 이기는 힘이 되고, 희망은 그 소원을 이뤄내는 날개가 됩 니다. 오늘도 그 믿음으로 다시 일어서며, 우리 각자의 삶 속에서도 하 나님께서 행하실 위대한 일을 기대합니다.

국가적 재난의 아픔

대한민국의 산하가 깊이 아파하고 있습니다. 경북 의성 안평면에서 시작된 작은 산불이 거센 바람을 타고 안동과 영양, 영덕을 지나 동해로 번졌습니다. 불길은 다시 산청과 울산으로 옮겨 붙으며 수많은 농가와 민가를 삼켰습니다. 한 점 불씨가 시·군의 경계를 넘어 나라 전체를 흔드는 큰 재난으로 번진 것입니다.

지난 3월 22일, 봄볕이 따스하던 그날의 불길은 일주일 가까이 이어지며, 강풍을 타고 전국을 불태웠습니다. 산과 들이 붉게 물들고, 불씨는 바람에 날리며 집과 논밭을 태웠습니다. 일부 지역에서는 특이한 불꽃이 관측되어 방화 가능성까지 제기되었습니다.

의성에서 시작된 불길은 영덕의 해안마을을 초토화하였고, 산청에서는 주왕산 일대가 큰 피해를 입었습니다. 불길은 마치 국토를 가로지르듯 남쪽으로 번져갔습니다. 전문가들은 이렇게 훼손된 산림이 다시 본래의 모습을 회복하려면 최소한 30년 이상 걸릴 것이라 말합니다. 이미 수십 명의 사상자가 발생하였고, 많은 이들이 삶의 터전을 잃었습니다.

지금 우리에게 필요한 것은 정치적 논쟁이 아니라 실질적인 행정력입니다. 국민의 안전 앞에서 여야의 구분이 있을 수 없습니다. 재난의 아픔 앞에서 정쟁은 멈추어야 합니다. 이재민들의 고통을 함께 짊어지고, 국가의 모든 힘을 모아 피해를 줄여야 합니다.

의성 지역의 산불을 진화하던 헬기가 추락해 조종사 한 분이 순직하셨습니다. 불길 속에서 생명을 걸고 싸우신 그분의 희생은 오랫동안 국민의 마음에 남을 것입니다. 진화 작업이 끝난 듯 보였지만, 강한 바람이 불씨를 다시 일으켜 불길은 되살아났습니다. 영덕의 해안마을 주민들은 목숨을 걸고 방파제와 어선으로 몸을 피했습니다. 하루아침에 집을 잃은 이들의 눈빛에는 절망과 두려움이 가득했습니다.

강풍에 맞서 싸운 소방대원들, 화선을 지킨 군인들, 그리고 현장에서 이웃을 도운 자원봉사자들의 수고와 헌신은 이 시대의 희망이었습니다. 그러나 피해는 너무도 컸고, 거동이 불편한 어르신들의 희생이 많아 더욱 가슴이 아팠습니다.

이제 행정 당국은 모든 역량을 집중해야 합니다. 무엇보다 현장의 안전과 소방 인력의 생명 보호가 최우선입니다. 산불 진화는 단순한 기술의 문제가 아니라 인간의 존엄과 공동체의 생명을 지키는 일입니다. 군과 경찰, 지방자치단체가 하나 되어 국민의 안전을 위해 최선을 다해야 합니다.

해마다 봄이 오면 산불이 반복됩니다. 그러나 근본적인 대책은 아직 미흡합니다. 성묘길의 부주의, 농사 준비 중의 소각, 무심한 쓰레기 태우기가 큰 재난으로 이어지고 있습니다. 공무원의 계도만으로는 부족합니다. 지역 주민 스스로가 안전에 대한 의식을 새롭게 가져야 합니다.

우리 산림은 소나무가 많아 피해가 더욱 큽니다. 이제는 침엽수 중심의 산림을 활엽수 위주로 바꾸는 장기적인 정책이 필요합니다. 산불에 강한 나무로 교체하고, 산림 복구 계획을 과학적으로 세워야 합니다. 이것은 환경의 문제를 넘어 우리 후손의 생존과도 직결된 일입니다.

국가와 지방정부는 문화재와 주민의 생명을 지키기 위해 소방 및 방재 시설을 확충해야 하며, 재난 대응 체계를 다시 정비해야 합니다. 또한 농어촌 지역에는 문자보다 그림과 소리 중심의 경보 체계가 필요합니다.

오늘의 대한민국은 정치적 혼란 속에서 국가적 공백기를 겪고 있습니다. 재난 예산이 줄어들어 현장의 어려움이 더욱 커졌습니다. 국회는 지체 없이 산불 피해 지역을 특별재난지역으로 선포하고, 추가 예산을 긴급히 편성하여 실질적인 지원이 이루어지도록 해야 합니다. 국민의 고통 앞에서 늦은 정치란 있을 수 없습니다.

한 줌의 불씨가 태워버린 것은 산림만이 아닙니다. 그것은 우리의 안전, 우리의 신뢰, 그리고 공동체의 마음이었습니다. 그러나 재난은 끝이 아니라 다시 일어서는 출발점이기도 합니다. 우리가 이 아픔을 통해 배우고 성찰한다면, 그것이야말로 진정한 회복의 길이 될 것입니다.

잿더미 속에서도 새순은 돋습니다. 그것은 자연의 회복력이자 인간의 희망입니다. 그 희망이 꺼지지 않도록, 우리의 마음과 손길, 그리고 기도가 함께해야 합니다.

선교사 입국 과정

19세기 후반의 조선은 깊은 혼란 속에 있었습니다. 쇄국정책으로 인해 문호가 닫히고, 외세의 흐름에 뒤처진 채 스스로를 고립시켰습니다. 당파 싸움은 더욱 격화되었고, 나라 안팎으로 불안이 고조되고 있었습니다.

이처럼 풍전등화와 같던 시절, 조선 땅에 복음을 들고 들어온 사람들이 있었습니다. 바로 선교사들이었습니다. 그들의 발걸음은 단지 종교의 전파를 넘어, 교육과 의료, 문화와 사회 전반에 새 바람을 일으켰습니다. 기독교 정신은 자유대한민국이 세워지는 밑바탕이 되었고, 오늘의 신앙과 문화 속에 여전히 살아 숨 쉬고 있습니다.

그 역사적인 여정을 잠시 돌아보는 것은, 오늘을 사는 우리에게 깊은 교훈이 됩니다. 신앙의 길을 걷는 모든 이들이 선교사들의 헌신을 기억하며 겸손과 감사의 마음으로 복음의 사명을 이어가기를 소망합니다.

1885년 4월 5일, 부활주일 아침이었습니다. 북장로교의 언더우드 선교사와 감리교의 아펜젤러 선교사가 일본에서 번역된 조선어 성경을 들고 인천항에 발을 디뎠습니다. 뒤이어 감리교의 스크랜턴 선교사 부부와 그의 어머니 메리 스크랜턴, 그리고 헤론 선교사가 입국하였습니다.

그 후로도 여러 나라의 선교사들이 속속 조선 땅을 찾아왔습니다. 1889년 호주 장로교의 데이비스와 그의 누이가, 1890년에는 영국 성공회의 코프 감독과 여섯 명의 목사, 두 명의 의사가 함께 입국하였습니다. 그들은 복음과 함께 서양의학과 근대교육을 전했습니다.

1892년에는 미국 남장로교가 호남 지역에서 본격적인 선교를 시작하였습니다. 테이트 목사와 그의 누이, 데이비스, 그리고 평양신학교에서 조직신학을 가르쳤던 이눌서, 전킨 목사 등이 그 길을 이었습니다.

1896년, 미국 남감리교에서는 리드 목사를 파송하였고, 캐나다 장로교회의 맥켄지 목사는 독립 선교사로 입국하여 소래에 정착했습니다. 그는 서경조의 도움으로 소래교회를 세웠습니다.

맥켄지의 죽음을 계기로 캐나다 장로교회는 1898년 그리어슨, 푸트, 맥캐어 선교사를 파송해 함경도 지역의 사역을 이어갔습니다. 침례교 선교는 펜윅에 의해 시작되었습니다. 1895년 폴링, 게이들린 등이 충청도 공주와 강경에서 활동하였으나, 재정난으로 중단되자 펜윅이 그 사역을 이어받아 1906년 '대한기독교회'라는 이름으로 선교 조직을 세웠습니다.

1907년에는 도쿄 성서학원을 졸업한 김상준, 정빈 두 사람이 귀국하여 복음을 전하기 시작했습니다. 이것이 성결교회의 시작이었습니다. 이후 1921년 '조선 예수교 동양선교회 성결교회'로 이름을 바꾸고, 웨슬리의 사상을 따르며 4중 복음의 교리를 세웠습니다.

1908년에는 호가드 선교사의 내한으로 구세군이 들어왔고, 자유교회로 알려진 플리머스 형제단은 1896년부터 서울과 경기 지역에서 전도 활동을 전개했습니다.

이렇듯 각 교단의 선교사들은 학교를 세우고 병원을 열어, 백성들과 신뢰를 쌓으며 복음을 전했습니다. 그들은 권력자들의 견제 속에서도 포기하지 않았고, 조심스러운 걸음으로 사랑을 실천했습니다.

목숨을 걸고 낯선 땅에 와서 복음을 전한 그들의 헌신에 머리 숙여 감사를 드립니다. 복음을 받은 후손으로서, 우리는 그들의 희생 위에 세워진 믿음의 유산을 소중히 지켜가야 합니다.

예수 그리스도께서 십자가에서 죽으시고 부활하신 후 제자들에게 성령을 보내셨습니다. 그 성령의 인도하심을 따라 수많은 선교사들이 지구촌 곳곳으로 나아가 복음을 전했습니다.

한국 교회의 140년 역사 또한 그들의 땀과 눈물 위에 세워졌습니다. 이제 우리에게 주어진 사명은, 받은 복음을 다시 세상으로 흘려보내는 일입니다. 선교사들이 생명을 걸고 세운 믿음의 등불을, 우리가 다음 세대에게 이어가야 합니다.

오늘도 복음의 씨앗을 뿌리는 모든 사역자들에게 성령 하나님의 위로와 인도하심이 함께하시기를 간절히 기도드립니다.

독립운동가 대암 이태준 열사

몽골은 우리 민족과 비슷한 역사적 아픔을 가진 나라입니다. 저는 그들의 문화를 직접 보고 배우며, 두 나라의 관계를 더 깊이 이해하고자 몽골을 다녀왔습니다. 울란바토르 대학교를 중심으로 동서남북을 둘러보며 문화와 사람을 만나는 일정이었습니다.

그중 가장 인상 깊었던 곳은 울란바토르 시내에 있는 '대암 이태준 기념공원'이었습니다. 공원은 도시 전경이 내려다보이는 자이승 전망대 앞에 자리 잡고 있었습니다.

이태준 열사님은 '몽골의 슈바이처'로 불리는 의사이자, 동시에 나라의 독립을 위해 헌신하신 분이셨습니다. 그때 느꼈던 감동이 너무 커서, 언젠가 꼭 이분을 소개해야겠다고 마음먹었는데요. 이렇게 글로 그분의 믿음과 신앙의 자취를 따라가게 되니 감회가 새롭습니다.

요즘은 한국 안에도 몽골 분들이 많이 살고 계십니다. 지리적으로 가깝고, 문화적으로도 닮은 점이 많기 때문이지요. 경제 성장과 한류의 영향도 있지만, 어쩌면 그 시작에는 오래전 이태준 선생님의 헌신적인 사랑이 있었을지도 모르겠습니다.

몽골 사람들은 지금도 한국을 '설렁 거스', 즉 '무지개 나라'라고 부르며 따뜻한 호감을 갖고 있습니다.

이태준 선생님은 1883년 11월 23일, 경상남도 함안군 군북면 명관리

평광 마을에서 태어나셨습니다. 집안은 충의와 의기로 이름난 가문이었지만, 살림은 넉넉하지 않았습니다. 가난한 농가의 장남으로 자라셨지만 늘 부지런하고 정직하셨고, 스스로의 길을 개척해 나가셨습니다. 서당에서 글을 배우며 지식을 쌓았고, 더 큰 세상을 향해 나아가고자 도시로 올라오셨습니다.

인의를 중시하는 가풍 덕분에 정의감이 남달랐던 그는 1907년 경성 세브란스 의학교(지금의 연세대학교 의과대학)에 입학해 의학을 공부하셨습니다.

무엇보다 하나님의 인도하심 속에서 예수님을 믿고, 그 믿음을 삶으로 실천하는 주님의 제자로 살아가셨습니다. 졸업 후 세브란스병원에서 근무하시던 중, 도산 안창호 선생님을 치료해드리며 인연을 맺으셨습니다. 그 후 도산 선생의 권유로 비밀결사 신민회의 외곽단체인 청년학우회에 가입하셨지요.

그러나 1911년 일제가 조작한 '105인 사건'으로 신민회원들이 대거 체포되자, 이듬해 중국 난징으로 망명하셨습니다. 그곳에서 조국의 독립을 위해 마음을 다듬고 기도하시며, 고난의 시간을 견디셨습니다.

그리고 마침내 몽골 울란바토르로 향하셨습니다. 몽골에 도착한 그는 의사로서 전염병 퇴치에 헌신하며 수많은 생명을 살리셨습니다. 몽골인들은 지금도 그분을 '몽골의 슈바이처'로 부르며 존경하고 있습니다. 병원이 안정되자 그는 모은 재산을 아낌없이 독립운동 지원에 쏟아부으셨습니다.

난징 기독회 의원에서 의사로 일하시던 시절, 사촌 처남 김규식 선생님의 권유로 몽골 고륜(지금의 울란바토르)에 '동의의국'(同義醫局)이라는 병원을 세우셨습니다. 그의 의료 실력은 빠르게 알려져 왕실의 어의로 임명되었고, 몽골의 마지막 왕 보그드칸 8세를 치료하셨습니다.

1919년에는 몽골 최고 훈장인 '에르데닌 오치르'(귀중한 금강석 훈장)를 받았습니다. 그러나 선생님의 병원은 단순한 병원이 아니었습니다. 조국의 독립을 염원하는 지사들이 모이는 연락소이자 쉼터였지요. 그는 독립군의 군자금 조달과 파리강화회의 대표단 파견에도 큰 도움을 주셨습니다.

나중에는 레닌 정부가 한인사회당에 지원한 독립자금 40만 루블의 운송에도 관여하셨습니다. 하지만 2차분 4만 루블을 직접 옮기던 중, 러시아 백위파 군대에 체포되어 38세의 젊은 나이에 순국하셨습니다.

저는 몽골의 '이태준 기념공원'을 걸으며, 한 사람의 헌신이 얼마나 큰 울림을 남기는지 깊이 느꼈습니다. 이태준 선생님은 짧은 생애 동안 참된 제자의 삶을 사셨습니다. 하나님 사랑과 이웃 사랑, 그리고 나라 사랑으로 자신의 모든 것을 바치신 분이셨습니다.

오늘 우리가 누리는 자유와 평화는, 바로 이런 분들의 희생 위에 세워진 것임을 잊지 말아야 합니다. 보훈의 달을 맞으며, 우리도 주님 사랑과 나라 사랑의 마음으로 살아가기를 소망합니다.

물같이 흐르는 역사

강원도 남한강 상류의 물길을 따라 올라가면, 영월 광천리에 단종의 유배지가 있습니다. 단종은 조선의 제6대 임금으로, 겨우 열두 살의 나이에 왕위에 올랐습니다. 하지만 계유정난 이후 숙부인 수양대군에게 왕위를 물려주고, 열다섯 살의 어린 나이로 상왕이 되었습니다.

이후 단종의 복위를 도우려던 성삼문, 박팽년, 유응부 등 충신들이 모두 목숨을 잃었고, 단종은 노산군으로 강봉되어 외딴 영월로 유배를 가게 되었습니다. 참으로 슬프고 안타까운 조선의 역사 한 장면입니다.

단종은 문종과 현덕왕후 권씨 사이에서 태어난 적장손으로, 조선 역사상 정통성이 가장 완전한 왕이었습니다. 원손으로 태어나 세손, 세자, 왕의 길을 순서대로 걸은 유일한 임금이었지만, 가장 비운의 왕이기도 했습니다.

1457년 금성대군이 복위를 시도하다 발각되자, 단종은 서인으로 강등되었고 세조의 명에 따라 광풍현에서 사약을 받으며 겨우 열일곱의 나이로 생을 마감했습니다. 유배된 지 넉 달 만의 일이었습니다.

그러나 세월이 흐른 뒤, 숙종 24년(1698년)에 전 현감 심규의 상소로 단종은 왕의 지위를 회복하게 됩니다. 숙종은 단종에게 '공의온문순정안장경순돈효대왕'이라는 시호를 내리고, 묘호를 단종이라 정했으며 능호를 '장릉'이라 하였습니다.

오늘날 영월 장릉은 단종의 짧고도 깊은 생을 기리는 공간이자, 세계유산으로 등재된 소중한 역사유적이 되었습니다. 장릉 근처의 청령포에는 천연기념물 제349호 '관음송'이 서 있습니다. 높이 30미터, 둘레 5미터의 이 노송은 600년을 버티며 지금도 단종의 이야기를 품고 있습니다.

전해오는 말에 따르면, 단종은 유배 시절 이 나무 아래 앉아 외로움을 달랬다고 합니다. 마치 나무가 왕의 고통을 함께 느낀 듯, 가지가 두 팔처럼 서로를 감싸며 굽어 있습니다.

청령포에는 단종이 머물렀던 어소도 남아 있습니다. 담장 안쪽에는 밖에서 자라던 큰 소나무가 담을 넘어 안으로 몸을 굽혀, 마치 단종에게 절을 하듯 누워 있습니다. 신기하게도 주변의 나무들도 모두 어소를 향해 가지를 굽히고 있습니다. 그 풍경 앞에 서면, 인간의 권력보다 훨씬 오래 살아남은 자연이 왕의 슬픔을 위로하고 있는 듯한 느낌이 듭니다. 금부도사 왕방연은 단종에게 사약을 전한 뒤 비통한 마음을 시로 남겼습니다.

"천만리 머나먼 길에 고운님 여의옵고, 내 마음 둘 데 없어 냇가에 앉았으니, 저 물도 내 안과 같아서 울어 밤길 예 놋다." 그 시처럼, 영월의 물줄기는 지금도 그날의 눈물처럼 흐르고 있습니다.

권력은 한때의 것입니다. 옛날에도, 지금도 권력을 차지하려는 욕망은 사람의 마음을 흔듭니다. 그러나 지나친 욕심은 결국 화를 부릅니다. 역사는 늘 우리에게 묻습니다. "그 권력을 무엇을 위해 썼는가?" 오늘의 대한민국은 자유민주주의를 기반으로 세워졌습니다. 하지만 여전히 권력의 유혹 앞에서 흔들리는 사람들이 있습니다.

우리가 깨어 있어야 하는 이유가 바로 여기에 있습니다. 다음 세대에게 바른 역사 의식을 물려주고, 건강한 나라를 세우기 위해서입니다.

우리는 지금 이 아름다운 세상에서 무엇을 바라보며 살아야 할까요? 욕심을 조금 내려놓고, 가진 것에 감사하며 살아가는 삶, 그것이 단종이 꿈꾸던 나라의 모습이 아닐까요? 어려운 때에도 하늘을 바라보며 미소 짓고, 희망을 품고 하루하루를 살아가는 것, 그것이야말로 진정한 삶의 의미일 것입니다.

긴 겨울이 가고, 봄이 오듯 역사는 언제나 흐릅니다. 물처럼, 시간처럼 흐르지만 그 안에는 반드시 진실이 남습니다. 그리고 그 진실은 언젠가 반드시 역사의 심판을 받게 됩니다. 그러니 우리 모두 정도의 길을 걸으며, 자신에게 부끄럽지 않은 하루를 살아가야겠습니다.

극동방송 70년의 발자취

제가 신학을 공부하던 시절, 학교 방송국장으로 학생들을 섬기며 방송사역에 발을 들였습니다. 그때 함께했던 신학대학 방송국원들과 서울 극동방송에서 간증을 나누었던 기억이 지금도 생생합니다. 세월이 많이 흘렀지만, 여전히 그 자리에서 생명의 말씀을 전하는 사역이 이어지고 있다는 사실에 마음이 벅차오릅니다.

극동방송(FEBC, Far East Broadcasting Company)은 미국 캘리포니아에 본사를 둔 선교 중심 민영방송입니다. 대한민국을 비롯해 캐나다, 일본, 뉴질랜드, 필리핀, 러시아, 태국, 몽골, 호주, 영국 등 세계 곳곳에서 복음을 송출하고 있습니다.

이 사역의 시작은 제2차 세계대전 직후, 영적으로 피폐해진 동아시아를 향한 기도의 응답이었습니다. 전쟁을 겪은 병사들은 인간의 절망을 깊이 느꼈고, 그 가운데 존 브로커와 밥 보먼이라는 두 사람이 "라디오를 통해 아시아에 복음을 전하라"는 하나님의 부르심을 받았습니다. 그들은 중국 상하이에 첫 기지국을 세우며 복음의 전파를 시작했습니다.

그러나 사역이 축소되자, 그들은 기도 끝에 새로운 땅을 찾아 나섰고, 1948년 6월 4일 필리핀에서 첫 열매를 맺게 되었습니다. 이후 러시아와 동남아 전역으로 방송이 확장되면서 생명의 복음은 더욱 멀리 퍼져갔습니다.

우리나라에 극동방송이 들어온 것은 1954년 5월 1일, '한국복음주의 방송협회'가 창립되면서부터입니다. 1956년 12월 23일, 인천 학익동에서 첫 전파를 송출한 날의 감격은 한국 교회사에 길이 남을 순간이었습니다.

1973년에는 아세아방송이 개국하며 복음의 불길이 전국으로 확산되었습니다. 지금은 본사와 12개의 지사를 통해, 예수 그리스도의 복음이 온 땅에 울려 퍼지고 있습니다. 또한 32개국 41개 기지국을 운영하며, 약 150개 언어로 생명의 말씀을 전하고 있습니다.

극동방송은 단순한 방송사가 아니라 한국 교회의 심장이라 해도 과언이 아닙니다. 극동포럼, 장학사업, 어린이합창단, 연탄나눔, 소외된 이웃 돕기 등 다양한 사역으로 사랑을 실천하고 있습니다. 24시간 쉬지 않고 복음을 전하는 이 방송은 시대를 넘어선 하나님의 통로가 되고 있습니다.

특히 제주 극동방송을 통해 북방지역으로 복음을 전하고 있는데, 전파를 통해 복음을 들은 탈북민들이 자유를 찾아 나서고, 목숨을 걸고 예수를 영접하는 간증이 이어지고 있습니다. 그들은 험난한 삶의 한가운데서도 선교헌금을 보내며 복음의 빚을 갚아나가고 있습니다.

요즘 우리 사회는 여러 위기와 혼란 속에 놓여 있습니다. 정치적 갈등, 경제적 불안, 중독과 절망으로 신음하는 이들도 많습니다. 하지만 그런 시대일수록 우리는 다시 복음 앞에 서야 합니다. 믿음의 사람들은 기도로 이 땅을 지켜야 하고, 말씀으로 무너진 마음을 일으켜야 합니다. 절망의 시대에 극동방송은 여전히 희망의 전파를 보내고 있습니다.

얼마 전, 부천시기독교총연합회 임원단이 극동방송을 방문했습니다.

김장환 이사장과 맹주완 사장, 강창헌 사목, 한기봉 법인국장의 안내로 조찬과 차담을 함께하며 70년의 역사를 돌아보는 시간을 가졌습니다. 한결같이 흘러온 하나님의 은혜를 생각하며 모두가 고개를 숙였습니다.

올해로 70주년을 맞은 극동방송, 이 긴 세월 동안 변함없이 복음을 전해온 이 사역은 단지 한 방송국의 이야기가 아닙니다. 이것은 하나님의 신실하신 약속이 지금도 유효함을 보여주는 역사입니다.

오늘도 그 전파는 쉼 없이 하늘을 가르며, 지친 영혼들에게 이렇게 속삭입니다. "예수 안에 생명이 있습니다. 그 생명은 지금, 당신에게로 갑니다."

순국자들의 애국정신

현충일은 단순히 달력 속의 휴일이 아닙니다. 이 날은 조국을 위해 생명을 바친 이들을 기억하고 감사하는 날입니다. 그들의 희생이 있었기에 지금 우리가 이 땅에서 자유를 누릴 수 있습니다. 나라가 위기에 처했을 때, 수많은 이들이 자신의 안락을 뒤로하고 조국의 품으로 달려갔습니다.

그분들은 오직 한 가지 마음, "내 조국을 지켜야 한다"는 신념 하나로 목숨을 바쳤습니다. 그 숭고한 희생은 개인의 명예가 아니라, 나라의 기둥이 되었고 그 정신은 지금도 우리 마음 깊이 새겨져야 합니다. 하나님께서는 인간을 당신의 형상으로 지으셨습니다. 그렇기에 생명은 그 어떤 가치보다 소중합니다.

예수님께서 하늘 영광을 버리고 십자가에서 죽기까지 복종하신 것도 사랑과 희생의 본을 보여주시기 위함이었습니다. 나라를 위해 자신의 생명을 내어놓은 순국자들의 마음에도 그와 같은 희생과 사랑의 정신이 깃들어 있었습니다.

오늘의 대한민국은 그 희생 위에 세워진 나라입니다. 한국전쟁에서만도 30만 명 이상이 전사했고, 그 가족들은 지금까지도 그 슬픔을 품고 살아가고 있습니다. 그분들의 눈물과 헌신이 있었기에 우리는 지금 평화로운 일상을 누리고 있는 것입니다.

그러므로 현충일은 과거의 추모가 아니라, 현재의 다짐이 되어야 합니다. 가정에서도 자녀들에게 나라사랑의 마음을 가르쳐야 합니다. 경제가 발전하고 사회가 자유로워지면서 우리 사회에는 개인주의와 이기심이 깊이 자리 잡았습니다. 하지만 진정한 자유는 책임에서 비롯됩니다. 부모 세대가 피땀 흘려 지켜낸 이 나라를 다음 세대에게 온전히 물려주기 위해선 '나'보다 '우리'를 먼저 생각하는 애국의 교육이 필요합니다.

이 땅의 평화는 결코 공짜로 주어진 것이 아닙니다. 문맹이었지만 지혜로웠던 부모 세대는 가난 속에서도 자녀 교육에 모든 것을 걸었습니다. 그분들의 눈물과 희생이 오늘의 대한민국을 만들었습니다. 그 정신을 잊지 않는 것이 곧 참된 현충일의 의미일 것입니다.

우리는 이 날, 국기를 달고 순국자들이 잠든 국립묘지를 찾아 그들의 이름을 부르고 감사의 묵념을 드려야 합니다. 또 아직 돌아오지 못한 전우들의 유해를 찾아 그 가족들의 가슴에 평안을 드리는 일에도 힘써야 합니다. 그분들이 살아 계실 때 그 마음을 전하는 것, 그것이 우리가 드릴 수 있는 최선의 예우입니다.

한국 교회 또한 나라를 사랑하는 신앙의 본이 되어야 합니다. 교회가 존재할 수 있는 것도 나라가 있기 때문입니다. 신앙교육과 애국교육은 따로 떨어질 수 없습니다. 자유와 평화가 이어지는 나라, 하나님이 주신 생명이 존중받는 나라가 되기 위해 우리 모두가 기도하고 행동해야 할 때입니다.

마지막으로 지금도 전쟁의 포화 속에서 고통 받는 이스라엘과 우크라이나의 평화를 위해 함께 기도합시다. 전쟁은 어느 한쪽의 승리로 끝나지 않습니다. 그 속에는 언제나 눈물과 죽음이 있습니다. 하루빨리 전쟁이 멈추고, 모든 백성이 생명의 소중함을 깨닫는 평화의 날이 오기를 소망합니다.

순국자들의 희생은 결코 헛되지 않았습니다. 그들의 피와 눈물이 흘러 이 나라의 뿌리가 되었고, 그 뿌리 위에 우리의 오늘이 세워졌습니다. 그러므로 우리는 기억해야 합니다.

"나라를 사랑하는 마음이 곧 신앙의 길이며, 그 길이 생명의 길"임을 말입니다.

아마존의 눈물

해마다 봄이 되면 황사 소식이 들려옵니다. 마스크를 쓰고 다녀야 하는 게 이제는 너무도 당연한 일이 되어버렸죠. 하지만 요즘의 황사는 단순한 흙먼지가 아닙니다. 중국에서 날아오는 바람 속에는 수은, 납, 카드뮴, 비소 같은 온갖 유해 물질이 섞여 있습니다. 우리가 숨 쉬는 공기, 마시는 물이 점점 불안해지고 있는 현실입니다.

일본 쓰나미로 원전에서 새어 나온 방사능이 바다를 오염시켰다는 소식이 들려온 것도 그리 오래되지 않았습니다. 예전엔 비가 오면 반가웠는데, 이제는 비조차 걱정이 앞서는 세상이 되어버렸습니다. 땅이 오염되고, 강과 지하수가 더러워져 '안심하고 마실 수 있는 물'이 귀한 시대에 살고 있습니다.

성경은 "생명은 피에 있다"(레 17:11)라고 말씀합니다. 그런데 피의 대부분은 물입니다. 결국 물이 생명이라는 말이지요. 물이 오염되면 우리 몸의 피도 오염되고, 면역력이 떨어지며 건강이 위협받게 됩니다.

지구의 환경 위기는 어제오늘의 이야기가 아닙니다. 산업혁명 이후 인간은 편리함을 얻는 대신, 자연을 조금씩 잃어왔습니다. 우리나라 역시 산업화의 물결 속에서 '금수강산'이 '쓰레기 강산'으로 변했습니다. 어릴 적엔 냇가 물을 아무렇지 않게 마셨는데, 지금은 상상도 할 수 없는 일이 되었습니다.

최근에는 고엽제 폐기물과 같은 유해물질이 이곳저곳에 묻혀 있다는 보도도 이어지고 있습니다. 환경 문제는 더 이상 남의 일이 아닙니다. 바로 우리 가족의 건강, 우리의 생명과 직결된 문제입니다.

자연은 우리가 함부로 다뤄도 괜찮은 대상이 아닙니다. 인간이 자연을 훼손하면, 그 피해는 결국 우리 자신에게 돌아옵니다. 지구온난화로 북극의 빙산이 녹고, 킬리만자로의 만년설이 사라지고 있습니다. 2050년이면 알프스의 빙하도 흔적을 찾기 어려울 거라고 합니다. 지구 곳곳이 점점 사막으로 변해가고 있습니다.

그중에서도 특히 안타까운 곳이 있습니다. 바로 '지구의 허파'라 불리는 아마존입니다. 2010년 방영된 MBC 다큐멘터리 '아마존의 눈물'은 문명이라는 이름 아래 파괴되어 가는 아마존의 현실을 적나라하게 보여주었습니다. 우리가 보기엔 그곳 사람들이 부족하고 불편하게 살아가는 것처럼 보이지만, 사실 그들은 단순하고 행복하게 살아가던 이들이었습니다. 그런데 문명이라는 이름으로, 개발이라는 명분으로, 우리는 그들의 삶과 자연을 무너뜨리고 있습니다.

결국 잘살겠다고 벌린 개발이 인간을 더 비참하게 만들고, 지구를 병들게 하고 있습니다. '아마존의 눈물'을 잊지 말아야 합니다. 그렇지 않으면 언젠가 우리의 눈에서 눈물이 흐를 날이 올지도 모릅니다.

환경 문제는 곧 신앙의 문제이기도 합니다. 하나님께서 지으신 자연은 그 자체로 완전하고 아름답습니다. 손대지 않은 본래의 모습이 가장 좋은 이유는, 하나님이 그분의 지혜로 그렇게 만드셨기 때문입니다.

"이는 내 생각은 너희 생각과 다르며, 내 길은 너희 길과 다름이니라." 하나님의 말씀입니다(사 55:8-9).

사람의 지혜가 아무리 뛰어나도 하나님의 지혜를 따라갈 수 없습니다. 우리는 창조 세계의 주인이 아니라 '청지기'입니다. 청지기의 역할은 '관리'입니다. 하나님이 주신 그대로, 잘 보존하고 돌보는 것, 그것이 우리의 사명입니다.

성경도 마찬가지입니다. 인간의 이성으로 쪼개고 분석하기보다, 단순하게 있는 그대로 받아들여야 합니다. 삶도 그렇습니다. 복잡한 세상일수록 단순하게 살아야 합니다.

'단순한 삶'(Simple Life)이야말로 이 시대의 위기를 극복할 수 있는 가장 현명한 길이 아닐까요.

스위스 개혁파의 교훈

지금으로부터 500여 년 전, 유럽은 혼란의 시대를 지나고 있었습니다. 교황 중심의 로마 가톨릭은 절대 권력을 휘두르며 성경의 본뜻에서 멀어져 있었고, 신앙은 형식과 의식에 묶여 생명력을 잃어가고 있었습니다. 그때 하나님께서는 한 사람을 세우셨습니다. 스위스의 개혁자, 울리히 츠빙글리(Ulrich Zwingli, 1484-1531)였습니다.

츠빙글리는 독일의 마르틴 루터와 거의 같은 시대를 살았습니다. 루터가 독일에서 종교개혁의 불을 붙였다면, 츠빙글리는 스위스 취리히에서 그 불길을 이어받아 개혁의 새 길을 열었습니다. 그는 학문적으로 깊이 있었고, 무엇보다 '오직 성경'(Sola Scriptura)의 원리를 목숨처럼 지켰던 사람이었습니다.

그가 살던 시대의 교회는 부패로 가득했습니다. 면죄부가 돈으로 팔리고, 선행으로 구원을 얻는다고 가르치는 왜곡된 신앙이 만연했습니다. 그러나 성경을 깊이 연구하던 츠빙글리는 깨달았습니다. "구원은 인간의 행위로 얻는 것이 아니라, 오직 믿음으로 얻는 것이다." 그 깨달음은 그의 신앙과 삶을 송두리째 바꾸어 놓았습니다.

1519년, 그는 스위스 취리히에서 목회를 시작하며 성경 중심의 설교를 선포했습니다. 당시로서는 매우 파격적인 일이었습니다. 그는 라틴어가 아닌 독일어로 신약성경을 강해하여, 평범한 성도들이 직접 말씀을 듣고 이해할 수 있도록 했습니다. 교회의 권위보다 말씀의 권위를 높이며, 모든 판단의 기준을 성경에 두었습니다.

츠빙글리의 개혁은 단순히 교리의 문제에 그치지 않았습니다. 그는 신앙이 사회 속에서도 하나님의 뜻을 실천해야 한다고 믿었습니다. 그래서 용병 파병 반대 운동을 주도했고, 사순절 금식 규정을 어기며 신앙의 자유를 선언했습니다. 당시 사람들은 그 사건을 '소시지 사건'이라 불렀는데, 그것은 그의 개혁 신념을 상징적으로 보여주는 사건이었습니다.

1523년, 그는 '67개 조항'을 발표하며 로마 가톨릭 교리의 오류를 정면으로 지적했습니다. 교황의 권위보다 말씀의 권위를, 미사보다 복음을, 의식보다 믿음을 강조했습니다. 결국 취리히 교회는 미사를 폐지하고 복음 중심의 예배와 성찬으로 나아갔습니다. 그의 개혁은 신학적 논쟁을 넘어 사회 전체의 변화를 이끌어가는 힘이 되었습니다.

츠빙글리는 신앙은 단순해야 한다고 믿었습니다. 성상을 철폐하고, 빈민을 구제하며, 윤락행위를 금지하고, 신학교를 설립했습니다. 그는 복잡한 교리보다 말씀 그대로를 따르는 신앙을 추구했습니다. 그러나 그의 개혁의 길은 순탄하지 않았습니다. 결국 1531년, 로마 가톨릭 세력과의 전투에서 종군 목사로 나섰던 그는 장렬히 전사했습니다. 나이 겨우 마흔 일곱이었습니다.

그의 죽음 이후에도 개혁의 불씨는 꺼지지 않았습니다. 제자 하인리히 불링거(Heinrich Bullinger)가 그 뜻을 이어받았고, 스위스 개혁파는 이후 『헬베틱 신앙고백서』를 통해 신학적 기둥을 세웠습니다. 루터와 츠빙글리는 한때 동지였으나, 성찬 해석에서 갈라섰습니다. 루터는 성찬의 떡과 포도주 안에 그리스도의 실제 몸과 피가 임재한다고 믿었지만, 츠빙글리는 그것을 상징적 의미로 이해했습니다. 이 차이는 결국 루터파와 개혁파를 나누는 기준이 되었지만, 두 사람 모두 신앙의 본질에서는 같은 길을 걷고 있었습니다.

그럼에도 불구하고, 츠빙글리의 개혁 원리는 지금도 여전히 살아 있습니다. 그의 신앙은 세 가지로 요약됩니다. 오직 성경(Sola Scriptura), 오직 믿음(Sola Fide), 오직 그리스도(Solus Christus). 이 세 가지는 시대를 넘어 모든 신앙인의 기준이 되어야 합니다.

오늘 우리는 종교개혁 508주년을 맞이했습니다. 그러나 세상은 다시 신앙의 뿌리를 흔들고 있습니다. 동성애 합법화, 차별금지법, 세속화된 문화 속에서 교회는 점점 본질을 잃어가고 있습니다. 바로 지금, 우리는 다시 개혁자들의 정신으로 돌아가야 합니다. 하나님께서 세우신 교회는 인간의 제도로 유지되는 것이 아니라, 진리 위에 세워진 공동체이기 때문입니다.

신앙은 언제나 시대를 거슬러야 합니다. 그리고 결국, 말씀으로 돌아가야 합니다. 스위스의 작은 도시에서 시작된 그 개혁의 불길은 오늘도 우리에게 조용히 묻습니다.

"당신의 믿음은 지금도 말씀 위에 서 있습니까?"

애국하는 그리스도인

우리나라는 지난 70여 년 동안 눈부신 발전과 부흥을 이뤄 왔습니다. 그러나 안타깝게도 여전히 대한민국의 뿌리를 흔드는 세력들이 존재합니다. 좌익 이념을 품은 자들이 정치, 경제, 국방, 심지어 교회 안까지 파고들어 국민의 마음을 흔들고, 자유대한민국의 기초를 위협하고 있습니다.

이럴 때일수록 우리는 시대를 바로 세운 믿음의 인물을 그리게 됩니다. 네덜란드의 개혁신학자 아브라함 카이퍼(Abraham Kuyper, 1837-1920)는 그중 한 사람이었습니다. 그는 신학자로서 자유대학교를 세우고, 정치가로서는 총리로서 국가의 대사를 직접 이끌었습니다. 신앙과 현실을 분리하지 않고, 신앙의 원리를 삶과 사회 속에 녹여낸 사람이었습니다.

하나님은 언제나 시대마다 필요한 사람을 세우십니다. 스코틀랜드의 종교개혁자 존 낙스(John Knox), 화란의 신학자 헤르만 바빙크(Herman Bavinck), 그리고 벤저민 워필드(Benjamin Warfield) 같은 분들은 개혁주의 신학과 교회의 발전에 귀하게 쓰임 받았습니다. 그들의 공통점은 하나님의 절대주권 사상을 굳게 붙들고, 세상의 중심에서도 믿음의 원리를 실천했다는 점입니다.

오늘 우리에게도 그 믿음이 필요합니다. 하나님의 주권을 삶의 모든 영역에 선포하는 것, 그것이 바로 개혁신학의 정신입니다. 교회 안에서만이 아니라, 사회와 국가 속에서도 하나님의 질서와 뜻을 드러내야 합니다. 자유대한민국이 인본주의가 아니라 신본주의, 곧 하나님 중심의 세계관 위에 세워져야 하는 이유가 여기에 있습니다.

애국은 특정한 사람들만의 몫이 아닙니다. 모든 국민이, 특히 하나님을 사랑하는 성도들이 반드시 감당해야 할 사명입니다. 하나님을 사랑하는 사람은 나라를 사랑하게 되어 있습니다. 그것은 선택이 아니라 믿음의 결과요, 책임입니다. 애국하는 그리스도인, 바로 그들이 이 땅의 자유와 정의를 지켜내는 주인공들입니다.

하나님은 인간에게 특별은총과 일반은총을 주셨습니다. 죄인을 구원하시기 위해 독생자 예수 그리스도를 이 땅에 보내셨고, 그분은 갈보리 언덕에서 십자가의 보혈로 우리를 구속하셨습니다. 그러나 인간은 여전히 아담의 죄성을 물려받은 불완전한 존재입니다. 그럼에도 하나님은 인간에게 일반은총을 주시어, 세상 속에서도 하나님의 섭리를 이어가도록 하셨습니다.

그러므로 오늘의 위기 속에서 우리는 다시금 하나님의 절대주권을 붙들어야 합니다. 신앙인이라면 올바른 역사관과 세계관을 가지고 이 시대를 분별하며, 행동으로 그 믿음을 보여야 합니다. 교회 안에서 예배하고 기도하는 것으로만 그쳐서는 안 됩니다. 가정에서, 일터에서, 그리고 사회 속에서 하나님을 섬기며 나라를 위해 기도해야 합니다.

하나님의 창조 질서를 파괴하려는 세력과는 담대히 맞서야 합니다. 믿음은 결코 침묵하지 않습니다. 행동하는 믿음, 그것이 이 시대를 살리는 힘입니다.

위대한 대한민국

사람은 누구나 수많은 만남 속에서 인생을 살아갑니다. 태어나 보니 대한민국이었고, 부모님을 만났고, 가족과 친구, 그리고 이웃을 만났습니다. 그 모든 것이 나의 선택은 아니었습니다. 그러나 그 만남 하나하나가 오늘의 나를 만든 은혜의 길이었습니다.

가정 안에서 우리는 울고 웃으며 성장했습니다. 관계 속에서 기쁨과 슬픔을 배우고, 서로 기대며 살아가는 법을 익혔습니다. 그러다 어느 날 문득, 나라와 민족의 소중함을 깨닫게 됩니다. 내가 속한 공동체가 있어야 내가 존재할 수 있다는 단순하지만 위대한 사실을 말입니다.

무엇보다 감사한 것은, 우리가 북한이 아니라 대한민국에서 태어났다는 것입니다. 우리나라는 자유민주주의 국가입니다. 일제의 식민지에서 해방된 뒤 1948년 8월 15일, 자유시장경제와 한미동맹, 그리고 기독교 입국론의 기초 위에서 대한민국은 새롭게 세워졌습니다. 그 결과 지금 우리는 경제력, 국방력, 외교력, 그리고 문화적 영향력까지 세계 속에서 당당히 인정받는 나라가 되었습니다.

만약 대한민국이 민주공화국이 아닌 인민민주공화국으로 건국되었다면, 우리는 지금의 자유를 누리지 못했을 것입니다. 말 한마디에도 감시가 따르고, 식량난과 공포 속에 하루하루를 버티는 북한의 현실이 곧 우리의 모습이 되었을지도 모릅니다.

자유민주주의 대한민국에는 종교의 자유가 있습니다. 복음이 이 땅에 뿌리내릴 수 있었던 것도 그 자유 덕분입니다. 해방 전만 해도 북한의 교회와 성도 수가 남한보다 많았습니다. 그러나 공산화 이후 신앙의 자유는 철저히 억압되었고, 6·25전쟁 때 수많은 성도들이 남으로 내려와 새로운 신앙의 역사를 써 내려갔습니다. 그들의 헌신으로 한국 교회는 다시 일어섰고, 복음은 전국으로 퍼져 나갔습니다.

오늘날 대한민국은 미국 다음으로 선교사를 많이 파송하는 나라가 되었습니다. 반면 북한에는 아직도 참된 종교의 자유가 없습니다. 몇몇 교회가 존재하는 듯 보이지만, 그것은 체제 선전용일 뿐, 진정한 예배와 신앙은 존재하지 않습니다. 복음을 전할 자유조차 없는 그 땅의 현실을 생각하면, 우리가 누리는 자유가 얼마나 귀한지 새삼 깨닫게 됩니다.

그러나 지금 우리의 자유는 다시 위기를 맞고 있습니다. 건국 77년이 지난 오늘, 자유민주주의의 뿌리를 부정하고 훼손하려는 세력이 여전히 존재하기 때문입니다. 사회주의 이념을 내세우며 시장경제를 흔들고, 국민의 마음을 분열시키는 움직임이 곳곳에서 보입니다.

하지만 절망할 필요는 없습니다. 여전히 희망은 있습니다. 이 땅에는 바른 가치와 세계관으로 무장한 젊은이들이 자라나고 있기 때문입니다. 그들은 자신만을 위한 인생이 아니라, 사회와 나라를 위해 헌신하려는 꿈을 품고 있습니다. 실력과 인격, 그리고 믿음을 함께 갖춘 새로운 세대의 리더들이 곳곳에서 일어나고 있습니다.

그 중심에는 '빌드업 코리아(Build Up Korea)'와 같은 청년운동이 있습니다. 김민아 대표가 2023년에 설립한 이 단체는 청소년을 대상으로 세계관 교육과 해외 비전트립을 통해 미래 지도자를 양성하고 있습니다. 조평세 박사(1776연구소), 손영광 박사(바른청년연합), 김효선 이사, 김은우 대표 등 다양한 분야의 리더들이 함께 참여하여, 풀뿌리 민주주의를 바로 세우는 일에 힘을 모으고 있습니다.

지난 8월 23일부터 24일까지 서울 코엑스에서 열린 빌드업 코리아 콘퍼런스는 "이제 한국을 위대하게"(Make Korea Great Again)라는 주제로 진행되었습니다. 전 미국 대통령 도널드 트럼프의 장남 도널드 트럼프 주니어를 비롯해, 밥 매큐언 박사, 제임스 린지, 알렉스 브루셔위츠, 수잔 솔티 등 세계 각국의 인사들이 참여했습니다. 워십과 찬양, 강연과 토론이 어우러진 이 자리는, 자유민주주의의 가치를 다시 확인하고 젊은 세대의 열정을 모으는 뜻깊은 시간이었습니다.

우리나라는 1954년, 미국과 군사적 동맹을 맺었습니다. 그러나 그보다 더 깊은 것은 신앙의 동맹이었습니다. 1882년 조미수호통상조약을 체결한 후, 고종황제는 이듬해 보빙사절단을 미국에 파견했습니다. 그 사절단은 볼티모어에서 가우처 목사를 만났고, 그 만남을 계기로 미국 선교사들이 조선 땅에 들어오게 되었습니다. 1885년, 언더우드와 아펜젤러, 그리고 스크랜튼 선교사들이 입국하며 복음의 역사가 본격적으로 시작되었습니다. 그들의 헌신이 오늘의 한국 교회와 기독교 문화를 세운 밑거름이 되었습니다.

하나님께서는 언제나 사람을 통해 역사를 움직이십니다. 한 사람의 만남이 인생을 바꾸듯, 한 나라의 동맹도 운명을 바꿉니다. 그러므로 우리는 이 자유의 땅, 이 위대한 나라를 지켜야 합니다. 정치, 경제, 교육, 신앙의 모든 영역에서 자유와 진리를 붙드는 일은 하나님께서 우리에게 맡기신 사명입니다.

시병원

19세기 중반, 아시아는 격랑의 한가운데 있었습니다. 유럽 열강들이 식민지를 넓히고 무역 패권을 차지하기 위해 치열하게 움직이던 시절, 청나라는 1842년에, 일본은 1854년에 강제로 문호를 열었습니다. 그러나 조선만은 끝까지 외세의 손길을 거부했습니다. 세상의 흐름을 읽지 못한 채 고립을 자초했고, 결국 식민지의 길목에 묶이는 운명을 맞이하게 되었습니다.

이 혼란스러운 시대에, 한 젊은 미국 의사가 조선 땅을 향해 마음을 열었습니다. 그의 이름은 윌리엄 벤턴 스크랜턴(William Benton Scranton, 1856-1922). 미국 코네티컷주 뉴헤이븐에서 태어난 그는 신앙 깊은 부모 밑에서 자라 예일대학교를 거쳐 1882년 뉴욕 의과대학을 졸업했습니다. 젊고 유능한 의사였던 그는 병원을 개업하며 안정된 삶을 누릴 수도 있었습니다. 그러나 장티푸스에 걸렸다가 죽음의 문턱에서 살아난 뒤, 인생의 방향은 완전히 바뀌었습니다.

그의 어머니 메리 스크랜턴의 기도와 권면이 그를 흔들었습니다. "아들아, 하나님이 너를 살리신 데에는 이유가 있다." 그는 마침내 하나님의 부르심에 순종했습니다. 1885년 2월 3일, 아내 루이자와 어머니, 그리고 아펜젤러 선교사와 함께 조선을 향한 먼 여정을 시작했습니다. 하지만 조선의 현실은 그렇지 않았습니다.

그들이 도착했을 무렵, 갑신정변의 여파로 정국은 혼란했고 외국인에 대한 시선도 냉담했습니다. 스크랜턴 일행은 잠시 일본 요코하마로 피신해 언어를 배우며 때를 기다렸습니다. 그리고 그해 5월, 마침내 조선에 입국해 알렌 선교사와 함께 광혜원(현, 세브란스병원 전신)에서 의료사역을 시작했습니다.

1886년, 스크랜턴은 정동에 병원 건물을 마련하고 자신의 한국식 이름 '시란돈'(施蘭敦)의 첫 글자를 따 '시병원'이라 이름 붙였습니다. 그는 단 3년 만에 약 6,800여 명을 진료했습니다.

특히 1887년에는 동대문에 여성 전문병원 '보구여관'을 세워 여성 환자들을 치료하고 여의사들을 양성했습니다. 그 작은 병원이 훗날 이화여자대학교 의과대학과 부속병원으로 발전했습니다.

스크랜턴은 단순히 의사로만 머물지 않았습니다. 한글성경 번역위원으로 참여하여 성경을 우리말로 옮겼고, 서울 시병원을 비롯해 아현교회, 상동교회, 동대문교회, 수원 종로교회, 여주 중앙교회 등 수많은 교회를 세웠습니다. 그는 교육과 복음, 의료를 함께 세우는 진정한 선교사였습니다.

그는 전국을 다니며 감리교 선교 사업을 감독했습니다. 의주에서 평양, 원산, 대구, 전주, 공주까지 그의 발걸음이 닿지 않은 곳이 없었습니다. 1889년에는 사도신경, 십계명, 주기도문을 번역하여 한국 교회의 예배 기초를 마련했습니다. 하지만 선교사 내부의 갈등은 그를 지치게 했습니다. 1907년, 상관인 해리스 감독과의 정책 충돌 끝에 그는 선교사직과 목사직을 모두 내려놓고 오직 의사로만 살기로 결심했습니다.

그 후 그의 인생은 고난의 연속이었습니다. 1909년 어머니의 장례를 마친 후에도 조선에 남아 병원 사역을 계속하려 했지만, 현실은 그를 허락하지 않았습니다. 결국 그는 딸과 사위가 있는 중국으로 건너갔고, 이후 일본 고베로 이주해 외국인 병원에서 일하며 생을 이어갔습니다.

그러나 뜻밖의 교통사고와 폐렴으로 1922년 3월 23일, 그는 고베에서 하나님의 부르심을 받았습니다. 고베에는 외국인 묘지가 두 곳 있었지만, 1950년대 지방정부는 그 무덤들을 모두 롯코산 후타타비 공원으로 옮겼습니다. 지금 스크랜턴의 묘는 그 산기슭, 고요한 숲 속에 자리하고 있습니다.

얼마 전, 필자는 일본 선교사대회에 참석하면서 그곳을 찾았습니다. 해발 931미터의 롯코산을 오르는 길 내내 마음이 먹먹했습니다. 조선을 위해 인생을 바친 선교사, 수많은 생명을 살리고 복음을 심은 의사, 그러나 이제는 외진 산길에서 조용히 잠들어 있는 그의 모습이 눈앞에 그려졌습니다.

서울 양화진 선교사 묘역은 많은 이들이 찾아 감사의 발걸음을 남기지만, 고베의 그 묘지는 너무나 외로워 보였습니다. 그러나 그곳에도 바람은 불고, 나무는 자라며, 하나님은 여전히 그를 기억하고 계셨습니다. 우리에게는 잊지 말아야 할 빚이 있습니다.

140년 전, 교육과 의료, 복음과 사랑으로 이 땅에 희망의 씨를 뿌린 이들의 헌신이 바로 오늘의 우리를 세웠습니다. 그들의 땀과 눈물 위에 세워진 교회, 학교, 병원이 오늘의 대한민국을 지탱하고 있는 것입니다. 그 이름을 기억합시다. 시병원, 그리고 조선을 사랑했던 의사 윌리엄 스크랜턴, 그의 헌신은 사라지지 않았습니다.

밀알심장재단

고준이라는 다섯 살 어린아이가 있었습니다. 태어날 때부터 심장 질환을 안고 태어나, 남들보다 숨이 짧고 통증에 약한 아이였습니다. 한 번의 수술로는 부족했습니다. 재발과 고통이 이어지던 그때 하나님은 준이의 인생에 '밀알심장재단'을 만나게 하셨습니다.

2차 수술은 서울아산병원에서 6시간 가까이 이어졌습니다. 어린 몸으로 감당하기에는 벅찬 대수술이었지만, 의료진의 헌신과 기도로 준이는 견뎌냈습니다. 중환자실의 긴 밤을 지나 일반병동으로 옮겨졌고, 마침내 퇴원의 기쁨을 누렸습니다. 그 아이가 바로 밀알심장재단의 5,000번째 수술 주인공이었습니다.

우리는 준이가 건강을 회복해 마음껏 뛰놀고, 훗날 교회와 사회, 그리고 나라에 귀히 쓰임받는 사람이 되길 기도합니다. 밀알심장재단의 사역은 준이 한 사람의 이야기에 그치지 않습니다. 이 재단은 지금까지 전 세계 25개국의 어린이들에게 심장 수술을 통해 새 생명을 선물했습니다.

가난과 질병으로 희망을 잃은 아이들을 한국으로 초청해 치료하고, 다시 살아갈 용기를 심어 주고 있습니다. 이 귀한 사역의 시작은 한 사람의 눈물 어린 결단이었습니다.

이정재 목사는 (주)대우 근무 시절 낙상사고로 크게 다치면서, 병상에서 깊은 깨달음을 얻었습니다. 그 무렵 미국 대통령이 방한했을 때, 심장병 어린이 두 명을 미국으로 데려가 무료로 수술해 준 소식을 들었습니다.

그는 자신에게 물었습니다. "왜 우리나라에는 이런 일을 하는 단체가 없을까? 한국 교회에 진짜 사랑이 있긴 한 걸까?" 그 질문은 곧 하나님의 부르심이 되었습니다. 그는 자신이 받은 치료비와 퇴직금을 모두 모아 한 명의 심장병 어린이를 살리는 데 사용했습니다. 그것이 바로 1987년, 밀알심장재단의 첫 걸음이었습니다.

그 후로 이정재 목사는 자신의 사재를 아낌없이 내어놓으며 수많은 아이들의 생명을 구했습니다. 특히 캄보디아의 심장병 환우 400명에게 수술비를 지원했고, 그들이 건강을 되찾아 새로운 꿈을 꾸는 모습을 보며 이렇게 고백했습니다. "하나님, 이것이 제 인생의 가장 큰 보람입니다."

밀알심장재단은 빌립보서 1장 8절 말씀, "예수 그리스도의 심장으로 너희 무리를 얼마나 사모하는지 하나님이 내 증인이시니라." 이 말씀을 가슴에 새기며 사역하고 있습니다.

지금까지 한국을 비롯해 중국, 인도, 몽골, 캄보디아, 베트남, 필리핀, 미얀마, 라오스, 인도네시아, 코소보, 키르기스스탄, 스리랑카, 이집트, 이라크, 아프리카 등 25개국, 5,000여 명의 심장병 환자들에게 생명을 전했습니다.

2015년에는 UN 글로벌 콤팩트에 가입하며 국제구호개발 NGO로 공인받았습니다. "전 세계의 심장을 뛰게 하라"는 비전을 품고, 수술비 지원뿐 아니라 장학금, 집 짓기, 무료진료 등 다방면의 사랑을 실천하고 있습니다. 밀알심장재단의 사역은 단순한 '치료'에 머물지 않습니다. 그들은 수술 받은 아이들이 학업을 이어가고, 기술을 배우며, 자립해 자국의 지도자로 성장하도록 돕습니다.

수술비를 넘어, 삶 전체를 살리는 사랑을 실천하고 있는 것입니다. 그리하여 "수술 받은 아이들이 마음껏 뛰놀고 배우며, 각 나라의 빛과 소금으로 서게 하자"는 꿈을 품고 있습니다.

이 비전을 이루기 위해, 세계로부천교회를 비롯한 총회 산하 여러 교회들이 재단과 함께 손을 잡았습니다. 지구촌의 심장이 다시 뛰도록, 사랑의 맥박을 이어가고 있습니다.

한 생명을 살리는 일보다 더 귀한 일은 없습니다. 하나님이 주신 생명은 그 자체로 거룩한 선물이기 때문입니다. 우리의 작은 헌신이 누군가의 심장을 다시 뛰게 하고, 그 생명이 세상을 바꾸는 기적이 될 수 있습니다. 오늘도 밀알심장재단은 묵묵히, 그러나 뜨겁게 사랑을 실천하고 있습니다.

그 사역 위에 하나님의 은혜와 축복이 가득하길 기도합니다. 그리고 이 아름다운 동행에 함께하는 모든 성도들의 삶에도 하늘의 평안과 기쁨이 넘치기를 주님의 이름으로 축복합니다.

따뜻한 이웃

한 청년의 이야기를 나누려 합니다. 올해 서른두 살, 그는 오랜 노숙 생활을 이어오던 사람이었습니다. 어린 시절부터 가정이 온전하지 못했고, 청소년기에 이미 상처와 방황이 깊게 자리했습니다. 성인이 된 뒤에는 알코올에 의지하며 서울의 거리에서 삶을 버텼습니다.

다행히 주변의 도움으로 쉼터에 들어갔지만, 낯선 환경에 적응하지 못한 그는 결국 그곳을 떠나버렸습니다. 얼마 지나지 않아 쉼터 담당자에게 전화 한 통이 걸려왔습니다. 다른 기관에서, 그 청년을 아느냐고 묻는 것이었습니다. 알고 보니 그는 폭력 사건에 휘말려 교도소에 수감되어 있었습니다. 잠시 외출을 나갔다가 행인과 다툼이 벌어졌던 것입니다.

그의 인생은 가정에서 시작된 불행이 사회로 번져, 결국 사람에 대한 불신과 세상에 대한 분노로 드러났습니다. 이처럼 누군가의 상처가 치유 받지 못하면, 때로는 공동체 전체를 아프게 만들기도 합니다.

우리 사회 곳곳에 이런 마음의 병이 퍼져 있습니다. 그럴수록 더 필요한 것은, 따뜻한 이웃입니다. 우리는 주변에서 마음이 다친 이들을 자주 마주합니다. 그들은 불신과 외로움 속에서 관계를 두려워하고, 직장과 공동체에 녹아들지 못해 점점 고립됩니다. 그러다 마음의 문을 닫고, 스스로를 세상 밖으로 밀어내기도 하지요. 때로는 극단적인 생각에 이르기도 합니다. 하지만, 그 끝이 전부는 아닙니다.

분명히 이 세상의 한 자락에는 희망의 언덕이 있습니다. 육체의 장막은 연약하고, 우리의 힘만으로는 인생의 시련을 모두 감당할 수 없습니다. 넘어지고 주저앉을 때마다, 더 어두운 낭떠러지로 떨어질 것 같지만, 그 순간 우리를 붙잡아 주시는 분이 계십니다.

성경은 이렇게 말합니다. "나를 기가 막힐 웅덩이와 수렁에서 끌어올리시고자 하셨다"(시 40:2).

주 예수 그리스도께서 바로 그 손길이 되셨습니다. 그분은 나의 죄를 대신 지고 십자가에 달리셨으며, 그 보혈로 우리의 영혼을 깨끗하게 하셨습니다. 그 사랑 안에서 우리는 다시 숨을 쉽니다. 인생의 시련 앞에서 우리는 겸손을 배웁니다. 그 문을 통과한 자만이 말씀의 빛 속에서 통찰을 얻습니다. 고통은 우리를 무너뜨리기보다, 참된 예배자로 세워 줍니다.

하나님의 숨결은 오늘도 우리를 감싸고 있습니다. 그분의 호흡이 닿는 곳마다 생명이 깨어나고, 메마른 영혼에 새로운 힘이 스며듭니다. 흠결 많고 연약한 우리를 그분은 포기하지 않으십니다. 죄로 얼룩진 마음을 씻어내시고, 기도의 호흡으로 다시 살게 하십니다. 기도는 곧 하나님의 숨결을 마시는 일이며, 말씀은 그 숨결을 따라 사는 길입니다. 멈춰 있던 마음에 말씀의 바람이 불어오면, 절망은 잎사귀처럼 흔들리다가 어느새 새 희망의 색으로 물듭니다. 성령의 능력은 그렇게 우리의 영혼을 다시 일으켜 세웁니다.

사람은 누구나 문제와 장애물을 안고 살아갑니다. 때로는 인간의 한계 앞에서 무너지고, 때로는 세상의 벽에 부딪혀 좌절하지만 하나님은 그 모든 자리에 '함께' 계십니다. 십자가의 보혈을 믿고, 천국을 향한 소망의 이정표를 붙잡을 때 우리의 시선은 어둠을 넘어 빛을 바라보게 됩니다. 감사와 기쁨은 고통의 끝에서가 아니라 믿음의 길 위에서 조용히 피어나는 꽃입니다.

죄 사함 받은 자에게는 새로운 오늘이 열려 있습니다. 과거의 상처가 여전히 남아 있을지라도, 그 속에서도 하나님은 회복의 선율을 만들어 가십니다. 삶이 아무리 버겁고 길이 막막해 보여도 그분의 사랑은 결코 멈추지 않습니다. 우리가 눈물로 기도하는 밤에도, 하나님은 우리보다 먼저 그 길 위에서 기다리고 계십니다.

그러므로 오늘도 믿음의 발걸음을 내딛으시길 바랍니다. 그 길의 끝에는 분명히, 따뜻한 이웃과 하나님의 품이 기다리고 있을 것입니다. 그 품 안에서 우리는 다시 숨 쉬고, 다시 사랑하며, 다시 살아갈 이유를 얻게 됩니다. 하나님의 숨결은 멀리 있지 않습니다. 지금 이 순간 여러분의 심장 가까이에서 조용히 뛰고 있습니다.

노시보, 플라시보 효과

'생각이 바뀌면 세상이 변한다.' 하버드대 연구소가 뉴스위크에 발표한 논문에서 '20세기 최고의 발견'이라 밝힌 말입니다. 인류의 발전은 본질적으로 생각의 전환에서 비롯된다는 사실을 강조한 것이지요. 우리는 살아가면서 때로는 좋은 일도, 때로는 힘든 일도 마주하게 됩니다. 그러나 같은 상황이라도 마음을 어떻게 먹느냐에 따라 전혀 다른 결과가 나타납니다. '잘 될 거야'라고 믿으면 길이 열리고, '안 될 거야'라고 생각하면 그 길이 막히기도 합니다. 그래서 사람들은 늘 "마음먹기에 달렸다"고 말하곤 합니다.

의학에서도 이러한 마음의 방향이 얼마나 중요한지를 보여주는 개념이 있습니다. 바로 '노시보 효과'(nocebo effect)와 '플라시보 효과'(placebo effect)입니다. 노시보 효과는 아무리 좋은 약을 먹어도 환자가 그 약의 효과를 믿지 않으면 낫지 않는 현상을 말하고, 플라시보 효과는 약을 먹지 않아도 낫겠다는 믿음만으로 회복되는 현상을 뜻합니다. 실제로 의학 데이터베이스를 보면 플라시보 효과에 대한 논문이 무려 14만 8천 편, 노시보 효과에 대한 논문도 148편이나 있습니다.

연구 결과를 보면 우울증 치료의 경우 25%는 약물치료, 25%는 자연 치유, 그리고 절반에 해당하는 50%가 바로 플라시보 효과에 의한 것이라고 합니다. 결국 인간은 생각하는 존재이며, 생각은 인생의 방향타와도 같아서 우리가 어떤 방향으로 마음을 기울이느냐에 따라 성공과 실패, 행복과 불행이 결정된다는 것입니다.

그런데 우리의 생각을 결정짓는 가장 큰 요인은 바로 '말'입니다. 말은 마음을 흔들고 생각을 세웁니다. 건강검진을 받고 의사에게서 "암입니다"라는 말을 듣는 순간, 전혀 증상이 없던 사람이 하루아침에 중환자가 되어버리기도 하고, "지켜봅시다"라는 말 한마디에도 사람은 불안과 두려움 속에서 환자로 변해갑니다. 이렇게 말은 강력한 힘을 지니고 있습니다.

어느 대뇌학자는 인간의 뇌세포 가운데 98퍼센트가 말의 지배를 받는다고 했습니다. 프랑스의 약사이자 최면술의 대가였던 에밀 쿠에는 환자들에게 "나는 매일 모든 면에서 점점 나아지고 있다"라는 말을 반복하게 했습니다. 단순하지만 강력한 언어의 반복이 사람들의 몸과 마음을 회복시킨 것입니다.

하지만 이 말의 힘을 선하게 쓰는 사람만 있는 것은 아닙니다. 히틀러는 이 원리를 악용했습니다. 그는 「나의 투쟁」이라는 책에서 이렇게 고백했습니다. "처음 한 번 말하면 사람들은 비웃는다. 두 번째 말하면 미쳤다고 한다. 세 번째 말하면 사람들이 듣는다. 네 번째 말하면 설득되고, 다섯 번째 말하면 따라온다."

반복된 언어의 세뇌가 한 나라를 움직였던 것입니다. 우리는 이 말을 믿음의 영역에서 긍정적으로 사용해야 합니다. 병문안을 가서도 "얼굴이 좋아 보이네요", "곧 퇴원하시겠어요" 같은 긍정적인 말을 해야지, "얼굴이 안 좋네요", "반쪽이 되었네요"라는 부정적인 말은 삼가야 합니다. 말 한마디가 사람을 살릴 수도, 더 깊이 상처 줄 수도 있기 때문입니다.

일본 소설 「아끼루」는 '산다'는 뜻을 가진 작품인데, 그 속에도 말과 생각의 힘이 깊이 담겨 있습니다. 25년 동안 시청에 근무하던 한 남자가 있었습니다. 건강하던 그는 어느 날 병원에서 위암 판정을 받았고, 의사는 그에게 "6개월밖에 살 수 없습니다"라고 말했습니다. 그 말 한마디에 그는 모든 의욕을 잃었습니다. 직장에도 나가기 싫었고, 먹어도 맛이 없고, 아무것도 하고 싶지 않았습니다.

그런데 어느 날, 길가에서 꽃을 파는 어린아이와 대화를 나누던 중, 그는 무심코 "나는 6개월밖에 남지 않았단다"라고 말했습니다. 그러자 아이가 말했습니다. "그래도 6개월은 있잖아요." 그 한마디가 그의 마음을 뒤흔들었습니다. '그래, 아직 6개월이나 남았구나.' 그렇게 생각을 바꾼 순간 그는 다시 살아갈 용기를 얻었습니다.

이스라엘의 다윗이 골리앗 앞에 섰을 때, 병사들은 "그는 너무 커서 이길 수 없다"고 생각했습니다. 그러나 다윗은 달랐습니다. "그는 너무 커서 내 돌이 빗나갈 리가 없다"고 믿었습니다. 생각의 차이가 승부를 가른 것입니다. 결국 우리가 어떤 마음을 품고 어떤 말을 내뱉느냐에 따라 삶의 결과는 달라집니다.

할 수 있다는 생각, 긍정적인 말, 믿음의 언어는 우리의 마음을 지키고, 몸을 살리고, 인생을 다시 세웁니다. 오늘도 내 입술에서 나오는 한마디가 내일의 나를 만듭니다. 그러니 오늘, 스스로를 향해 이렇게 고백해보면 어떨까요. "나는 매일 모든 면에서 점점 나아지고 있다." 그 믿음의 말이 내일의 현실이 될 것입니다.

언제 한 번, 지금 당장

"이런 약속"이라는 시가 있습니다. "이런 약속 지켜보신 적 있으십니까? 언제 한 번 저녁이나 함께 합시다. 언제 한 번 차나 한잔 합시다. 언제 한 번 만납시다. 언제 한 번 모시겠습니다. 언제 한 번 찾아뵙겠습니다. 언제 한 번 다시 오겠습니다. 언제 한 번 연락드리겠습니다."

언제부터인가 우리의 입술에는 '언제 한 번'이라는 말이 너무도 자연스럽게 붙어버렸습니다. 오늘 하루만 돌아봐도, 몇 번이나 이런 인사를 건넸는지 모릅니다. 악수를 나누며, 전화를 끊으며, 메일을 마무리하며, 혹은 가족과 친구, 선생님, 직장 동료에게, 너무도 익숙하게 흘려보낸 인사입니다. 그러나 정작 '언제 한 번'은 오지 않습니다. 오늘 저녁은 어떠냐고, 이번 주말은 괜찮으냐고, 아니면 지금 잠시라도 만날 수 없겠느냐고 물어보는 용기 대신 우리는 늘 '언제 한 번'을 뒤로 미룹니다. 사랑과 진심이 담긴 인사는 미루지 않습니다. 사랑은 '언제 한 번'이 아니라 '지금 당장' 찾아가는 것입니다.

사람들은 약속을 쉽게 합니다. 그러나 그중 많은 약속은 지켜지지 않습니다. 친구와의 약속을 어기면 우정이 흔들리고, 자녀와의 약속을 어기면 존경이 사라집니다. 아이는 부모의 거짓 약속을 통해 거짓을 배웁니다. 기업과의 약속을 어기면 신뢰가 끊기고, 정치인의 공약이 무너질 때 국민은 마음의 표를 거둬버립니다. 세상은 약속으로 연결되어 있지만, 그 약속을 지키는 마음이 없다면 그 관계들은 결국 허공으로 흩어집니다.

그러나 가장 쉽게 무너지는 약속은, 다름 아닌 '자신과의 약속'입니다. 새해가 되면 다짐하고, 계획을 세우지만, 며칠 지나지 않아 흐지부지됩니다. 작심삼일이란 말처럼 우리의 결심은 짧고 연약합니다. 하지만 자신과의 약속을 어기는 일은 단순한 나태가 아닙니다. 그것은 스스로를 믿지 못하게 되는 일입니다. 내가 나를 믿지 못한다면, 세상 누구도 나를 신뢰할 수 없습니다. 결국 자기 자신과의 약속을 지키는 일이 모든 신뢰의 출발점입니다.

그리고 그 어떤 약속보다 반드시 지켜야 할 약속이 있습니다. 바로 하나님께 드린 약속입니다. 전도서 5장 4-6절은 이렇게 말합니다. "네가 하나님께 서원하였거든 갚기를 더디게 하지 말라. 하나님은 우매한 자들을 기뻐하지 아니하시나니 서원한 것을 갚으라. 서원하고 갚지 아니하는 것보다 서원하지 아니하는 것이 더 나으니, 네 입으로 네 육체가 범죄하게 하지 말라." 하나님께 한 약속은 가벼운 말이 아닙니다. 그것은 우리의 신앙과 진심을 증명하는 고백입니다.

미국 프린스턴에 한 구강외과 의사가 있었습니다. 그는 오세올라 교회의 장로로서 수입의 대부분을 어려운 이웃에게 나누었습니다. 여섯 명의 딸들을 신앙으로 잘 길러내며 사람들에게 존경을 받았지만, 그의 마음 한켠에는 늘 지워지지 않는 고민이 있었습니다. 대학 시절, 하나님께 "목사가 되겠다"는 서원 기도를 드렸던 기억이었습니다. 그러나 부모의 반대에 부딪혔습니다. "의사도 목사 못지않게 귀한 일이다. 돈을 많이 벌어 하나님의 일을 하라." 결국 그는 의대에 진학해 의사가 되었지만, 세월이 흐르며 하나님 앞에서 한 약속이 마음속 깊이 되살아났습니다.

그는 마침내 의사 생활을 정리하고, 대학 졸업 20년 만에 프린스턴 신학교에 입학해 목사가 되었습니다. 그가 바로 오랄 로버트 대학의 설립자요, 세계적인 복음 전도자인 오랄 로버트입니다. 그는 이렇게 말했습니다. "사람과의 약속도 중요하지만, 하나님과의 약속은 더욱 소중하다."

민수기 23장 19절은 이렇게 말합니다. "하나님은 사람이 아니시니 거짓말을 하지 않으시고, 인생이 아니시니 후회가 없으시도다. 어찌 그 말씀하신 바를 행하지 않으시며, 하신 말씀을 실행하지 않으시랴."

사람은 약속을 잊고, 변명하며, 때로는 농담이었다고 둘러댑니다. 그러나 하나님은 약속에 신실하신 분입니다. 하신 말씀은 반드시 지키시며, 약속하신 일은 반드시 이루십니다.

우리는 하나님을 닮아야 합니다. 특히 약속을 지키는 일에서 그렇습니다. 혹시 아직 지키지 못한 약속이 있다면, 오늘 이 순간 점검해 보십시오. 내일은 결코 보장되어 있지 않습니다. '언제 한 번'이라 말하며 미루었던 일들이 있다면, 이제는 '지금 당장' 실천해야 합니다. 진심은 미루지 않습니다. 사랑은 기다리지 않습니다. 약속은 바로 오늘, 이 순간부터 지켜야 할 것입니다.

책임 의식

대한민국의 국제적 위상은 실로 놀랍습니다. 경제력과 기술력, 문화의 영향력까지 세계가 주목하는 나라가 되었습니다. 그러나 그 이면에는 여전히 쉽지 않은 현실이 놓여 있습니다. 미국과의 통상 협상, 수출 중심의 경제 구조, 세계적 불확실성 속에서 우리의 경제는 늘 긴장 위에 서 있습니다.

그럼에도 미국의 경제전문지 포브스(Forbes)가 2025년 세계 10대 강국 중 6위로 대한민국을 선정했다는 사실은 자부심을 느끼기에 충분합니다. 펜실베이니아 주립대의 왓슨 교수와 포브스가 공동 연구한 결과에 따르면, 우리나라는 경제력과 정치력, 군사력, 국제 동맹, 그리고 지도력의 다섯 가지 항목에서 종합적인 강국으로 평가받았습니다.

이 순위는 단순한 수치가 아니라, 지난 세월 대한민국이 걸어온 길의 증거이기도 합니다. 전쟁과 가난의 잿더미 속에서도 우리는 결코 주저앉지 않았습니다. 반도체와 전자산업, 문화 콘텐츠, 군사 협력 등 다방면에서 이룬 성장은 국민의 헌신과 열정의 결과였습니다. 문화적으로도 이제 세계가 한국을 배우고 있습니다. 케이팝과 영화, 드라마, 그리고 한글의 아름다움까지 세계가 주목하고 있습니다. 그러나 이 모든 성취의 밑바탕에는 '국민의 단결'과 '책임의식'이 자리하고 있습니다.

1950년 6·25 전쟁을 겪으며 지구촌 최빈국으로 불리던 나라가 오늘의 자리까지 올라온 것은 기적이 아닙니다. 그것은 우리 국민이 위기 앞에서 서로를 믿고, 함께 일어서기를 선택했기 때문입니다.

1997년 외환위기 때 전 국민이 금 모으기 운동에 동참했던 일, 2007년 태안 기름 유출 사고 때 전국에서 몰려든 자원봉사자들의 손길은 대한민국의 단결 정신을 상징적으로 보여줍니다. 일제강점기와 산업화 시대를 지나며 우리는 수없이 부딪히고 넘어졌지만, 그때마다 '함께'라는 이름으로 다시 일어섰습니다.

대한민국이 빠르게 성장할 수 있었던 또 하나의 이유는 교육에 대한 열정이었습니다. 건국 초기 이승만 대통령은 농지개혁법을 시행해 농민이 스스로의 땅을 소유하게 하였고, 교육을 통한 국민 계몽에 힘썼습니다. 해방 직후 국민의 70% 이상이 문맹이었지만, 학교를 세우고, 배움을 장려하며, 지식이 곧 나라의 힘임을 일깨웠습니다. 그 결과 오늘의 한국은 짧은 시간 안에 산업화, 민주화, 정보화, 그리고 첨단기술 강국으로 성장하게 되었습니다.

이 과정에서 한국 교회의 역할도 결코 작지 않았습니다. 초대 선교사들은 복음뿐 아니라 지식과 의료, 문화를 함께 전했습니다. 성경과 찬송을 통해 글을 익히게 하고, 학교를 세워 국민의 의식을 깨웠습니다. 병원을 지어 질병으로 고통받던 이들에게 새 생명을 주었으며, 교회를 세워 지역 공동체의 중심으로 삼았습니다. 신앙은 단지 개인의 구원이 아니라, 사회를 밝히는 등불이었습니다.

그 중심에는 백석총회가 있습니다. 48년의 짧은 역사에도 불구하고 한국 교회를 선도하는 교단으로 성장한 것은 하나님의 은혜입니다. 우리는 이 시대에 맡겨진 사명을 더욱 깊이 자각해야 합니다. 복음의 확장뿐 아니라, 사회적 책임과 봉사의 정신을 실천하는 일에도 앞장서야 합니다. 신앙은 말이 아니라, 삶의 책임으로 드러나야 합니다.

그러나 오늘 우리의 현실을 보면 염려되는 부분도 많습니다. 인구 절벽과 고령화, 청년층의 실업, 결혼 기피, 그리고 사회적 양극화는 미래를 위협하고 있습니다. 더불어 세계 곳곳에서 일어나는 전쟁과 테러, 기후 위기, 기근의 문제는 우리 모두에게 새로운 시대적 사명을 묻고 있습니다. 이제 대한민국은 단순히 강한 나라를 넘어, 책임 있는 나라로 거듭나야 합니다.

세계 강국 6위라는 자리는 영광이자 짐입니다. 그것은 우리에게 더 큰 역할을 요구합니다. 국제사회 속에서 인류 공동의 문제에 대해 목소리를 내고, 정의와 평화를 위한 책임을 감당해야 합니다. 그리고 한국 교회는 세계선교 2위라는 이름에 걸맞게, 국내외의 영혼 구원과 사회봉사에 앞장서야 합니다. 세상이 어두워질수록 빛의 책임은 더욱 무겁습니다.

대한민국이 앞으로도 진정한 강국으로 서기 위해서는, 기술이나 군사력이 아니라 '책임의식'이 그 중심에 서야 합니다. 하나님 앞에, 이웃 앞에, 그리고 다음 세대 앞에 책임을 다하는 나라. 그것이 하나님께서 이 민족에게 원하시는 참된 부흥의 모습일 것입니다.

하나님의 형상을 닮은 가정

육신의 옷을 입고 이 땅에 오신 예수 그리스도께서는 가정과 교회를 든든히 세우셨습니다. 초대 교회 역시 가정에서 출발했습니다. 당시 유대교의 핍박과 로마의 박해 속에서도 신앙인들은 집집마다 모여 찬양하고, 말씀을 나누며, 함께 기도했습니다. 환난의 순간에도 믿음을 잃지 않으려는 그들의 헌신은 결국 교회의 기초가 되었습니다.

오늘 우리가 맞이한 5월, 가정의 달은 그 의미를 되새기기에 좋은 때입니다. 건강한 가정이 건강한 교회를 세우고, 건강한 교회가 건강한 사회를 이끕니다. 그러나 현대의 가정은 바쁜 일상 속에서 점점 지쳐가고 있습니다. 가족이 함께할 시간은 줄고, 마음에는 각종 스트레스가 쌓여 평안이 흔들립니다. 이 시대의 한국 교회는 바로 이 지점에서 응답해야 합니다. 말씀과 성령이 이끄는 가정을 세워야 하며, 그것이 곧 진정한 가정 목회로 이어져야 합니다.

한국 선교의 140년 역사를 돌아보면, 수많은 선교사 가정들이 조선 땅에 복음을 전하기 위해 들어왔습니다. 그들은 자국에서 얼마든지 편안하고 부유한 삶을 살 수 있었지만, 생명의 복음을 전하기 위해 모든 것을 내려놓고 이 낯선 땅으로 왔습니다. 어떤 이는 남편을, 어떤 이는 아내와 자녀를 잃었지만 그들은 결코 사명을 포기하지 않았습니다. 오히려 교회를 세우고, 병원과 학교를 운영하며, 신앙의 불씨를 이어갔습니다. 그들의 가정은 곧 신앙의 교과서였고, 이 땅의 교회가 세워지는 모판이었습니다.

일제강점기에도 믿음의 부모들은 가정예배를 지켰습니다. 눈물로 기도하던 어머니, 성경을 펼쳐 자녀들에게 말씀을 들려주던 아버지의 헌신이 믿음의 유산이 되어 지금의 한국 교회를 일으켰습니다. 그렇습니다. 우리 사회에는 여전히 소망이 있습니다. 생명을 전하고자 하는 믿음의 가정이 존재하기 때문입니다.

그러나 현실은 그렇지 않습니다. 초고령화 시대, 인구 절벽, 결혼 기피와 출산 감소로 인해 가정의 위기가 심화되고 있습니다. 하지만 이러한 상황 속에서도 교회는 여전히 생명의 역사를 이어가고 있습니다. 대구 동신교회의 경우, 한 해에 쉰 쌍이 넘는 젊은 부부가 결혼하고, 영아부와 주일학교 아이들로 예배당이 가득 차 교육관이 모자랄 정도라 합니다. 아이가 뛰놀고 청년이 꿈꾸며 어른이 일하는 공동체, 바로 그런 가정이 하나님이 기뻐하시는 모습일 것입니다.

자녀는 부모를 닮습니다. 얼굴만이 아니라 마음과 성품까지 닮아갑니다. 의학적으로도 혈액형이나 질병이 유전되듯, 영적으로도 하나님의 형상이 우리 안에 새겨져 있습니다. 하나님께서는 자신의 형상대로 사람을 지으셨습니다. 우리는 우연히 태어난 존재가 아니라, 하나님의 뜻 가운데 예정된 거룩한 생명입니다.

히브리어로 '형상'을 뜻하는 '체렘'은 '그림자', '이미지'를 의미하며, 하나님의 사랑과 진리, 생명, 의, 인격의 속성을 반영합니다. 그러므로 믿는 사람은 어떤 형상도 만들지 말라는 하나님의 명령을 마음에 새겨야 합니다. 그것은 단지 외형의 우상을 금하신 말씀이 아니라, 우리 내면 속의 우상을 지워야 한다는 뜻이기도 합니다. 그리스도인은 하나님의 형상으로 창조된 존재이기에 말씀을 소유하고 진리를 살아내야 합니다.

우리의 몸은 하나님의 성령이 거하시는 거룩한 그릇입니다. 날마다 말씀으로 자신을 비우고 채우며, 은혜와 평강 안에 머물러야 합니다. 자녀가 부모를 닮듯, 우리도 하늘의 아버지를 닮아야 합니다. 비록 연약하지만, 하나님의 형상을 닮아가려는 그 마음이 곧 믿음의 삶입니다.

가정의 달을 맞아 다시 한 번 생각해 봅니다. 부모를 잃은 사람이 자신이 누구인지 묻듯, 하나님을 잃어버린 사람은 스스로의 정체성을 잃습니다. 그러나 예수 그리스도 안에서 우리는 하나님의 형상을 닮은 존재임을 깨닫습니다. 그 깨달음이 우리 가정과 교회를 새롭게 하며, 세상을 향한 복음의 빛이 됩니다.

모든 사람은 하나님의 형상대로 지음 받은 특별하고 존귀한 존재입니다. 그러므로 오늘도 그 형상을 따라 사랑하고, 섬기며, 하나님이 세우신 가정 안에서 천국의 모형을 이루어 가시길 바랍니다.

복음의 씨앗이 피어나는 땅

인도차이나반도 남서부에 자리한 캄보디아의 복음 이야기는 1923년으로 거슬러 올라갑니다.

미국 CMA(Christian and Missionary Alliance) 소속 선교사였던 아서 L. 해먼드(Arthur L. Hammond)와 그의 아내 에스더 해먼드(Esther Hammond) 부부가 그 첫 발걸음을 내디뎠습니다. 한국 교회의 선교가 본격적으로 시작된 것은 약 30년 전, 여러 교단을 통해 선교사들이 파송되면서부터였습니다.

캄보디아는 찬란한 역사와 깊은 상처가 공존하는 나라입니다. 12세기 앙코르와트를 중심으로 문명과 군사력을 자랑하던 크메르 제국은 이후 베트남과 태국의 침탈을 받으며 긴 세월 고난을 겪었습니다.

프랑스 식민지를 거쳐 독립 후에는 시아누크 왕조, 크메르 공화국, 그리고 인류 역사상 가장 참혹했던 비극 중 하나인 크메르 루주 정권의 킬링필드를 지나야 했습니다.

지금은 입헌군주국으로 새로운 미래를 모색하고 있지만, 여전히 복음이 뿌리내리기엔 쉽지 않은 땅입니다. 이번 선교 일정은 현지 목회자들의 영성과 지성을 세우고, 성경적 교육을 지원하기 위한 목적으로 준비됐습니다. 인천공항을 오전 10시에 출발해 베트남 하노이를 경유, 오후 7시 캄보디아 시엠립(Siem Reap)에 도착했습니다.

그곳에는 반평생을 캄보디아 복음화에 헌신한 황태길 선교사가 기다리고 있었습니다. 열악한 환경 속에서도 그는 묵묵히 원주민 목회자와 성도들을 섬기며, 말씀으로 세우는 사역을 이어가고 있었습니다.

다음날부터 본격적인 강의가 시작되었습니다. 오전 8시부터 오후 5시까지 이어진 수업은 말씀과 성령의 역사가 함께하는 은혜의 시간이었습니다. 낙심했던 현지 목회자들이 다시 소망을 얻고, 사역의 자리로 돌아갈 힘을 얻었습니다.

이번 선교에는 제 아들도 함께했습니다. 태권도 시범 후 한국어 구호를 함께 외치며 기본기를 배우는 시간은 현지인들에게 큰 웃음과 활력을 주었습니다. 이어서 찬양과 묵상이 이어졌고, 하나님께서 캄보디아 교회를 향해 품고 계신 놀라운 계획을 함께 나누는 시간이 되었습니다. 특히 통역을 맡은 한 자매가 인상 깊었습니다.

한국어를 독학했다는 그녀는 어려운 환경 속에서도 믿음으로 성장했고, 기도와 말씀으로 단련된 영성으로 사역을 섬기고 있었습니다. 또한 현지에서 만난 한 형제의 이야기도 마음에 남았습니다. 그는 청소년 시절 공부를 위해 사찰에 들어갔다가 불교의 유망한 승려로 자라났지만, 마음 깊은 곳의 공허와 상처로 인해 결국 사찰을 떠났습니다.

그 후 한국으로 어학연수를 와서 선교사를 통해 복음을 접하게 되었고, 37세의 나이에 예수를 영접했습니다. 지금은 아내와 함께 신앙생활을 하며, 캄보디아의 역사 해설가로 일하면서 복음을 전하고 있습니다. 그의 삶 자체가 "하나님이 여전히 이 땅에서 일하고 계심"을 보여주는 생생한 간증이었습니다.

캄보디아는 사회 구조나 문화적 특성상 복음의 결실이 더디지만, 지금은 새로운 선교적 접근이 필요할 때입니다. 고통과 상처의 역사를 넘어 희망으로 나아가기 위해서는 현지인과의 동역과 신뢰가 절대적입니다. 이번 교육을 통해 현지 목회자들은 말씀의 본질을 새롭게 깨닫고, 설교와 목회를 위한 영성을 다시 다지는 시간을 가졌습니다. 먼 길을 오토바이로 달려와 하루 종일 강의에 집중하는 그들의 눈빛은 잊을 수 없는 감동으로 남았습니다.

복음화율이 1% 남짓한 나라, 캄보디아. 그러나 그 작은 숫자 속에서도 하나님 나라의 씨앗이 자라고 있었습니다. 그들의 눈빛 속에서, 다음 세대를 향한 희망이 자라나고 있었습니다. 말씀 교육과 신학교육을 통해 세워질 미래의 목회자들을 바라보며, 저는 캄보디아 교회의 내일을 확신했습니다.

지금 이 순간에도 세계 곳곳에서 복음을 전하는 선교사들이 있습니다. 그들의 헌신과 눈물 위에 우리의 기도와 후원이 더해질 때, 하나님의 나라는 자라납니다. 부디 캄보디아 백성들의 구원을 위해, 그리고 이 땅에 복음의 열매가 주렁주렁 맺히는 그날을 위해 함께 중보해 주시기 바랍니다.

"복음의 씨앗이 떨어진 그곳마다, 하나님의 나라가 피어나리라."

서번트 리더십

"코람 데오(Coram Deo), 하나님 앞에서." 이 말처럼 깊고 묵직한 문장은 신앙인의 삶을 가장 잘 설명해 줍니다. 하나님 앞에서 바르게 산다는 일, 그것은 말처럼 쉽지 않습니다. 그러나 말씀과 성령의 인도하심을 따라, 사역의 자리마다 기도로 씨를 뿌리고 믿음으로 길을 열어 간다면, 주님은 언제나 그 걸음을 도우십니다.

사랑하는 이들이 형통하고 행복하길 바라는 마음으로 묵묵히 섬기는 일, 그 자체가 복이며 또 다른 기쁨입니다. 그런 길을 평생 걸어온 이가 있으니, 바로 인성과 영성, 그리고 지성을 겸비한 목회자 오범열 목사입니다. 그의 삶은 한 편의 기도문처럼, 믿음의 사람은 어떻게 서야 하는가를 보여주는 본보기라 할 수 있습니다.

오 목사의 신앙 여정은 결코 혼자의 길이 아니었습니다. 그의 어린 시절 뒤에는 늘 부모님의 눈물의 기도가 함께했습니다. 전북 부안 남포리, 그곳의 작은 시골 교회 '남포교회'가 막 세워질 무렵, 그의 부모 오장근 집사와 김순례 권사는 개척의 첫걸음을 함께한 기도자들이었습니다.

일본 유학을 마치고 돌아온 아버지는 지역의 유지로서 이웃을 섬기며, 교회를 위해 물심양면으로 헌신했습니다. 어머니 김순례 권사는 매일 새벽 교회로 발걸음을 옮기며 목회자와 성도들을 위해 눈물로 기도했습니다. 그에게 교회는 단순한 예배당이 아니라 곧 '자기 집'이었고,

기도는 숨 쉬는 일이었습니다.

남포교회에서 오랫동안 목회했던 서만진 목사는 이런 일화를 들려줍니다. "오 목사의 어머니는 장날이면 생선을 사 와 머리와 꼬리는 가족에게 주고, 중간의 좋은 부위는 담임목사에게 아들이 직접 갖다 드리게 했습니다. 겨울이면 장갑과 귀마개를 챙겨 보내며 목회자를 섬겼습니다." 이처럼 신앙은 생활이었고, 섬김은 자연스러운 습관이었습니다. 어린 오범열 소년은 그 모습을 보며 자랐습니다. 그에게 신앙은 가르침이 아니라 어머니의 삶 그 자체였습니다.

소년 시절의 친구 장여산 장로는 오 목사를 이렇게 기억합니다. "늘 온순했고, 예의 바르며, 누구에게나 따뜻했습니다. 싸움을 모르고, 부모에게 효도하며, 늘 사랑이 많은 친구였습니다." 세월이 흘러 고향을 떠난 지 50년이 훌쩍 넘었지만, 그는 여전히 고향의 어르신들과 성도들을 찾아 위로하고 격려를 전하고 있습니다. 신앙의 뿌리는 그렇게 한 사람의 기억 속에서도 여전히 살아 숨 쉽니다.

오 목사의 어머니는 늘 새벽마다 하나님께 서원했습니다. "아들을 주시면 주님께 드리겠습니다." 그렇게 드린 기도의 아들들은 목회자와 선교사로 자라났습니다. 큰아들 오삼열 선교사는 총신대학교와 GMS 선교훈련을 마치고 방글라데시에서 교회와 학교를 세워 복음을 전하고 있습니다. 혹독한 환경에서도 그는 여전히 지역 대표로서 선교사들을 돌보며, 복음을 전하는 사명을 감당하고 있습니다.

고향 교회의 문용환 장로는 이렇게 회상합니다. "오 목사님은 남포교회에서 신앙의 기초를 다졌습니다. 지금까지 우리 교회에서만 32명의 목회자가 나왔는데, 이는 김순례 권사의 눈물의 기도의 열매입니다."

실제로 그의 자녀들은 모두 연세대학교에서 공부했고, 오 목사 역시 연합신학대학원 총동문회장을 역임하며, 신앙의 가문이 세워지는 복을 받았습니다.

서울로 올라온 이후의 삶은 결코 순탄하지 않았습니다. 낯선 도시에서의 시작은 마치 광야와도 같았지만, 그때마다 어머니의 기도가 그의 뒤를 지켰습니다. 군복무 시절, 두 아들이 백골부대와 청룡부대에서 훈련받을 때 어머니는 하루 한 끼 금식을 하며 기도했고, 제대 후에도 감사의 금식을 1년이나 이어갔습니다. 그 기도의 힘이 오 목사의 사역의 뿌리가 되었습니다.

1988년 봄, 오 목사는 안양 임곡마을의 작은 상가를 얻어 교회를 개척했습니다. 스티로폼 두 장이 바닥이었지만, 그곳은 곧 복음의 등대가 되었습니다. 교회는 성장했고, 결국 지금의 성전을 세우며 '아름다운 교회상'을 수상했습니다. 세월이 흘러도 그의 비전은 여전히 식지 않았습니다. 그는 말합니다.

"이 시대에 진리의 등불을 높이 들고, 바른 신앙의 정로를 제시하는 교회로 서야 합니다." 그는 지난 33년간 수많은 사역의 현장에서 한국 교회와 사회를 섬겨왔습니다. 남포월드협의회 대표총재, 전국호남협의회 대표회장, 경기도성시화운동본부 대표회장 등 수많은 직임 속에서도, 늘 그 중심에는 '섬김의 리더십'이 있었습니다. 그는 3개 대학에서 강의하며, 설교집과 수필집을 출간하고, CTS 기독교방송과 여러 언론에서 복음을 전하고 있습니다.

어머니의 눈물의 기도는 지금도 그 열매를 맺고 있습니다. 두 아들이 모두 복음을 전하는 사역자가 되었고, 그 기도의 향기는 세대를 넘어 계속 퍼져가고 있습니다. 오 목사는 숲처럼 넓은 품으로, 바다처럼 깊은 마음으로 사람을 품습니다. 큰 산이 모든 나무와 돌을 품듯, 그는 다양한 사람을 수용하며 하나 되게 합니다. 그것이 바로 진정한 '서번트 리더십'의 모습입니다.

그를 지근에서 지켜본 필자는 확신합니다. 오범열 목사는 한국 교회의 진정한 리더로서, 자신의 힘을 드러내지 않고 오히려 사람을 세우는 목회자입니다. 하나님 사랑과 이웃 사랑을 몸소 실천하며, 자신을 낮춤으로써 복음의 길을 열어가는 사역자입니다. 그의 걸음은 언제나 섬김에서 시작해, 헌신으로 이어지고, 마침내 영광으로 귀결됩니다. 이 시대에 이런 리더가 있다는 것, 그것이 바로 한국 교회의 소망입니다.

샬롬 나비 운동

사람은 소유가 많아질수록 자신도 모르게 교만해지기 쉽습니다. 그것을 깨닫는 순간은 언제나 늦게 찾아오고, 이미 관계의 균열 속에서 자신을 돌아보게 됩니다. 그래서 인간은 많고 적음을 떠나 언제나 겸손과 존중의 자세로 살아야 합니다. 그런 삶의 가치를 가르쳐준 분이 있으니, 바로 기독교 철학자이자 신학자, 그리고 '샬롬나비 시민운동'을 이끌며 오늘도 한국 교회와 사회를 위해 헌신하고 있는 은혜(恩惠) 김영한 상임대표입니다. 그는 나눔과 섬김, 그리고 희생을 통해 신앙의 진정한 실천이 무엇인지를 보여주는 신앙의 지성이자, 따뜻한 영혼의 사람입니다.

김영한 대표는 1946년 10월 18일, 우리나라가 해방된 지 1년 뒤에 태어났습니다. 그의 신앙의 뿌리는 외조모와 모친으로부터 이어졌습니다. 외조모는 부산 초량교회의 초대 권사로, 모친은 남부산교회의 명예 권사로 헌신했습니다. 그들의 기도와 믿음의 유산은 김영한 박사에게 깊이 스며들어, 평생을 말씀 중심의 인생으로 살아가게 하는 토대가 되었습니다.

어린 시절부터 그는 인생의 문제를 세상의 논리로 풀지 않고, 성경 안에서 해답을 찾는 습관을 가졌습니다. 그렇게 신앙의 뿌리는 가정에서 시작되었고, 그 뿌리는 그의 학문과 사역 전반에 걸쳐 자양분이 되었습니다.

　서울대학교를 졸업한 그는 대학원 과정을 마친 뒤, 독일 하이델베르크대학교로 건너가 철학과 신학을 공부했습니다. 1974년 철학 박사, 1984년 신학 박사 학위를 취득하며, 학문과 신앙의 두 영역을 깊이 있게 통합한 인물로 자리매김했습니다. 1978년부터 숭실대학교에서 강의와 연구, 저술을 병행했고, 2012년 은퇴할 때까지 수많은 제자를 길러냈습니다. 그러나 그의 열정은 결코 멈추지 않았습니다. 오히려 은퇴 후에는 더 활발히 기독교 학술원과 샬롬나비를 중심으로 학문과 신앙의 균형을 추구하며, 시대를 깨우는 지성의 사역을 이어가고 있습니다.

　필자가 곁에서 본 김영한 박사는 한결같이 겸손한 분입니다. 학문적으로는 최고봉에 올라 학계의 존경을 받지만, 언제나 따뜻하고 온유한 마음으로 사람을 대합니다. 그는 매달 개혁주의 신학의 이론과 실천을 논하는 '샬롬나비' 논평을 발표하며, 기독교적 가치관으로 사회문제를 조명하고 있습니다. 그 논평은 단순한 비판이 아니라, 신학과 삶을 아우르는 실천적 제안이 담긴 논의로 평가받습니다. 개혁주의 신학의 원리를 사회 속에 적용하기란 결코 쉬운 일이 아닙니다. 그러나 그는 그 일을 꾸준히, 성실히 감당해왔습니다.

　손봉호 교수는 그를 두고 이렇게 말했습니다. "김영한 박사는 개혁주의 학자로서 폭넓은 인간관계를 중시하며, 다양한 교계 인사들과 소통하는 열린 인격의 소유자이다." 그의 호 '은혜(恩惠)'처럼, 그는 이론과 실천을 함께하는 사람입니다. 교단이나 교파의 경계를 넘어 진리를 붙잡되, 타인의 의견을 경청할 줄 아는 배려와 포용의 품성을 지녔습니다. 그가 가장 사랑하는 성경 말씀은 잠언 1장 7절과 4장 23절입니다.

"여호와를 경외하는 것이 지식의 근본이거늘 … 모든 지킬 만한 것 중에 더욱 네 마음을 지키라, 생명의 근원이 이에서 남이니라." 그의 삶과 학문은 이 말씀 위에 세워져 있습니다. 언제나 하나님 중심, 성경 중심의 원칙을 잃지 않으며, 그것이 그의 모든 판단의 기준이 되었습니다.

대학교 4학년 때, 그는 독일정부 초청 장학생으로 선발되어 1971년 하이델베르크대학교에 입학했습니다. 그러나 그곳에서 그는 학문보다 더 큰 사명을 발견했습니다. 당시 독일의 간호사, 광부로 일하던 한인 교포들을 섬기기 위해 한인 교회를 개척했고, 6년간 목회를 하며 생명과 죽음의 경계를 마주했습니다. 그 체험은 그의 신앙을 완전히 새롭게 만들었습니다.

귀국 후, 그는 숭실대학교 내에 기독교대학원을 설립하려 했으나 여러 번 거절당했습니다. 그런 와중에 직장암 2기 말이라는 진단을 받게 됩니다. 죽음의 문턱 앞에서 그는 오히려 하나님의 생명을 경험했습니다. 절망 속에서 말씀을 붙잡았고, 그 순간 학문적 교만이 무너졌습니다. 그는 자신이 십자가에 죽고, 예수 그리스도께 절대 순종하는 삶으로 거듭났습니다. "절망을 통하여 하나님은 인내의 열매를 주셨다." 이 고백은 그의 삶 전체를 요약하는 말이 되었습니다.

하나님의 은혜로 그는 건강을 회복했고, 1997년 마침내 숭실대학교 기독대학원 설립 인가를 받아 1998년 개원을 이루었습니다. 초대 원장을 비롯해 여러 차례 원장직을 맡으며, 신앙과 학문이 조화를 이루는 교육의 장을 세웠습니다. 그리고 2010년, '샬롬나비 운동'을 창립했습니다. 이 운동은 전국의 신학자, 목회자, 학자, 변호사 등 다양한 이들이 함께 참여하는 기독교 시민운동으로, 한국사회에 하나님의 정의와 평화를 실천하는 일을 감당하고 있습니다.

그의 저술 활동은 방대합니다. 1982년 〈기독교 신앙 개설〉을 시작으로, 2021년 〈개혁정통 신앙에서 본 나사렛 예수 2〉에 이르기까지 수십 권의 저서와 30여 편의 논문, 그리고 수많은 칼럼을 통해 한국 교회와 시민사회를 향한 신앙의 나침반 역할을 하고 있습니다.

조직신학자 안계정 박사는 김영한 박사를 두고 이렇게 평가했습니다. "그는 은퇴한 학자가 아니라 여전히 청년의 열정으로 시대를 깨우는 사역자이다." 20여 년간 곁에서 지켜본 필자 역시 이 말에 전적으로 공감합니다. 그는 학문적 깊이를 지닌 신학자이자, 세상을 변화시키는 영적 리더입니다. 독일 유학 시절부터 지금까지 그는 한결같이 신앙과 학문, 그리고 사회 참여의 균형을 지켜왔습니다. 샬롬나비 운동과 기독교 학술원을 통해 그는 한국 교회의 영적 지성과 윤리를 일깨우고 있으며, 오늘의 세대가 나아가야 할 방향을 제시하는 영적 나침반이 되고 있습니다.

한국 교회는 그와 같은 신앙의 지성, 겸손한 실천가를 통해 새로워집니다. 그의 삶이 증언하듯, 진정한 리더십은 높은 자리에 있는 것이 아니라 낮은 자리에서 진리를 실천하는 데 있습니다. 그것이 바로 샬롬나비가 말하는 '평화의 복음'이며, 그가 평생을 걸어온 길의 이름입니다.

우정을 승화시킨 최재형

사람은 누구나 이 땅에서 수많은 만남과 헤어짐을 경험하며 살아갑니다. 인생의 여정 속에서 때로는 슬픔과 고독을 함께 견디고, 때로는 웃음과 희망을 나누는 친구가 있다는 것은 크나큰 축복입니다.

진정한 우정이란 이해와 신뢰, 그리고 사랑 위에 세워집니다. "사람이 친구를 위하여 자기 목숨을 버리면 이보다 더 큰 사랑이 없나니"(요 15:13)라는 말씀처럼, 그리스도의 사랑으로 우정을 승화시킨 한 사람의 이야기가 있습니다. 바로 신앙으로 사랑을 실천한 최재형 장로입니다.

최재형 장로는 1956년 9월, 6·25전쟁이 끝난 지 3년 뒤 경남 진해에서 태어났습니다. 그의 가정은 나라 사랑과 헌신의 정신으로 가득했습니다. 조부는 일제강점기 독립운동에 헌신하였고, 부친 최영섭 예비역 대령은 해군사관학교 3기로서 조국의 바다를 지켰습니다.

특히 부친은 한국전쟁 중, 북한군 수송선 격침 작전에서 백두산함의 항해사이자 포술사로 참전하여 적의 상륙을 저지했습니다. 그 공로는 해군사에 길이 남을 위대한 승전으로 기록되었습니다. 또한 제2차 인천 상륙작전을 지휘한 해병대 지휘관으로서 평생을 국가와 민족을 위해 헌신했습니다.

그런 가문에서 자란 최재형 장로는 어린 시절부터 나라와 이웃을 향한 책임감, 그리고 하나님을 경외하는 믿음 안에서 자랐습니다. 그의 신앙의 뿌리는 신촌장로교회에서 깊어졌고, 그곳에서 그는 평생을 바꿀 인연을 만나게 됩니다.

고등학교 1학년이던 어느 날, 그는 소아마비로 거동이 불편한 한 친구 강명훈을 만났습니다. 중학교 3학년이던 명훈은 늘 휠체어에 의지해야 했지만, 그 눈빛에는 삶을 향한 의지와 지혜가 가득했습니다. 최재형은 그런 친구를 외면하지 않았습니다. 오히려 그의 손과 발이 되어주었고, 등하교 길마다 함께 버스를 타며 세상의 바람과 햇살을 나누었습니다.

그들의 우정은 단순한 동정이 아닌, 사랑으로 맺어진 깊은 신앙적 유대였습니다. 재형은 명훈이 자신이 다니던 경기고등학교에 입학하길 간절히 기도했고, 그 기도가 응답되어 두 친구는 같은 학교를 다니며 서로의 삶을 북돋우었습니다.

시간은 흘러 그들은 서울대학교에 입학했습니다. 재형은 1975년, 명훈은 1976년에 법과대학에 진학했습니다. 대학 시절에도 최재형은 친구 곁을 떠나지 않았습니다. 기숙사에서도 함께 생활하며, 친구의 지팡이가 되어주고, 밤새 인생과 정의, 그리고 신앙에 대해 토론했습니다. "우리는 하나님이 주신 재능으로 세상을 섬기자."

그들의 대화는 단순한 청춘의 이상이 아니었습니다. 그것은 훗날 각자의 자리에서 정의를 실천하는 신앙인의 서약이 되었습니다.

두 번의 사법고시 낙방은 그에게 결코 좌절이 아니었습니다. 그는 기도로 다시 일어섰고, 끝내 사법시험 제23회에 당당히 합격했습니다. 친구 강명훈 역시 한 차례의 실패를 딛고 합격하여, 두 사람은 같은 길을 걷게 되었습니다.

하나님께서는 그들의 우정 속에서 믿음의 열매를 맺게 하셨습니다. 서로의 성공을 진심으로 기뻐하고, 겸손하게 섬김으로 일관한 그들의 관계는, 세상 속에서도 변치 않는 신앙의 우정이 무엇인지를 보여주었습니다.

최재형 장로는 군법무관으로 복무하며 육군 중위로 제대한 뒤, 13기 사법연수원을 수료했습니다. 이후 서울지방법원 판사로 재직하며 청주, 대전, 서울의 각 법원을 거쳐 대전가정법원장, 서울가정법원장, 서울고등법원 부장판사를 역임했습니다.

그의 법정에는 언제나 공의와 따뜻함이 함께 있었습니다. 판결문 속에서도 인간에 대한 연민과 정의의 균형을 잃지 않았고, 법복 아래에는 언제나 '사랑의 실천가'로서의 신앙이 숨 쉬고 있었습니다.

그는 직무에 있어서도 철저했지만, 교회 안에서는 한없이 따뜻한 사람이었습니다. 교회의 대소사를 자신의 일처럼 여기며, 특히 장례가 있을 때면 문상만으로 그치지 않고 유가족 곁을 지켜주었습니다. 어려운 가정을 위해 조용히 헌금하고, 해외 단기선교에서는 준비한 것 이상을 모두 내어놓으며 아이들을 돌보았습니다.

그의 섬김은 이론이 아닌, 실제 삶 속에서 흘러나온 신앙의 실천이었습니다. 그의 가정 또한 신앙의 본이 되고 있습니다. 두 딸과 가슴으로 품은 아들은 하나님의 사랑 안에서 자라며 각자의 자리에서 청지기의 사명을 감당하고 있습니다. 최재형 장로는 자녀들에게 늘 이렇게 말했습니다.

"사람은 높아지는 것이 아니라, 낮아질 때 하나님을 닮는다." 그의 삶이 보여주는 제자의 길은 바로 그것이었습니다. 어쩌면 오늘날 우리는 너무 쉽게 관계를 맺고, 또 너무 쉽게 끊어버리는 시대에 살고 있습니다. 하지만 최재형 장로의 이야기는 우리에게 잊혀진 단어 하나를 되살려 줍니다.

그것은 바로 '우정'입니다. 그의 삶은 우정을 신앙으로 승화시킨 증거이며, 인간 사랑의 순수한 결정체입니다.

요한복음 15장 13절의 말씀처럼, 그는 친구를 위해 자신을 내어주는 사랑을 실천하며 살아왔습니다. 그것은 단지 한 사람을 돕는 일이 아니라, 예수 그리스도의 십자가 사랑을 삶 속에서 다시 살아내는 행위였습니다.

그의 삶을 통해 우리는 깨닫습니다. 참된 신앙이란 말로만 하는 믿음이 아니라, 곁에 있는 누군가의 손을 잡아주는 행동 속에서 완성된다는 사실을. 오늘, 세상이 점점 차가워지는 이 시대에 그의 이야기는 우리에게 따뜻한 사람 냄새를 남깁니다. 그리고 이렇게 속삭입니다.

"사랑은 이론이 아니라 실천이며, 우정은 감정이 아니라 헌신이다."

종교 개혁자들

종교개혁의 발자취를 따라 스위스와 서유럽을 탐방하던 날들이 지금도 선명하게 기억납니다. 16세기 스위스의 제네바, 취리히, 바젤은 프랑스 위그노들이 가톨릭의 정치적, 종교적 압박 속에서 신앙의 자유를 찾아 피난하던 곳이었습니다. 그 길 위에는 생명을 걸고 진리를 붙든 사람들의 땀과 눈물이 서려 있었습니다. 그들의 불꽃같은 믿음은 혼란한 시대를 살아가는 우리에게도 여전히 뜨거운 교훈으로 다가옵니다.

16세기의 유럽은 겉으로는 풍요와 발전의 시대처럼 보였지만, 그 속에는 영적 타락과 부패가 깊이 자리하고 있었습니다. 성직자들의 권위주의와 물질적 타락, 그리고 반(反)성경적인 제도들은 신앙의 본질을 왜곡시켰습니다. 그때, 하나님의 뜻을 바로 세우기 위해 일어난 사람들이 있었습니다. 그들이 바로 종교 개혁자들이었습니다. 그들은 오직 성경, 오직 믿음, 오직 은혜를 외치며 하나님 앞에 순수한 신앙을 회복하고자 했습니다.

프랑스 출신의 존 칼빈(John Calvin, 1509-1564)은 그 중심에 있었습니다. 프랑스 국왕의 박해를 피해 제네바로 피신한 그는 기욤 파렐의 간곡한 요청으로 제네바 종교 개혁의 선두에 섰습니다.

칼빈은 마틴 루터의 개혁 정신을 계승하면서도 한층 더 엄격하고 체계적인 신학으로 발전시켰습니다. 루터가 '믿음으로 의롭다 함'을 강조했다면, 칼빈은 '하나님 주권'과 '교회의 경건'을 무엇보다 중요하게 여겼습니다. 그는 예배의 중심을 말씀과 설교로 돌려놓았고, 교회를 성경적 질서 속에 세우려 했습니다.

칼빈의 개혁 정신은 스코틀랜드의 존 낙스(John Knox) 에게로 이어졌습니다. 낙스는 조국으로 돌아가 장로교의 틀을 세우며, 목사, 장로, 집사, 교사로 이어지는 교회 직제를 마련했습니다. 그는 신앙과 사회가 함께 새로워져야 한다고 믿었고, 그 믿음이 결국 스코틀랜드 교회의 뿌리가 되었습니다.

한편, 칼빈의 동역자였던 기욤 파렐(Guillaume Farel) 은 프랑스에서 추방당한 후 스위스에서 순회 선교사로 활동하며 제네바를 개혁의 도시로 세웠습니다. 또 다른 인물 테오도르 베자(Theodor Beza) 는 칼빈의 후계자로서 제네바 아카데미를 이끌며 학문과 신앙의 중심을 바로 세웠습니다. 그들의 외침은 단순한 종교 운동이 아니었습니다.

성경으로 돌아가자는 신앙의 회복운동이었고, 하나님 앞에 바로 서려는 영적 혁명이었습니다. 그 길은 순탄치 않았습니다. 피와 눈물, 박해와 추방의 역사 속에서도 그들은 '오직 하나님께 영광'을 외쳤습니다. 그들의 믿음이 오늘 우리 신앙의 뿌리가 되었습니다.

이제 우리도 물어야 합니다. "나는 진정 성경으로, 믿음으로, 은혜로 살아가고 있는가." 형식적인 예배와 신앙 행위를 넘어, 하나님과 깊이 교통하며 기쁨이 있는 신앙으로 나아가야 할 때입니다.

한국 교회가 다시금 복음의 본질로 돌아가 하나님께서 기뻐하시는 공동체로 서기를 소망합니다.

마부 이자익(李自益)

조선 말기, 나라는 점점 기울고 백성들은 외세의 그림자 속에서 하루
하루를 버텨야 했습니다. 청나라와 일본, 러시아가 얽혀 싸우던 시대라
앞날은 보이지 않았고, 사람들의 삶은 고단했습니다. 그런 세월 속에
한 소년이 있었습니다. 이름은 이자익. 1879년에 태어나 일찍 부모를
잃은 고아였습니다.

일곱 살에 세상을 혼자 살아야 했던 그는, 배고프면 냇가로 내려가 물
로 배를 채우고 돌멩이를 던지며 외로움을 달랬습니다. 그렇게 자라난
그는 열일곱 살 되던 해, 더 나은 삶을 찾아 전라도 전주로 걸어 들어왔
습니다. 일거리를 찾아 헤매던 끝에 김제 금산의 지주 조덕삼의 집을
찾았습니다. "먹고 살 수만 있다면 마부라도 시켜주십시오."

그의 간청을 들은 조덕삼은 인심 좋게 그를 받아들였고, 마부로 일하
게 했습니다. 하루는 조덕삼의 아들이 훈장에게 글을 배우는 걸 문밖에
서 엿듣던 자익이 들켰습니다. 주인은 그를 꾸짖는 대신 물었습니다.

"자익아, 천자문을 외울 줄 아느냐?" 머뭇거리던 자익은 단숨에 천자
문을 줄줄 외웠습니다. 놀란 조덕삼은 "이 아이는 그냥 마부로 두기엔
아깝다"며 아들과 함께 글을 배우게 했습니다.

그때부터 자익의 세상은 조금씩 밝아지기 시작했습니다. 그러던 어
느 날, 미국 선교사 테이트(한국명 최의덕)가 그 마을을 지나며 조덕삼

의 집에 묵게 되었습니다. 그 만남이 복음의 시작이었습니다.

조덕삼은 선교사의 말을 통해 예수를 믿게 되었고, 곧 사랑방을 내어 예배를 드리기 시작했습니다. 모이는 사람이 점점 많아지자 그는 과수원 땅을 내어 교회를 세웠습니다. 그곳이 바로 금산교회의 시작이었습니다.

교회가 커지자 당회를 세우고 영수를 뽑게 되었는데, 투표 결과 주인 조덕삼과 마부 이자익이 함께 뽑혔습니다. 그리고 장로를 세우는 날, 교인들은 모두 놀랐습니다. 장로로 뽑힌 사람이 바로 마부 출신 이자익이었기 때문입니다. 교회 안이 잠시 술렁이자 조덕삼이 일어나 말했습니다. "내가 주인이긴 하지만, 신앙으로는 이자익 장로가 나보다 낫소. 우리가 그를 잘 섬겨 주님의 교회를 세워 갑시다." 그 한마디에 모두의 마음이 숙연해졌고, 그날 금산교회에는 신분의 벽이 무너지는 역사가 일어났습니다.

이후 조덕삼은 이자익 장로를 평양신학교로 유학 보내며 모든 학비와 생활비를 책임졌습니다. "넌 하나님께 부름 받은 사람이다. 목회자로 자라거라." 그 믿음의 격려 속에서 이자익은 공부를 마치고 1915년 목사 안수를 받았습니다. 그리고 자신이 처음 복음을 들었던 금산교회의 담임목사가 되었습니다.

마부가 목사가 된 놀라운 역전이 일어난 것입니다. 그는 이후 평생 전라도와 충청도, 경상도를 오가며 복음을 전했고, 수많은 교회를 세웠습니다. 한국 교회 노회의 기틀을 다지고, 1924년에는 대한예수교장로회 총회장으로 선출되었습니다. 그 뒤로도 1947년과 1948년에 다시 총회장을 맡아 세 번이나 한국 교회를 이끌었습니다.

정부에서 체신부 장관직을 제안했지만 그는 이렇게 말했습니다. "나는 정치인이 아니라 복음을 전하는 목사로 부름 받았습니다." 고아로 태어나 하인으로 살고, 믿음으로 목사가 되어 세상을 섬긴 사람. 이자익 목사는 끝까지 낮은 자리에서 하나님을 높였습니다.

그는 마지막 순간까지 초심을 잃지 않았고, 생명을 살리는 복음의 길만 걸었습니다. 그의 삶은 우리에게 이렇게 말하는 것 같습니다. "사람이 사람을 만나면 역사가 이루어지고, 사람이 하나님을 만나면 기적이 일어난다."

그렇습니다. 하나님은 하인을 목사로 세우셨고, 주인을 섬김의 본으로 세우셨습니다. 진정한 행복은 높은 자리에 있는 것이 아니라, 믿음과 성실함으로 하루를 살아가는 데 있습니다. 포기하지 않고 하나님을 믿었던 이자익 목사처럼, 우리도 그 믿음으로 이 시대를 살아간다면 인생의 끝자락마다 새로운 빛이 피어날 것입니다.

도암(禱岩) 류당열 총장

1970년대, 우리나라의 정치와 경제가 어렵던 시절이었죠. 그때 많은 목회자들이 미국으로 건너가 유학과 이민 목회를 함께 시작했습니다. 그중에서도 국내에서 두 교회를 개척하고, 미국으로 이주한 뒤에는 대양 장로교회를 세워 미주 대한신학대학교를 설립한 분이 있습니다. 바로 40년 가까이 목회와 후학 양성에 헌신해 온 도암 류당열 총장입니다.

류 총장은 에베소서 4장 32절 말씀을 늘 마음에 새기며 살았습니다. "서로 친절하게 하며 불쌍히 여기며 서로 용서하기를 하나님이 그리스도 안에서 너희를 용서하심과 같이 하라." 이 말씀처럼, 그는 언제나 친절하고 따뜻한 마음으로 사람들을 대했습니다. 그래서 이민 목회와 방송 사역을 통해 교민들에게 예수 생명의 복음을 전하며 위로와 소망을 나누어 왔습니다. 저 역시 그분이 제 교회에서 일일 집회를 인도하실 때 뵌 적이 있는데, 말씀과 인품이 모두 따뜻한 분이셨습니다.

류당열 목사는 충남 천안 3.1운동의 정신이 살아 있는 충절의 고장에서 태어났습니다. 여섯 살 무렵 어머니를 여의고 새어머니의 손에서 자랐지만, 신앙이 깊은 가정에서 믿음의 뿌리를 단단히 내렸습니다. 그의 아버지 류인봉 장로는 병천학원에서 공부했는데, 전 국회의원 한석희 부의장과 동기였다고 합니다. 천안 성남면 신덕리에서 도정공장을 운영하며 번 돈으로 마을 세금을 대신 내주고, 다리를 놓고 우물을 파주며

전기도 제일 먼저 들어오게 했습니다. 6·25전쟁 때는 피난민 오십 명에게 자신의 해 방을 내어주기도 했습니다. 마을 사람들이 그 공덕을 잊지 못해 비를 세워 기렸다고 합니다.

그런 아버지의 모습을 보며 자란 류당열 목사는 늘 사랑과 나눔이 넘치는 삶을 꿈꿨습니다. 어린 시절, 어머니의 부재로 외로움도 컸지만 양모의 따뜻한 신앙과 하나님의 은혜가 그의 삶을 붙들어 주었습니다. 유학길에서도 하나님의 예비하신 손길을 경험하며 신학교육과 세계선교의 길을 걸을 수 있었습니다.

그는 한국에서 화성성결교회와 서울풍납동교회를 개척했고, 미국으로 이주한 뒤에는 대양장로교회를 설립해 미주 대신교단의 첫 씨앗을 뿌렸습니다. 미주노회를 세우는 데도 앞장섰고, 2013년에는 미국 이민 110주년 기념 대성회 대회장을 맡아 여의도순복음교회 조용기 원로목사를 초청해 집회를 성공적으로 이끌었습니다. 또 수많은 기독교 단체를 대표하면서 레이건 대통령에게 친서를 받았고, 캘리포니아 주의장 표창장도 받았습니다. 나아가 바이든 대통령, 해리스 부통령과도 교류하며 이민 사회에 선한 영향을 미쳤죠.

류당열 총장은 언제나 희생과 섬김으로 복음을 전하는 삶을 살았습니다. 최근에는 자신의 인생 여정을 담은 책 〈불꽃이 되어, 한 줌의 재가 되어〉를 펴내며 지금도 복음의 열매를 맺고 있습니다.

1975년 여름, 그는 청계산 기도원에서 40일 금식기도를 드렸습니다. 시편과 잠언 말씀을 읽으며 깊은 은혜를 받았고, 그 힘으로 세 교회를 개척했습니다. 금식 이후에는 신유의 은사와 치유의 역사가 나타나기 시작했죠. 이후 미주노회 창립, 미주 대한신학대학교 설립, 미주 대신

총회와 기도원 설립 등 수많은 사역이 이어졌습니다.

　지금까지 도암 류당열 총장은 대신교단 최초의 미국 유학생으로서, 목회와 교육, 방송, 문서선교, 연합사업 등 다양한 영역에서 헌신했습니다. 그는 이민자들에게 복음을 전하고 생명의 진리로 미국 사회 속에서 빛을 비춘 밀알 같은 사람이었습니다. 오늘을 살아가는 우리가 그의 헌신을 기억하며, 이 땅의 목회자들이 겸손하게 맡은 사명을 감당할 수 있도록 함께 기도하길 소망합니다.

보스턴, 신앙의 뿌리를 찾아서

하와이의 따뜻한 바람을 뒤로하고, 견미단은 보스턴으로 향하였습니다. 9시간 45분이라는 긴 여정이었지만, 비행기 안은 몇몇 아기들의 울음소리로 가득하여 단 한순간도 온전히 잠들 수가 없었습니다. 앞에서 울면 뒤에서 화답하듯 이어지는 울음 속에 우리는 강제로 깨어 있었고, 마침내 7월 18일 목요일 아침 6시 30분, 보스턴 공항에 도착하였습니다.

입국 절차를 마친 후, 전세버스를 기다리며 공항 주변을 살펴보니 이곳 역시 도요타와 포드 차량이 많았고, 그중에서도 유독 현대자동차가 자주 눈에 띄었습니다. 우리는 첫 번째 일정지인 하버드대학교로 향하였습니다.

보스턴은 신앙의 도시였습니다. 영국에서 종교의 자유를 찾아 메이플라워호를 타고 온 '필그림 파더스'(Pilgrim Fathers)가 정착한 곳, 바로 그 땅이었습니다. 그들이 새 땅에 뿌린 신앙의 씨앗은 훗날 미국이라는 나라의 근본이 되었습니다.

하버드대학교는 1636년, 청교도 목사 존 하버드(John Harvard)에 의해 세워진 미국에서 가장 오래된 명문 대학입니다. 우남 이승만 박사께서는 조지 워싱턴대학교를 졸업하신 후 하버드대학교 박사 과정에 지원하였으나 뜻을 이루지 못하셨습니다. 그러나 좌절하지 않으시고 석사 과정을 수료하신 뒤, 당시 칼빈주의의 학문적 중심지였던 프린스턴

대학교에서 박사 학위를 취득하셨습니다. 그의 학문에 대한 열정과 신앙의 확신은 곧 보스턴 정신과도 맞닿아 있었습니다.

하버드의 교정에 들어서니 붉은 벽돌로 지어진 건물들과 대리석 교회의 모습이 눈앞에 펼쳐졌습니다. 오랜 세월의 흔적이 남은 벽에는 낙서들이 새겨져 있었지만, 그마저도 역사의 숨결처럼 느껴졌습니다. 방학 때라 학생들보다 관광객이 많았고, 건물 사이의 좁은 길로는 차 한 대가 겨우 지나갈 만큼 협소했지만, 그 안에는 오래된 대학만의 품격이 살아 있었습니다. 그러나 캠퍼스 곳곳에 걸린 동성애 지지 문구와 현수막을 보면서 마음이 무거워졌습니다. 신앙의 순수함으로 세워진 대학이 이제 세속의 바람에 흔들리고 있는 듯했습니다.

우리는 우남 이승만 박사께서 잠시 머무셨던 기숙사를 지나 하버드 스퀘어를 걸었습니다. 좁은 길마다 사람과 차량이 뒤섞여 분주했지만, 그 속에서도 처음 맞이하는 미국의 공기가 새로웠습니다. 이어 메이플라워호와 필그림 기념탑으로 향하였습니다.

1620년 11월, 신앙의 자유를 찾아 영국을 떠난 102명의 필그림들은 메이플라워호를 타고 신대륙 플리머스에 도착하였습니다. 그러나 혹독한 겨울과 풍토병으로 절반이 목숨을 잃었습니다. 이듬해, 살아남은 이들은 자신들을 도왔던 원주민들과 함께 하나님께 추수감사를 드렸고, 그것이 오늘날 미국 추수감사절의 유래가 되었습니다.

이후 200주년 기념식에서 다니엘 웹스터는 필그림들을 "미국의 시민 자유와 종교 자유의 창시자들"이라 칭송하였습니다. 또한 정치사상가 알렉시 드 토크빌은 그들의 청교도 정신이 "미국 민주공화정의 근간"이 되었다고 평가하였습니다. 그들은 왕의 통치가 아닌, '법 아래의 자유'

를 신대륙에서 실험한 사람들이었습니다.

헤리티지 재단의 케이 제임스 전 회장은 짧은 메이플라워 서약 속에 "종교의 자유와 법치, 그리고 사유권의 원형이 담겨 있다"라고 말했습니다. 실제로 서약서 서문에는 "하나님의 영광과 기독교 신앙의 부흥, 그리고 왕과 나라의 명예를 위하여"라는 문장이 기록되어 있습니다. 이는 훗날 미국 헌법의 정신적 토대가 되었습니다.

우리는 메이플라워호와 같은 크기로 복원된 배 앞에 섰습니다. 102명의 사람들이 이 작은 배 안에서 태평양의 거센 파도와 싸우며 항해했다는 것이 믿기 어려웠습니다. 그 작은 공간 속에서 그들이 붙잡은 것은 오직 믿음과 자유에 대한 확신이었습니다.

짧았던 보스턴의 여정이었지만, 하버드대학교와 플리머스, 메이플라워호, 그리고 필그림 기념탑을 돌아보며 깊은 감동을 받았습니다. 미국의 탄생은 단순한 역사적 사건이 아니라, 하나님의 섭리 가운데 세워진 신앙의 기적이었습니다.

그들은 왕의 권세 아래가 아닌, 자유민주주의의 질서 속에서 법치와 신앙의 자유를 세웠습니다. 그리고 그들의 믿음과 용기가 오늘날 미국을 일으킨 기초가 되었습니다.

쓰시기에 편안한 사람

우리나라에 기독교가 처음 전파되던 선교 초기에, 침례교 선교사로 한국에 오신 말콤 C. 펜윅 선교사님의 일화가 있습니다. 어느 날 펜윅 선교사님은 제자들을 불러 모으시고, 각자에게 무 하나씩을 나누어 주셨습니다. 그리고 이렇게 말씀하셨습니다. "이 무를 심되, 무 잎은 땅속으로, 무는 하늘을 향하게 심으시오."

제자들은 서로 얼굴을 마주보며 수군거렸습니다. "아마 선교사님이 서양 분이라 무를 심어보신 적이 없나 봐. 무가 열매인 줄 아신 모양이지." 그들은 모두 자신들의 생각대로 무를 땅속에 심고, 잎이 하늘을 향하게 두었습니다.

그런데 한 제자만은 선교사님의 말씀 그대로, 무를 거꾸로 심었습니다. 이를 본 다른 제자들은 비웃듯 말했습니다. "무식하게 왜 저렇게 심는 거야? 선교사님이 몰라서 그렇게 시킨 건데, 저건 완전히 엉터리지." 잠시 후 펜윅 선교사님이 돌아오셨습니다. 그분은 자신의 말대로 순종한 단 한 제자를 칭찬하시며 말씀하셨습니다. "내가 무 심는 법을 몰라서 그렇게 시킨 것이 아니오. 여러분에게 순종의 중요함을 가르쳐 주고 싶었을 뿐이오."

그 말씀을 들은 제자들은 얼굴을 붉히지 않을 수 없었습니다. 사람에게 일을 맡길 때에도 마찬가지입니다. "이 일을 꼭 해야 하나요?" "저는 못 하겠습니다"라고 말하거나, 말은 하지 않아도 불만스러운 얼굴로 일하는 사람이 있습니다. 이런 사람을 주인이라면 과연 다시 쓰고 싶을까요?

하나님께서도 그렇습니다. 하나님은 순종하는 사람을 기뻐하십니다. 성경 속에서 하나님께 크게 쓰임 받은 사람들은 모두 순종의 사람들이었습니다.

아브라함은 75세에 하나님의 부르심에 순종했고, 백세에 얻은 아들 이삭마저 번제로 드릴 만큼 철저히 순종했습니다. 교회의 일도 다르지 않습니다. 세상의 일은 이익을 목적으로 하지만, 교회의 일은 하나님의 영광을 목적으로 합니다. 그래서 때로는 세상적 기준으로 보면 비합리적이고 손해처럼 보일 수도 있습니다. 그러나 그것이 바로 믿음의 일입니다.

교회 안에서도 간혹 담임목사의 뜻을 이해하지 못한 채 자신의 생각으로 판단하고 제동을 거는 경우가 있습니다. '이건 손해 아닌가요?'라며 따지는 이들도 있고, 헌금을 드려놓고 그 사용처를 일일이 간섭하는 경우도 있습니다.

또한 장로나 권사와 같은 직분을 계급처럼 여겨, 교만해지고 섬김을 받으려 하는 이들도 있습니다. 이런 태도들은 교회를 어렵게 만듭니다. 교회는 세상 조직이 아닙니다. 이익 집단이 아니고, 계급 사회도 아닙니다. 예수 그리스도의 몸 된 공동체이며, 사랑과 섬김으로 세워져야 할 하나님의 집입니다.

마태복음 20장 26-28절의 말씀처럼, "너희 중에 누구든지 크고자 하는 자는 너희를 섬기는 자가 되고, 누구든지 으뜸이 되고자 하는 자는 너희의 종이 되어야 하리라. 인자가 온 것은 섬김을 받으려 함이 아니라 도리어 섬기려 하고 자기 목숨을 많은 사람의 대속물로 주려 함이니라." 하나님 나라에서 큰 자는 섬기는 자입니다.

직분은 높아짐의 표가 아니라, 더 낮아 섬기라는 부르심의 상징입니다. 예수님을 본받아 사랑으로 종의 자리에서 섬길 때, 교회는 평안해지고 하나님은 영광을 받으십니다. 요즘 '빠삐따 성도'라는 말이 있습니다. 무슨 일이 있을 때마다 '빠'지고, 조그만 일에도 '삐'지고, 자신이 전문가라며 매사에 '따'지는 성도를 가리키는 표현입니다. 이런 성도에게는 일을 맡기기가 어렵습니다.

하나님께 쓰시기에 편안한 사람은, 일일이 지시하지 않아도 알아서 섬기며, 맡은 일에 즉시 순종하는 사람입니다. 그런 사람에게는 안심하고 중요한 일을 맡길 수 있습니다. 불평보다는 순종으로 일하는 사람, 바로 그런 이들이 하나님의 손에 붙들린 사람입니다. 우리 모두가 하나님께서 쓰시기에 편안한 사람, 그리고 교회 안에서도 목회자가 함께 일하기 편안한 성도가 되기를 소망합니다.

장애를 극복한 사람

대부분의 사람들은 몸에 장애가 생기면 인생이 끝났다고 생각하며 낙심하고 좌절합니다. 그러나 장애는 그것이 허용될 때에만 우리를 불구로 만들 수 있습니다. 진정한 한계는 육체가 아니라 생각에서 비롯됩니다. "나는 할 수 있다"라고 믿는 사람에게는 어떤 장애도 걸림돌이 될 수 없습니다.

세상에는 장애를 이기고 오히려 그 약점을 통해 인생의 의미를 새롭게 발견한 이들이 많습니다. 먼저 존 밀턴(John Milton)을 떠올려 봅니다. 그는 청교도 혁명의 지도자였던 크롬웰 밑에서 라틴어 비서로 일하며 공화정을 위해 헌신했습니다. 그러나 과도한 업무로 시력을 잃고 결국 실명하게 됩니다. 그럼에도 그는 절망하지 않았습니다. 그는 오히려 어둠 속에서 가장 빛나는 작품, 〈실낙원〉(Paradise Lost)을 써내며 인류의 문학사에 길이 남는 신앙적 서사를 남겼습니다.

밀턴은 이렇게 말했습니다. "시력을 잃는 것은 비참한 일이 아니다. 다만 그것을 견디지 못하는 것이 진정한 비참이다." 그의 말처럼 그는 불편함보다 믿음과 사명을 붙들고 일어선 사람이었습니다.

두 번째로 제15대 미국 대통령 제임스 뷰캐넌(James Buchanan)을 살펴보겠습니다. 그는 태어날 때부터 신체적 장애를 지니고 있었습니다. 머리가 한쪽으로 기울고, 한쪽 눈은 근시, 다른 한쪽은 원시였습니다. 그러나 그는 결코 자신을 한계의 틀 안에 가두지 않았습니다.

디킨슨대학교를 졸업하고 법학을 공부해 변호사가 되었으며, 이후 정치에 투신했습니다. 하원의원, 상원의원, 러시아 · 영국 대사, 국무장관 등 요직을 거쳐 마침내 65세에 미국 대통령이 되었습니다.

육체의 한계를 넘어선 그의 집념은 "가능성은 외모나 환경이 아니라 의지에서 비롯된다"라는 사실을 보여줍니다. 세 번째는 우리가 잘 아는 시어도어 루스벨트(Theodore Roosevelt)입니다.

그는 어린 시절부터 천식과 시력 장애, 소아마비로 인한 다리 불편함을 안고 살았습니다. 촛불 하나 끌힘조차 없을 만큼 호흡이 약했던 그에게, 아버지는 이렇게 말했습니다. "아들아, 네가 가진 장애는 장애가 아니란다. 만약 네가 전능하신 하나님을 신뢰하고 의지한다면, 오히려 그 약함 때문에 많은 사람이 너를 주목할 것이며, 너는 역사에 기적 같은 인생을 남기게 될 것이다." 그 말씀은 그의 삶을 바꾸었습니다.

루스벨트는 23세에 뉴욕 주의원이 되었고, 28세에는 시장 선거에 출마했습니다. 이후 뉴욕 주지사와 부통령을 거쳐, 마침내 미국 제26대 대통령이 되어 나라를 새롭게 이끌었습니다. 1906년에는 노벨평화상까지 수상하며, 약함을 통해 강함을 드러내는 하나님의 역사를 보여주었습니다.

이처럼 세상에는 장애를 넘어 믿음으로 승리한 사람들이 많습니다. 그들은 한결같이 "장애는 결핍이 아니라 가능성의 다른 이름"임을 증명했습니다. 우리 역시 인생의 어떤 어려움 앞에서도 낙심하지 말고, 하나님께서 허락하신 나의 형편 속에서 새로운 능력과 기회를 발견해야 합니다.

백령도에 세워진 복음

서해 최북단의 섬, 백령도. 꽃게와 까나리액젓으로 널리 알려진 이 섬은, 고구려 시대에는 '곡도'(鵠島)라 불렸습니다. 인천에서 228km, 북한 황해도 장연군과는 불과 17km 거리, 그래서인지 남한보다 오히려 북녘이 더 가까운 섬입니다.

오늘날 백령도는 천안함 사건의 아픔이 서린 곳으로 우리 마음속에 깊이 새겨져 있습니다. 섬 한쪽에는 2010년, 북한의 공격으로 희생된 46용사를 기리는 추모 공간이 조성되어 있습니다. 그곳에 서면 바람결마다 조국을 위해 젊음을 바친 이들의 숨결이 느껴집니다.

한 송이의 국화보다 더 눈부시게 흩날린 그들의 희생 앞에 다시금 머리 숙여 경의와 추모를 드립니다. 백령도에는 오늘도 해병대 6여단, 흑룡부대 장병들이 굳건히 서 있습니다. 그들은 거친 바다와 싸우며, 북녘을 향한 첫 방패가 되어 조국을 지키고 있습니다. 두무진 해안가에는 '통일로 가는 길'이라 새겨진 비석이 세워져 있습니다.

그 비문에는 장병들의 피와 땀, 그리고 통일을 향한 간절한 염원이 고스란히 새겨져 있습니다. 백령도는 우리나라에서 여덟 번째로 큰 섬입니다. 풍경과 역사가 어우러지고, 맛과 신앙이 함께 살아 숨 쉬는 곳입니다.

2019년에는 대청도, 소청도와 함께 지질공원으로 지정될 만큼 천혜의 자연을 간직하고 있습니다. 규암 가루가 두껍게 쌓인 사곶 해안은 부드럽고 단단하여, 비행기 이착륙이 가능해 한때 군 비행장으로 쓰였다고 합니다. 콩돌 해안은 이름처럼 콩알 같은 자갈이 깔려 있어 파도 소리조차 다정합니다. 그 소리를 듣고 있노라면, 마치 자연이 기도하는 듯합니다.

섬에는 천 년의 세월을 견뎌온 천 년 송(千年松)이 서 있습니다. 국난의 격랑 속에서도 상처 없이 자리를 지켜온 그 나무는, 한결같은 믿음의 표상처럼 섬을 품고 있습니다. 또한 남포리 해안의 용틀암 건너편 절벽에는 거대한 습곡이 형성되어 있습니다. 높이 50미터, 길이 80미터의 장대한 암벽은 지각의 역사와 하나님의 창조의 신비를 동시에 느끼게 합니다.

두무진은 '서해의 해금강'이라 불립니다. 장군이 회의하는 듯한 기암괴석, 형제바위, 코끼리바위 등 바위마다 이야기가 깃들어 섬을 찾는 이들의 감탄을 자아냅니다. 진촌리 동쪽 1.3km 해안선을 따라 이어진 검은 현무암층은 무려 12억 년의 세월을 품은 대지의 흔적입니다. 그 속에는 태초의 뜨거운 숨결과 창조주의 위대함이 고스란히 새겨져 있습니다.

무엇보다 백령도는 복음의 섬이라 불립니다. 한국 교회 복음화율이 가장 높은 곳이 바로 이곳입니다. 작은 섬에 14개의 교회가 세워져 있고, 그중 중화동교회는 1896년, 우리나라에서 두 번째로 세워진 장로교회입니다. 교회 안에는 기독교 역사관이 마련되어 있어 한국 교회 100년의 발자취를 한눈에 볼 수 있습니다. 섬 전체가 마치 하나의 예배당처럼 느껴집니다.

바다 건너 북녘이 손에 잡힐 듯 가까운 백령도. 그곳에서 바라보는 하늘은 늘 슬픔과 희망이 교차합니다. 이 섬은 아픔과 기도의 자리이자, 통일을 향한 소망의 땅입니다.

특히 진촌 FM방송 보조국, 극동방송(106.9MHz)이 있어 복음의 전파가 끊임없이 흘러나가고 있습니다. 이 작은 섬에서 울려 퍼지는 복음의 주파수는 국경을 넘어 북녘 땅에까지 스며들고 있습니다. 자연이 빚은 신비, 사람의 눈물과 기도의 역사, 그리고 복음으로 물든 이 섬 백령도는 하나님이 세워주신 신앙의 기념비입니다.

비록 날씨가 허락하지 않아 섬에 닿지 못하더라도, 그 이름만으로도 우리의 마음에 신앙의 바람을 일으킵니다. 언젠가 평화통일의 날이 오면, 이 섬은 가장 먼저 복음으로 북녘을 맞이할 것입니다.

그날, 백령도의 파도소리는 "주님, 이제 하나 되게 하소서"라는 찬송으로 바뀔 것입니다.

토머스 칼라일

인생에서 승리한 사람들의 고백에는 한 가지 공통점이 있습니다. "성공 직전이 가장 고통스러웠다."라는 말입니다. 새벽이 밝아오기 직전이 가장 어두운 것처럼, 승리의 문턱 앞은 언제나 깊고 긴 어둠의 골짜기를 지나야만 합니다. 대부분의 사람들은 바로 그 지점에서 포기하지만, 끝까지 버티는 소수만이 결국 정상에 오릅니다.

성공하는 사람은 오뚝이처럼 쓰러져도 다시 일어서는 사람입니다. 칠전팔기의 인내와 끈기로 한 걸음씩 나아가며, 환경의 변화에 흔들리지 않고, 시련이 닥쳐도 포기하지 않으며, 삶의 위기를 기회의 문으로 바꾸는 사람입니다.

영국의 작가 존 번연(John Bunyan)이 쓴 『천로역정』은 성경 다음으로 많이 읽힌 기독교 고전입니다. 놀랍게도 이 책은 번연이 감옥에 갇혀 있을 때 쓰였습니다.

당시 영국에서는 "국가의 허가 없이 설교하는 자는 처벌한다"라는 법이 있었습니다. 그러나 그는 복음을 전하는 일을 멈추지 않았고, 그 결과 12년 동안 감옥에 갇히게 되었습니다. 감옥 안에서 그는 가난과 고독, 그리고 가족의 상실이라는 깊은 고통을 겪었습니다. 앞을 보지 못하는 아내는 구걸로 생계를 이어가다가 세상을 떠났고, 세 자녀는 고아가 되어 스스로를 돌봐야 했습니다.

그럼에도 불구하고 그는 절망 속에서 무릎을 꿇고 기도했습니다. "하나님, 너무 고통스럽습니다. 그러나 제가 주를 위해 할 수 있는 일이 있다면 저는 절망하지 않겠습니다."

그때 그의 마음에 주님의 음성이 들렸습니다. "너는 글을 쓰거라. 나는 너에게 글을 쓸 달란트를 주었노라." 그 순간 그의 영혼 속에 한 장면이 떠올랐습니다. 하늘나라를 향해 걸어가는 한 사람의 모습이었습니다. 바로 그 장면이 〈천로역정〉의 시작이 되었습니다.

또 한 사람의 이야기가 있습니다. 영국의 사상가 토머스 칼라일(Thomas Carlyle)은 평생의 소원이 〈불란서 혁명사〉를 집필하는 것이었습니다. 그는 자신의 글을 통해 유럽의 피비린내 나는 전쟁이 되풀이되지 않고, 인간다운 민주주의와 건강한 문명이 꽃피우기를 소망했습니다.

그래서 그는 십 년 가까운 세월 동안 정성을 다해 원고를 써 내려갔습니다. 완성 직전, 절친한 철학자 존 스튜어트 밀에게 원고의 마지막 검토를 부탁했습니다. 그런데 밀의 하녀가 서재를 청소하다가 탁자 위에 흩어진 원고를 쓰레기로 착각하고 모두 불 속에 던져버렸습니다. 십 년의 노력과 수고가 한순간에 사라져 버린 것입니다.

칼라일은 충격에 휩싸여 오랫동안 절망 속에 빠졌습니다. 먹지도 자지도 못하며 생의 의욕을 잃은 채 몇 달을 보냈습니다. 그러던 어느 비 오는 날, 창가에 앉아 하염없이 빗줄기를 바라보던 그는 문득 창밖에서 들려오는 소리에 시선을 돌렸습니다.

그의 집 앞에서는 몇몇 일꾼들이 새집을 짓고 있었습니다. 그들은 터를 다지고 줄을 맞춘 뒤, 벽돌을 한 장 한 장 정성스레 쌓아 올렸습니다.

벽돌이 조금이라도 맞지 않으면 허물고 다시 쌓았습니다. 그 모습을 바라보던 칼라일은 문득 깨달았습니다. "한 채의 집을 짓는 일에도 저토록 인내와 정성이 필요한데, 유럽의 역사를 다시 세우는 일에 내가 어찌 포기할 수 있겠는가."

그는 무릎을 치며 다시 결단했습니다. 그리고 다시 펜을 들어 원고를 써 내려갔습니다. 그 결과 완성된 『불란서 혁명사』는 오늘날까지 인류가 읽는 위대한 역사서로 남아 있습니다.

가치 있는 일에는 반드시 가치 있는 도전이 따릅니다. 하나님께서 우리에게 주신 최고의 가치는 믿음으로 살아가도록 부르셨다는 것입니다. 그러므로 삶의 자리에서 어둠의 세력이 몰려오더라도 포기하거나 낙심하지 말고, 쓰러질 때마다 다시 일어서는 오뚝이처럼 살아계신 주님을 의지하며 나아가야 합니다.

그럴 때 하나님께서는 우리의 땀과 눈물을 거두시고, 마침내 승리의 새벽을 열어 주실 것입니다.

백석 총회

하나님의 창조 질서 속에 계절은 변함없이 흘러 어느덧 가을이 되었습니다. 한국 교회의 여러 교단들이 총회를 여는 이때, 그 가운데에서도 백석이라는 기둥은 백석대학교와 백석총회, 그리고 기독교연합신문사를 중심으로 한국 교회를 든든히 세워가고 있습니다. 짧은 역사에도 불구하고 백석은 한국 교회의 중심 교단으로 성장하였으며, 소속 교회들은 각자의 처소에서 예수 생명을 전하는 복음 사역에 매진하고 있습니다.

하나님의 은혜와 도우심으로 아름다운 열매를 맺으며 한 회기가 마무리되었습니다. 직전 총회장은 전국 노회를 순회하며 목회자들에게 필요한 정보와 교재를 지원하였고, 건강한 교회를 세우기 위한 기틀을 마련하였습니다. 또한 해외 선교사들을 격려하고 용기를 주기 위해 총회 선교지부들을 방문하여 시대적으로 꼭 필요한 메시지를 전하며 아낌없는 지원을 아끼지 않았습니다.

경북 산불로 고통을 겪었던 교단 산하 교회들을 찾아 위로하였고, 화재 피해를 입은 교회들이 더 나은 환경에서 하나님께 예배드릴 수 있도록 총회 차원의 지원을 이어갔습니다. 또한 집필위원장으로서 총회 공과를 완성하고, 후학을 위해 백석장학재단을 설립하여 신학대학원 학생들이 학업에 전념할 수 있는 기반을 마련하였습니다.

신임 총회장은 고린도전서 1장 10절의 말씀, "같은 말, 같은 마음, 같은 뜻"을 표어로 삼고 "형제들아, 내가 우리 주 예수 그리스도의 이름으로 너희를 권하노니 모두가 같은 말을 하고, 너희 가운데 분쟁이 없이 같은 마음과 같은 뜻으로 온전히 합하라"는 말씀을 중심으로 총회의 화합과 사역에 충실할 것을 다짐하였습니다.

'백석 100인 운동본부'는 '1만 5천 부흥운동본부'를 세워 모든 교회가 최소 100인 이상이 모여 하나님께 예배드리는 교회로 성장하도록 비전을 세우고 있습니다. 새로운 도약을 준비하는 '백석, 예수 생명의 공동체'는 주님이 다시 오시는 그날까지 생명의 말씀을 붙들고 기도와 성령 충만으로 영혼과 인류의 생명을 살리며, 십자가 복음의 교회를 세우는 일에 헌신할 것을 다짐하였습니다.

오늘의 지구촌은 끊임없는 자연재해와 전쟁, 테러로 몸살을 앓고 있습니다. 우리 대한민국도 지금 커다란 지각변동의 시기를 지나고 있습니다. 특히 포괄적 차별금지법 제정과 여성가족부의 성평등가족부 개편 움직임에 대해 강력히 반대합니다.

하나님의 창조 질서 안에는 양성 외의 다른 성이 존재하지 않습니다. 또한 헌법 제20조의 종교의 자유와 제21조의 집회·결사의 자유, 표현의 자유는 반드시 보장되어야 합니다. 그럼에도 불구하고 최근 여러 기독교 단체와 목회자들이 부당한 압수수색을 받는 현실은 종교 자유의 본질을 훼손하는 일이라 하지 않을 수 없습니다. 목회자의 설교와 집회, 사역은 결코 침해되어서는 안 되는 신앙의 본질적 영역입니다.

종교의 자유를 과도하게 억압하는 국가 권력에 대해서는 교회가 합리적이고 분명한 목소리를 내야 합니다. 이러한 시대적 도전 앞에서 교회와 성도들은 침묵해서는 안 됩니다. 모든 성도는 자신이 속한 사역의 현장에서 믿음과 실천으로 시대적 사명을 감당하는 예수의 작은 제자가 되어야 합니다.

우리는 지금 그 누구도 걷지 않았던 새 길을 걸어가고 있습니다. "혼자 가면 빨리 가지만, 함께 가면 멀리 간다"는 말처럼, 혼자 가는 길은 속도는 빠를지 몰라도 오래 지속되기 어렵습니다. 그러나 함께 가는 길은 느릴지라도 끝내 더 크고 멀리 나아가게 됩니다. 백석 공동체가 바로 그 길 위에서 믿음과 연합으로 한국 교회의 내일을 열어 가길 소망합니다.

내가 너를 손바닥에 새겼고

손바닥은 참 작지만, 그 안에는 많은 이야기가 담겨 있습니다. 땀과 잉크 자국이 스며 있고, 오래된 약속이 머물러 있으며, 때로는 그리움과 후회까지도 남아 있습니다.

몇 해 전, 미국의 정치인 세라 페일린 전 알래스카 주지사가 연설을 하던 중 손바닥에 적어둔 단어가 카메라에 잡혀 화제가 된 적이 있었습니다. '에너지, 세금감면, 미국인의 정신고양.' 그녀는 연설 중 몰래 손바닥을 바라보았고, 사람들은 그것을 두고 한바탕 웃었습니다. 하지만 저는 그 일을 보며 이런 생각이 들었습니다.

'지금도 손바닥이 누군가의 메모지로 쓰이고 있구나.' 메모지가 흔치 않던 시절, 손바닥은 우리 모두의 메모장이었습니다. 길거리에서 반가운 사람을 만나면 볼펜을 꺼내 손바닥이나 팔뚝에 전화번호를 적던 때가 있었습니다. 손에 땀이 나서 글씨가 번지면, 그 흔적을 되살리기 위해 애를 쓰던 기억도 납니다.

손바닥에 적은 글씨는 쉽게 지워졌지만, 그 안에 담긴 마음만큼은 오래 남았습니다. 그런데 '적는다'와 '새긴다'는 건 전혀 다릅니다. 적은 건 지워지지만, 새긴 건 남습니다. 시간이 지나도, 비가와도, 쉽게 사라지지 않습니다. 그 사실을 다시 깨닫게 해준 사람이 있습니다. 바로 미국 프로풋볼의 영웅, 하인스 워드입니다.

그는 어릴 적에 피부색이 달라서 친구들로부터 놀림을 받곤 했습니다. 학교가 끝나면 어머니가 자신을 데리러 오시기 전에 늘 숨어 있었습니다. 친구들이 어머니가 동양인이라는 사실을 알게 될까 두려웠기 때문이었지요. 하지만 세월이 흐른 뒤, 그는 더 이상 숨지 않았습니다. 오히려 자신의 팔에 서툰 한글로 '하인스 워드'라는 이름을 새겼습니다.

그리고 이렇게 말했습니다. "내 몸에 한국인의 피가 흐른다는 것이 자랑스럽습니다." 그 문신은 단순한 장식이 아니었습니다. 그건 자신을 부정하던 과거를 치유하는 새김이었고, 자신이 누구인지 잊지 않겠다는 다짐이었습니다.

요즘은 대부분의 사람들이 손바닥만 한 스마트폰을 들고 다닙니다. 그 속에는 세상이 다 들어 있습니다. 사람들은 그 작은 화면을 통해 뉴스도 보고, 사진도 찍고, 대화도 나눕니다. 버스에서도, 지하철에서도, 카페에서도, 모두가 고개를 숙이고 손바닥을 바라봅니다. 그 모습을 보고 있으면 문득 이런 생각이 듭니다.

"우리가 손바닥으로 세상을 본다면, 하나님은 손바닥에 무엇을 담고 계실까?" 성경 이사야 49장 16절에는 이렇게 말씀하십니다. "보라, 내가 너를 내 손바닥에 새겼고", 예전에는 이 말씀이 단지 비유처럼 느껴졌습니다. 하지만 요즘은 마음 깊이 다가옵니다.

손바닥에 새겼다는 건, 단순히 적어놓았다는 뜻이 아닙니다. 그건 절대 잊지 않겠다는 약속이고, 언제나 바라보고 계시겠다는 사랑의 표현입니다. 우리는 약속을 하지만 자주 잊습니다. 어릴 적엔 새끼손가락을 걸고 약속했지만 금세 까먹곤 했습니다. 어른이 되어서는 계약서를 쓰고 도장을 찍지만, 상황이 바뀌면 마음도 변합니다.

연인들은 반지에 이름을 새기며 영원을 약속하지만, 시간 속에서 그 약속이 흐려지기도 합니다. 하지만 하나님은 다르십니다. 하나님은 우리의 이름을 자신의 손바닥에 새기셨습니다. 잊지 않기 위해서가 아니라, 늘 바라보기 위해서입니다. 우리가 하나님을 잊을 때에도, 하나님은 우리를 잊지 않으십니다.

우리가 지치고 낙심할 때에도, 하나님의 시선은 여전히 우리를 향하고 있습니다. 그분의 손바닥은 사랑의 자리이자 보호의 자리입니다. 그 안에 우리의 이름이 새겨져 있기 때문입니다. 우리는 하나님의 손바닥에 새겨진 이름들입니다. 하나님의 사랑 속에서, 그분의 기억 속에서, 언제나 살아 있는 존재입니다.

제3부

섬김의 손길

마음 통장

문암출판사 대표의 '마음 통장'이라는 시가 있습니다. 시인은 어떠한 노력이나 대가를 지불하지 않아도, 순수한 마음만 있으면 대인관계와 삶의 자리에서 평안과 기쁨을 누릴 수 있는 비밀을 제시합니다. 누구나 만들 수 있는 '마음 통장'으로 가까운 이에게 따뜻하고 부드럽게 다가가는 것, 그것이 진정한 행복의 출발점이라는 것입니다.

보이지 않는 마음을 찾고, 그 마음에 물을 주고 다듬어 가는 순간들이 모여 우리의 인생을 더욱 성숙하게 만듭니다. 포근한 마음을 담아 어려움을 만날 때마다 '마음 통장'에서 꺼내어 추억과 위로를 되새기며, 밝고 행복한 길로 나아가 보는 일도 필요합니다.

인간의 마음과 삶은 복잡합니다. 눈에 보이는 것도 있지만, 그렇지 않은 것이 훨씬 더 많습니다. 인간의 노력만으로는 행복을 완성할 수 없습니다. 그러나 하나님의 말씀을 통해 인생은 비로소 참된 행복의 길로 들어설 수 있습니다. 마음과 언어를 통하여 상처를 주고받았던 순간들을 기억하며, 지금까지의 삶을 돌아보는 것은 자기 성찰의 시작이 될 것입니다.

마음 깊이 잠시 멈추어 상념에 잠겨 보십시오. 그것이 혼돈의 삶을 살아가는 이들과 공감하는 출발점이 됩니다. 자신을 응시하며 마음의 대화를 나누는 그 시간이 바로 성숙의 자리입니다. 생각하는 인간은 결국 마음의 상태에 따라 결정됩니다. 삶이 현실보다 한 걸음 더 나아가기 위해서는 무엇보다 마음과 말의 힘을 연구하고, 그것으로 자신을 다스리는 지혜를 길러야 합니다.

인간이 다양한 환경 속에서 마주하는 문제의 중심에는 늘 '마음'이 있습니다. 사람의 마음은 눈으로 볼 수 없지만, 분명히 존재합니다. 마음의 방향이 이기적일 때는 상처가 생기지만, 이타적인 마음으로 변할 때 비로소 그 상처가 치유됩니다. 마음의 변화가 곧 삶의 치유입니다.

개인의 정체성은 자신을 바라보는 시선과 타인이 자신을 바라보는 시선 사이에서 결정됩니다. '요하리의 창'은 인간의 의사소통을 네 가지 창으로 구분합니다. 자신과 타인 모두가 아는 '열린 자아', 자신은 모르지만 타인은 아는 '눈먼 자아', 자신만 알고 타인은 모르는 '감추어진 자아', 그리고 누구도 모르는 '미지의 자아'. 이 네 가지의 창을 이해하는 것은 자신을 성찰하고 관계를 회복하는 지혜의 문을 여는 일입니다.

인간관계 속에서 자신감을 회복하고, 마음을 솔직하게 열어 무거운 짐을 혼자 지지 말고 주님과 함께 나누며 회복과 행복의 삶을 살아가길 바랍니다.

우주 만물의 질서와 인간 존재의 근원을 알아야 합니다. 만물은 결코 우연히 생겨난 것이 아닙니다. 자존하신 하나님께서 말씀으로 천지를 창조하셨습니다. 그러나 하나님의 형상을 닮은 인간은 죄로 인해 그분과의 영적 관계가 끊어졌습니다. 그로 인해 세상에는 분노가 넘치고, 대참사로 이어지는 안타까운 일들이 생겨나고 있습니다.

하나님께서 창조하신 모든 인간은 행복을 추구합니다. 그러나 행복은 단지 노력한다고 얻어지는 것이 아닙니다. 창조주 하나님을 만날 때에만 진정한 행복이 시작됩니다. 잠언 17장 22절의 말씀처럼, "마음의 즐거움은 양약이라도 심령의 근심은 뼈로 마르게 하느니라." 마음의 즐거움이 곧 보약입니다. 의학적으로도 웃음이 주는 치유의 힘은 증명되었습니다. 그러므로 인간은 웃음과 감동 속에서 살아야 합니다. 그것이 곧 하나님이 주신 마음의 통장을 채우는 길입니다.

시기하는 마음

우리의 마음과 의식을 새롭게 하기 위해서는 무엇보다 미워하는 마음을 버려야 합니다. 사람은 살아가며 관계의 문제로 인해 원치 않는 상처를 받습니다. 그 상처로 인해 가정과 직장, 그리고 인간관계에 금이 가고, 회복이 어려운 상태로 이어지는 일들을 자주 보게 됩니다. 또한 시기하는 마음을 내려놓아야 합니다.

시기심은 내가 갖지 못한 것을 남이 가졌을 때 생기는 심리적 반응입니다. 그러나 그것은 정신 건강에 전혀 유익하지 못하므로 반드시 버려야 합니다. 더불어 질투와 분노의 마음 또한 내려놓아야 합니다. 이러한 부정적인 감정들은 자신을 병들게 하고 세상을 긍정적으로 바라보는 눈을 흐리게 만듭니다.

마음의 변화는 단시간에 이루어지지 않습니다. 그러나 내 안의 쓰레기 같은 보복심을 버릴 때, 비로소 청결한 마음과 정직한 영으로 성숙한 시민으로 자라날 수 있습니다.

크리스천은 너그럽고 용서하며, 잔잔하고 겸손하며, 긍정적인 마음을 가져야 합니다. 우리 안의 죄성은 늘 우리를 괴롭히지만, 그럼에도 불구하고 가져야 할 마음을 지니려 애쓴다면 평강과 기쁨이 넘치는 삶을 누리게 될 것입니다.

그러나 인간의 마음과 의식의 변화는 결코 쉽지 않습니다. 우리는 근심과 걱정, 염려의 굴레 속에 살아가며 그것에서 벗어나기를 힘들어합니다. 그러나 그 굴레에서 해방되어야 진정한 기쁨과 평화의 세계로 나아갈 수 있습니다. "불행할 때 감사하면 불행이 끝나고, 형통할 때 감사하면 형통이 연장된다."라는 말처럼, 인간의 성공은 노력만으로 이루어지는 것이 아닙니다. 우리가 당연하게 여기는 모든 것은 하나님의 은혜입니다. 그러므로 범사에 감사하며, 그 감사의 마음으로 행복의 길을 걸어가야 합니다.

하나님이 창조하신 피조물 가운데 오직 인간만이 언어를 사용합니다. 우리는 문자와 말을 통해 의사소통하며, 때로는 몸짓으로도 마음을 표현합니다. 그러나 말을 하지 않고는 인간의 관계를 맺을 수 없습니다. 말은 가정과 직장에서 힘을 주기도 하고, 상처를 남기기도 합니다. 따라서 말의 습관이 곧 인생의 방향을 결정합니다.

인생의 운전대를 잡고 나아가는 데 있어 말은 가장 중요한 수단입니다. 긍정적인 말을 통해 자신과 이웃에게 행복을 전해야 하며, 부정적인 말로 인해 관계를 파괴하거나 한 사람의 인생을 무너뜨리는 일이 없도록 주의해야 합니다.

우리 모두는 살아오면서 말로 인해 상처를 주고받은 경험이 있습니다. 아직도 해결되지 않은 상처가 마음속에 남아 있을지도 모릅니다. 그러므로 인간은 자신의 혀를 잘 다스려야 하며, 겸손하게 말하고 한 번 더 생각하고 말하는 습관을 길러야 합니다. 그것이 인간관계의 성공 비결입니다.

이제 우리는 비난과 저주, 부정적인 말을 버려야 합니다. 대신 절제된 말, 진실한 말, 적절한 말, 감사의 말, 칭찬의 말, 격려의 말, 친절한 말,

그리고 때로는 침묵의 언어를 배워야 합니다. 바른 언어 습관을 통해 긍정적인 말이 넘치는 세상을 만들어 갑시다. 그것이 가정을 아름답게 하고, 사회를 밝히며, 한국 교회와 지구촌의 크리스천들이 주님 안에서 더 행복하게 살아가게 하는 길입니다.

예배

하나님께서 사람을 창조하신 목적은 오직 하나님을 영원토록 찬양하고 경배하게 하려는 데 있었습니다. 구약 시대에는 제사를 통해 하나님께 영광을 돌렸으며, 그 제사에는 반드시 제물이 필요했습니다. 성경은 "세월이 지난 후에 가인은 땅의 소산으로 제물을 삼아 여호와께 드렸고"(창 4:3)라고 기록하고 있습니다.

이것은 하나님께 드리는 소중한 선물, 곧 믿음의 표현이었습니다. 구약에서 제물은 하인이 주인을 섬기는 마음으로 순종하여 드리는 것이었으며, 성경 원어에서 제물과 선물, 공물을 뜻하는 '민하'라는 단어는 이미 예배를 통해 하나님과 교제한다는 의미를 담고 있습니다.

우리가 하나님께 예배드릴 때, 헌물보다 더 중요한 것은 우리의 마음입니다. 다시 말해, 나를 대속하신 하나님을 진정으로 사랑하는 마음이 예배의 중심이어야 합니다. 십자가 위에서 모든 것을 다 이루신 주님을 향한 사랑이 없이는 신령과 진정으로 예배드릴 수 없습니다.

하나님께서 자신의 형상으로 지으신 인간에게 원하시는 것은 마음을 다한 예배입니다. 그래서 신약성경은 "하나님은 영이시니 예배하는 자가 영과 진리로 예배할지니라"(요 4:24)고 말씀합니다. 이처럼 참된 예배는 나의 영과 하나님의 성령이 만나 깊은 영적 교통이 이루어지는 시간입니다.

어느 날 한 사람이 꿈에 천사와 함께 한 교회에 들어가 예배를 드리게 되었습니다. 교회 안은 예배드리려는 성도들로 가득 차 있었고, 찬양과 설교를 위한 모든 준비가 잘 갖춰져 있었습니다. 그러나 예배가 시작되자 이상한 일이 벌어졌습니다. 오르간 반주자가 열심히 건반을 눌러도 아무 소리가 나지 않았고, 성가대가 온 마음을 다해 찬양하는 듯했지만 그 노랫소리조차 들리지 않았습니다.

성도들이 함께 기도했지만 그 중얼거림도 들리지 않았고, 목사님이 강단에서 열정적으로 설교를 전했지만 그 말소리조차 들리지 않았습니다. 그는 너무 이상해 천사에게 그 이유를 물었습니다. 그러자 천사가 조용히 대답했습니다.

"당신이 아무것도 듣지 못하는 것은 당연합니다. 이 예배는 교인들이 진정으로 회개하며 영혼으로 드리는 예배가 아니기 때문입니다. 그래서 하나님께도, 당신에게도 아무 소리가 들리지 않은 것입니다."

믿음의 확신, 순종의 강권

우리가 세상을 살아가다 보면, 일을 대하는 태도에서 뚜렷하게 다른 두 부류의 사람을 만나게 됩니다. 한쪽은 충성스럽게 맡은 일에 헌신하는 사람들이고, 다른 한쪽은 일의 진전을 방해하며 사람들을 충동하는 부류입니다. 성경을 보면 일하려는 사람과 이를 가로막는 사람이 언제나 공존함을 알 수 있습니다.

느헤미야는 조국 예루살렘의 무너진 성벽을 재건하기 위해 보수도 바라지 않고 헌신한 사람입니다. 그러나 가나안 땅에서 기득권을 누리던 산발랏과 도비야는 성벽이 다시 세워지는 것을 용납하지 않았습니다. 처음에는 느헤미야의 계획을 비웃다가, 나중에는 사람들을 충동하여 방해에 나섰습니다. 심지어 느헤미야를 모함하고, 그를 해치려는 음모까지 꾸몄습니다. 그러나 느헤미야와 같은 충성된 일꾼들이 끝내 그 일을 완수하여, 성벽은 불과 52일 만에 기적적으로 재건되었습니다(느 6:15). 사람의 방해가 아무리 심해도, 하나님께서 함께하시면 일은 반드시 이루어집니다.

복음서에서도 같은 모습을 봅니다. 대제사장들과 장로, 서기관들이 공회와 함께 모의하여 예수님을 빌라도에게 넘겼습니다. 그러나 빌라도는 예수님을 신문해본 후 아무 죄가 없음을 알았습니다. 그는 대제사장들이 시기심 때문에 예수님을 고발한 것을 알고 있었습니다. 그래서 그는 명절마다 죄수 한 사람을 놓아주는 관례를 이용해 예수님을 풀어주려 했습니다. 그러나 대제사장들이 무리를 충동하여, 살인자 바라바를 풀어달라고 외치게 했습니다(막 15:6-11). 결국 예수님은 십자가에 못 박히셨습니다. 사람들의 충동으로 이루어진 일이었지만, 하나님께서는 그 일을 통해 인류 구원의 역사를 완성하셨습니다.

사도 바울의 사역에서도 이러한 충동의 세력은 끊임없이 따라다녔습니다. 바울이 가는 곳마다 유대인들이 거짓말로 사람들을 선동하며 복음을 훼방했습니다. 예루살렘에 도착했을 때도 아시아에서 온 유대인들이 무리를 충동하여 바울을 붙잡게 했습니다(행 21:27). 그로 인해 바울은 결박되었고, 마침내 가이사에게 호소하여 로마로 가게 되었습니다. 그러나 하나님은 그 고난마저 복음의 진전을 위한 길로 바꾸셨습니다(빌 1:12).

오늘날 정치의 세계를 봐도 마찬가지입니다. 어떤 이는 묵묵히 일하려 애쓰지만, 또 다른 이는 사사건건 반대하고 발목을 잡습니다. 충동질은 언제나 악한 자의 전형적인 방법입니다. 말로는 나라를 위한다고 하지만, 실제로는 자신의 이익을 위한 경우가 많습니다. 사람은 남을 속일 수 있을지 몰라도, 자기 양심은 속일 수 없으며, 더욱이 마음의 깊은 곳을 꿰뚫어보시는 하나님의 눈은 결코 속일 수 없습니다.

우리는 하나님의 선한 도구가 될 수도 있고, 사단의 악한 도구가 될 수도 있습니다. 그것은 전적으로 우리의 선택에 달려 있습니다. 충성으로 선한 일에 쓰임 받는 것이 복된 인생이지, 악한 일에 도구로 쓰이는 것만큼 불행한 일은 없습니다. 하나님께서는 "죽도록 충성하라"고 말씀하십니다(계 2:10).

18세기의 부흥사 조지 휫필드는 생애 마지막 10년간 질병에 시달리면서도 설교의 기회가 주어질 때마다 강단에 섰습니다. 동행하던 청년 리처드 스미스가 "이제는 설교를 줄이셔야 하지 않겠습니까?"라고 조심스레 권하자, 휫필드는 "녹슬어 사라지기보다, 닳아서 사라지는 것이 낫다"고 대답했습니다. 그는 56세의 나이로 사명을 다하고 하나님 품으로 돌아갔습니다.

1963년 소천한 A. W. 토저 역시 과로를 걱정하는 이들에게 이렇게 말했습니다. "나는 이미 오래 전에 내 건강을 주님께 드렸습니다. 나의 사명이 끝났다면, 내가 이 헛된 세상에 더 머물 이유가 있겠습니까? 해야 할 일이 남아 있지 않다면, 어찌하여 늦가을의 마지막 잎새처럼 가지에 매달려 있어야 하겠습니까?"

세상에는 언제나 두 부류가 있습니다. 충성으로 하나님의 일을 세우는 사람과, 충동으로 그 일을 방해하는 사람, 우리는 어느 쪽에 속하고 있습니까? 악의 도구가 되어 불행한 인생을 사는 대신, 죽기까지 충성하여 하나님의 뜻을 이루는 사람이 되기를 소망합니다.

치유와 회복

하나님이 태초에 천지를 창조하신 이후 수많은 세월이 흘렀습니다. 피조물인 인간 또한 그 시간의 흐름 속에서 벗어날 수 없습니다. 우리는 새로운 해를 맞이하며 주어진 삶을 성실히 살아가고 있습니다. 하늘의 비전을 품은 성도라면 주님이 맡기신 사명을 감당하기 위해 믿음의 방패를 들고 오직 십자가의 푯대를 향해 달려가야 합니다.

〈치유와 회복의 영성〉이라는 책을 보면, 시대의 어려움 속에서 지쳐 있는 이들을 위해 하나님이 주신 생명의 말씀과 실제적인 이야기들을 통해 자연스럽게 회복의 길로 이끌어 주고 있습니다. 그 말씀은 인간의 상처를 어루만지며 스스로 일어설 수 있도록 힘을 주는 생명의 진리입니다.

저는 충북 충주에서 태어나 어린 시절을 그곳에서 보냈습니다. 하나님이 창조하신 하늘과 나무, 흙냄새가 물씬 풍기는 고향의 터전에서 자연의 소중함을 느끼며 자랐습니다. 산과 들, 그리고 강을 바라보며 미래의 꿈을 키웠고, 자연이 품은 아름다움 속에서 하나님이 주시는 영감과 감사의 마음을 배웠습니다.

하나님은 태초에 하늘과 땅을 창조하셨고, 인간은 그 자연 안에서 행복한 삶을 누렸습니다. 그러나 죄로 인해 하나님과의 관계가 단절되었고, 그 결과 고통이 찾아왔습니다. 그때 하나님은 말씀으로 세상을 회복시키기 위해 친히 육신을 입고 이 땅에 오셨습니다. 죄인을 구원하시기 위해 십자가의 보혈을 흘리신 주님의 사랑은 바로 인간의 치유와 회복의 시작이었습니다.

저는 마음의 치유를 위해 상담학을 공부하며 사이코드라마 상담 사역을 했습니다. 어린 시절의 상처, 그리고 인생의 여러 사건들 속에서 아파하는 사람들을 섬기며, 주님이 주시는 은혜를 깊이 체험했습니다. 내담자들의 이야기를 들어주며 의학적으로 해결할 수 없는 영역에서 하나님의 말씀과 자연을 통해 회복이 이루어지는 것을 수없이 보았습니다.

사람은 누구나 크고 작은 아픔을 안고 살아갑니다. 저 또한 어린 여동생과 아버지를 일찍 보내드리는 아픔을 겪었습니다. 그로 인해 말로 다 표현할 수 없는 고난의 세월을 지나야 했고, 천국에 먼저 가신 어머니를 생각하면 지금도 마음이 저려 옵니다. 상처는 쉽게 드러내기 어렵고, 치유 또한 결코 단숨에 이루어지지 않습니다.

만약 마음의 고통이 깊어 스스로 이겨내기 어렵다면, 성경과 좋은 신앙서적을 읽기를 권합니다. 말씀을 통해 주님의 손길을 체험하고, 기도로 치유의 은혜를 구하십시오. 하나님이 창조하신 자연 속에서 쉼을 얻고, 그분의 숨결을 느끼는 모든 과정이 우리를 더욱 건강하고 성숙한 사람으로 세워 줄 것입니다.

이제 하나님의 창조 세계와 함께하는 삶이기를 바랍니다. 사람은 누구나 육체의 병뿐 아니라 마음과 영혼의 상처를 가지고 살아갑니다. 죄와 질병의 굴레에서 벗어나지 못한 이들이 많지만, 말씀 안에서 자신을 돌아본다면 하나님이 주시는 놀라운 회복을 경험하게 될 것입니다.

하나님의 창조 질서를 거역하며 사는 사람은 불행합니다. 그러나 죄를 회개하고 예수 생명을 마음에 모신 사람은 반드시 회복의 은혜를 누립니다. 주님은 성경이라는 특별한 은총과, 자연이라는 일반은총을 통해 우리에게 치유와 회복의 길을 열어 주십니다. 그러므로 그 은혜를 붙잡는 자는 이전에 경험하지 못한 평강과 기쁨을 누리게 될 것입니다.

음주 운전

우리 주변에는 안타깝게도 음주사고를 경험한 사람들이 있습니다. 한 사람의 잘못된 선택으로 인해 누군가의 소중한 가족이 아픔을 겪게 됩니다. 산업화 이후 자동차는 생활의 편리함을 가져왔지만, 운전자의 의식에 따라 그것은 안전한 이동수단이 되기도 하고, 순식간에 흉기가 되기도 합니다. 음주 운전은 단순한 실수가 아니라 나와 타인의 생명을 파괴하는 심각한 범죄입니다.

얼마 전 지방에 들른 일이 있었습니다. 늦은 저녁을 먹고 아내와 함께 둥근 달을 바라보며 산책하던 중, 갑자기 '윙~' 하는 굉음이 들리더니 무언가 세게 부딪히는 소리가 났습니다. 놀라서 고개를 돌리니 도로 중앙 화단에 흰색 SUV 한 대가 나무를 들이받은 채 연기를 내뿜고 있었습니다. 나무는 부러져 있었고, 차량 전면은 형체를 알아보기 어려울 정도로 망가져 있었습니다.

순식간에 사람들이 몰려들었습니다. 인근 주민들이 놀라 집 밖으로 뛰쳐나왔다고 했습니다. 저는 즉시 119와 112에 신고를 했고, 차량에 다친 사람이 있는지를 확인하려 다가갔습니다. 운전자는 처음엔 움직이지 않았지만, 잠시 후 비틀거리며 밖으로 나왔습니다. 그의 가슴은 피로 젖어 있었고, 정신이 혼미해 보였습니다. 그때 그는 갑자기 차도를 가로질러 도망치려 했습니다. 다행히 현장에 있던 한 라이더가 재빨리 쫓아가 그를 붙잡았고, 곧 경찰과 구급대가 도착했습니다. 구조대는 차량에 다른 탑승자가 있는지 확인하고, 부서진 나무와 화단을 정리했습니다.

이 사고는 명백한 음주운전 사고였습니다. 만약 중앙 화단의 나무가 없었다면 차량은 반대편 차도로 넘어가 큰 인명 피해를 냈을 것이고, 혹은 인도로 돌진했다면 행인이 희생될 수도 있었습니다. 그 순간 하나님의 보호하심이 있었음을 깊이 느꼈습니다.

그러나 이런 사고는 여전히 전국 곳곳에서 반복되고 있습니다. 음주 사고는 가해자와 피해자 모두에게 평생 지울 수 없는 상처를 남깁니다. 음주를 했다면 반드시 대리운전을 부르고, 스스로의 안전뿐 아니라 타인의 생명까지 지키는 성숙한 문화를 세워야 합니다.

교통 문화는 아무리 강조해도 지나치지 않습니다. 아침에 웃으며 출근한 가족이 저녁에는 가해자가 되어 유치장에 있을 수도 있고, 피해자가 되어 병상에 누워 있을 수도 있습니다. 단 한 잔의 술이 돌이킬 수 없는 결과를 만들 수 있음을 잊지 말아야 합니다.

음주운전은 난폭운전, 졸음운전, 시야감소를 유발합니다. 그보다 더 위험한 것은 판단력 저하로 인해 제때 제동하지 못하거나 방향을 잘못 조작하는 것입니다. 이번 사고에서도 브레이크를 밟았어야 할 순간에 오히려 가속페달을 밟은 것으로 추정됩니다. 통계에 따르면 음주운전으로 인한 치사율은 일반사고보다 두 배 이상 높습니다. 이런 범죄 행위는 법적으로도 강력히 처벌받습니다.

유명 인사들이 음주운전으로 사고를 내어 사회적 지탄을 받는 일도 여전히 이어지고 있습니다. 의학계 보고에 따르면 혈중알코올농도

0.03%만 되어도 주의력이 흐려지고 어지럼증이 생긴다고 합니다. 단한 잔이라도 결코 안전하지 않습니다.

행정안전부와 도로교통공단의 최근 통계에 따르면 지난 5년간 음주운전 사고는 82,289건, 인명피해는 136,238명에 달합니다. 대부분 2월에서 10월 사이, 저녁 6시 이후부터 새벽 4시 사이에 20-50대 운전자들에 의해 발생했습니다.

세월이 흘러도 음주운전이 줄어들지 않는 이유는 '이 정도는 괜찮겠지'라는 안일한 생각 때문입니다. 그러나 그 한 모금의 술이 돌이킬 수 없는 비극의 시작이 될 수 있습니다. 음주운전의 위험성을 국민 모두가 다시인식하고, 반복적인 의식개혁과 교육이 반드시 이루어져야 합니다.

음주운전은 결코 실수가 아닙니다. 그것은 명백한 범죄이며, 생명을경시하는 행위입니다. 운전자의 편의보다 생명을 우선시하는 사회적인식이 필요합니다. 음주운전은 선택의 문제가 아니라 절대 해서는 안되는 의무의 영역입니다.

하나님이 주신 평화

우리는 소망을 품고, 주님이 주신 건강과 은혜 속에서 항상 새해를 맞이합니다. 그러나 여전히 국내외적으로 혼란과 불안이 이어지고 있습니다. 북한은 주민들의 삶의 질이 심각하게 악화된 상황에서도 전쟁 중인 러시아에 군인을 파병하였습니다.

이는 우리의 안보에도 큰 위협으로 다가오고 있습니다. 같은 민족으로서 우리는 다가올 복음통일의 시대를 바라보며 상생의 길, 평화 통일의 길을 걸어야 합니다. 한국 교회는 이러한 시대 속에서 국민들에게 희망의 메시지를 전하고, 화합과 평화의 등불이 되어야 할 것입니다.

하나님이 주신 평화를 누리며 주님을 찬양하는 것, 그것이 진정한 그리스도인의 삶입니다. 유대인들은 만날 때마다 '샬롬'이라고 인사를 나눕니다. '샬롬'은 평화와 평강을 뜻하며, 그들의 평화는 메시야를 통해 완성될 정치적이고 제한된 평화였습니다.

그러나 예수 그리스도께서 이 땅에 오심으로 영원한 평화가 선포되었습니다. 예수께서 주신 평화는 외적인 안정이 아니라, 구주를 마음에 영접한 믿음의 사람들에게 주어지는 심령의 평화입니다. 그것은 하나님이 기뻐하시는 자들에게 임하는 참된 평강입니다.

오늘날 세계는 인본주의와 상업주의의 물결 속에서 하나님 중심의 신앙이 흔들리고 있습니다. 인간의 이기적 가치관이 신앙의 본질을 왜곡시키고 있는 현실이 안타깝습니다. 빌립보서 1장 11절에는 "예수 그리스도로 말미암아 의의 열매가 가득하여 하나님의 영광과 찬송이 되게 하시기를 구하노라"라고 기록되어 있습니다.

우리가 하나님을 찬송한다는 것은 단순히 입술의 고백에 그치지 않습니다. 삶 속에서 의의 열매로 가득한 신앙의 실천을 이루는 것입니다. 그 열매는 인간의 노력으로 맺어지는 것이 아니라, 오직 예수 그리스도의 의를 힘입을 때 비로소 가능해집니다.

지금 지구촌은 러시아와 우크라이나 전쟁으로 인해 깊은 상처와 불안을 겪고 있습니다. 수많은 생명이 희생되고, 전 세계가 경제적 · 정치적 위기를 맞이하고 있습니다. 북한 병사들 1만 5천 명 이상이 러시아 전선에 투입되어 실전을 경험하고 있으며, 전사의 수도 계속 증가하고 있습니다. 만일 이 전투 경험이 남침의 계획으로 이어진다면, 우리 한반도의 안보는 심각한 위기에 처하게 될 것입니다.

이러한 시점에서 미국의 트럼프 대통령이 다시금 취임하게 되었습니다. 그는 우크라이나 전쟁의 중재자로서 평화의 회복에 역할을 하길 바랍니다. 설령 양국의 일부 영토 조정이 불가피하더라도, 더 이상의 희생이 없도록 휴전과 평화 협정을 통해 인류의 생명을 지키는 일이 우선되어야 합니다. 진정한 평화는 힘의 균형이 아니라, 생명과 정의 위에 세워질 때에만 지속될 수 있습니다.

영적인 어둠 속에서 신음하는 북한 동포들에게도 하나님의 참된 평화가 임하기를 간절히 바랍니다. 약 2,600만 명의 북한 주민들이 굶주림과 인권의 사각지대에서 고통 받고 있습니다. 대한민국과 북한의 형제들, 그리고 온 인류의 유일한 소망은 오직 예수 그리스도뿐입니다.

그분은 우리의 구원자이시며, 세상의 빛이요 생명의 양식이십니다. 또한 우리의 길과 진리가 되시며, 평강의 왕이 되십니다.

새날을 맞이한 우리 민족이 이 기쁜 복음을 나누며, 하나님이 주신 평화를 세상 속에 증거하기를 소망합니다. 하나님께서 주신 평화의 빛이 한반도와 온 세계 위에 충만히 임하기를 기도합니다.

우주 만물

자연 세계와 영적인 세계는 결코 우연히 형성된 것이 아닙니다. 우리가 눈으로 보는 것이 전부가 아니며, 보이지 않는 세계가 훨씬 더 광대하게 존재합니다. 성경은 "태초에 하나님이 천지를 창조하시니라"(창 1:1)라고 증언합니다.

말씀으로 천지를 지으신 하나님께서는 아무것도 없는 혼돈과 공허 속에서 하늘과 땅, 별과 바다, 그리고 우리 눈에 보이지 않을 만큼 작은 것까지 모두 창조하셨습니다. 여호와 하나님은 시간과 공간의 제약을 받지 않으시며, 무한한 능력과 창조의 권세를 지니신 분이십니다.

하나님은 한 번 약속하신 것은 반드시 이루시는 신실하신 분이십니다. 성부, 성자, 성령 삼위일체 하나님은 스스로 존재하시며, 영원 전부터 영원까지 이 세상과 내세를 다스리시는 절대 주권자이십니다. 하나님은 시간과 공간을 초월하신 영으로서, 온 세상과 인간의 참된 주인이십니다. 우리는 피조물일 뿐이며, 창조주 하나님의 통치 아래 살아가는 존재들입니다.

히브리어로 하나님을 '엘로힘'이라 부릅니다. '엘로힘'은 생명을 공급하시는 분, 거룩하고 신성하신 통치자라는 의미를 담고 있습니다. 그분은 막대기(권위)로 인생을 다스리시며, 예배하는 자에게 복음의 말씀을 보여주시고 그 자녀들에게 축복을 베푸시는 분이십니다. 하나님은 진리의 말씀과 피조 세계를 통해 우리에게 교훈을 주시고, 또한 사람을 통해서도 역사하십니다. 구원의 하나님은 우상을 미워하시며, 말씀에 순종하고 진리 안에서 일하는 성도들을 기뻐하십니다. 그러므로 믿음의 사람은 오직 창조주 하나님께만 찬양과 경배를 드리는 복된 삶을 살아야 합니다.

어느 여인이 고속도로를 달리던 중, 갑자기 차가 멈춰 버렸습니다. 여러 번 시동을 걸어도 반응이 없고, 차를 갓길로 밀어내려 해도 역부족이었습니다. 지친 여인은 결국 차 안에서 눈물을 흘렸습니다. 그때 한 차량이 다가와 멈추더니, 한 신사가 내렸습니다.

그는 다가와 "제가 도와드리겠습니다"라며 차량의 몇 곳을 점검하더니, "이제 시동을 걸어보세요"라고 말했습니다. 놀랍게도 시동이 곧바로 걸렸습니다. 여인이 감사하며 "누구신가요?" 묻자, 그는 미소 지으며 대답했습니다. "저는 헨리 포드입니다." 그는 바로 그 자동차를 만든 사람이었습니다.

이와 같이 하나님은 우리의 창조자이십니다. 그분은 우리의 몸과 마음, 우리의 체질과 머리카락까지도 세밀히 아시는 분입니다. 그러므로 우리가 인생의 길을 걸어갈 때 결코 잊지 말아야 할 것은 바로 '하나님을 기억하는 일'입니다. 위기의 순간에도, 불안한 현실 속에서도 우리는 믿음을 통해 하나님을 만나야 합니다.

우리를 지으시고 인도하신 창조주 하나님께 시선을 두는 것이 곧 생명의 길이며, 우주 만물의 질서 속에서 살아가는 피조물의 참된 태도입니다.

내 평생 살아온 길

사람은 누구나 자기만의 인생길을 걷습니다. 과거와 현재, 그리고 미래의 길에는 저마다의 애절한 사연이 담겨 있어서, 그 고통과 시련의 깊이를 다 헤아릴 수 없습니다. 찬송가 308장 '내 평생 살아온 길'의 가사 속에는 그리스도인들의 고백이 녹아 있습니다.

히브리어로 '길'은 '데레크'라 하여, 도로·태도·방식을 뜻합니다. 이는 예수 그리스도의 문을 통과하여 지혜롭게 하나님의 마음을 닮아가며, 겸손히 자신을 비우고 생명의 말씀을 따라 사는 삶을 의미합니다.

또한 '데레크'는 본래 없던 길이지만, 누군가 계속 걸어가서 다져진 길을 뜻하기도 합니다. 마치 숲속에도 사람이 자주 다니면 오솔길이 생기듯, 누군가의 걸음이 뒤에 오는 사람의 길이 되는 것입니다.

요한복음 14장 6절에서 예수님은 "내가 곧 길이요 진리요 생명이니"라고 말씀하셨습니다. 주님 자신이 곧 인생의 길이 되신다는 뜻입니다. 사람의 앞길은 누구도 알 수 없습니다. 어디서 와서 어디로 가는지 모른 채 살아가는 이들도 있습니다. 길을 잃고 방황하며, 미로처럼 얽힌 인생길에서 막다른 벽에 부딪히기도 합니다.

그러나 예수님 안에는 생명의 길이 있습니다. 주님께서는 이미 우리를 위한 축복의 길을 예비하셨습니다. 우리가 평생 따라가야 할 길은 오직 예수님뿐입니다. 혹시 지금 잘못된 길에서 방황하고 있다면, 이제

돌이키시길 바랍니다. 예수만이 영적인 길이며, 인생의 참된 방향을 인도하십니다. 그러므로 예수님이 예비하신 축복의 길을 걸으며, 남은 생애가 더욱 복되고 평안하시길 소망합니다.

사람은 살면서 셀 수 없는 말을 합니다. 한 살에는 다섯 단어, 두 살에는 260단어, 세 살에는 800단어, 다섯 살에는 약 2천 단어를 사용한다고 합니다. 성인이 되면 남자는 하루 평균 2만 5천 단어, 여자는 약 3만 단어를 사용합니다.

이 말을 모으면 1년 동안 400쪽짜리 책 132권을 만들 수 있고, 일생 동안 말을 하는 시간을 계산하면 약 13년을 꼬박 말로 보내게 된다고 합니다.

그 많은 말들 중에 우리는 얼마나 의식하며, 얼마나 복된 말을 했을까요? 혹시 무심코 쏟아낸 말로 스스로의 길을 어둡게 만들지는 않았을까요? 이제는 지나온 길을 돌아보고, 감사의 마음으로 오늘과 내일을 새롭게 준비해야 합니다.

생명을 살리고, 사람을 세우며, 주님께로 인도하는 언어를 사용하십시오. 그러할 때 우리 인생의 길 위에 반드시 하나님의 승리가 임할 것입니다.

새로운 것

　사람은 한곳에 오래 머물다 보면 새 집으로 이사하고 싶어집니다. 가구도 오래되면 새 것으로 바꾸고 싶어 합니다. 가끔 거리에는 아직 쓸만해 보이는데 버려진 가구들이 놓여 있는 모습을 봅니다. 왜일까요? 싫증이 났기 때문입니다. 사람들은 본능적으로 새것을 좋아합니다. 새신랑, 새색시, 새 가정, 새 정치, 신도시, 뉴 타운, '신'(新), '뉴'(new)라는 단어가 들어가면 마음이 설렙니다. 새것은 신선하고 깨끗하며, 새로운 기대를 품게 합니다.

　그래서 사람들은 영원한 시간을 하루, 한 달, 한 해로 나누어 항상 새롭게 살고자 합니다. 새해가 주는 가장 큰 축복은 바로 새 마음, 새 각오, 새 출발로 다시 시작할 수 있는 기회를 제공한다는 것입니다.

　하지만 사람들은 '새로움'을 위해 정작 자신이 변화되어야 한다는 사실을 인정하려 하지 않습니다. 대신 환경의 변화, 상황의 변화를 바라며 외적 조건에만 초점을 맞춥니다. 그러나 진정으로 새롭게 살고자 하는 사람은 반드시 자신을 변화시켜야 합니다. 그 변화는 외부가 아니라 내면세계의 변화로부터 시작됩니다. 그리고 그 변화는 인간의 노력만으로는 이루어질 수 없습니다.

　그렇다면 성도들이 추구해야 할 참된 변화의 비결은 무엇일까요? 그 답은 오직 그리스도 안에 거하는 것입니다. 사도 바울의 삶이 이를 증명합니다. 바울이 전혀 다른 인생으로 바뀔 수 있었던 이유는 그가 '그리스도 안에' 있었기 때문입니다.

세상에는 여전히 인생의 방향을 잃고 방황하는 이들이 많습니다. 자신의 가치관, 세계관, 철학, 이념에 사로잡혀, 어둠의 영에 붙잡힌 채 고집을 내려놓지 못하고 살아갑니다. 그렇게 고집스러운 삶을 계속한다면, 그들에겐 소망의 내일이 없습니다.

그러나 우리 곁에는 생명과 진리, 부활에 이르는 유일한 길이 있습니다. 그 길은 곧 예수님 앞으로 나아가는 길입니다. 예언의 완성이신 메시아 예수 그리스도는 이 세상에서 변하지 않는 유일한 진리이십니다. 하나님께서 창조하신 모든 피조물 가운데 오직 예수님만이 구원의 길을 여셨습니다. 하나님께서 독생자 예수 그리스도를 세상에 보내시고, 예수님은 십자가에서 구원의 사역을 완성하셨습니다. 그분의 말씀은 변하지 않는 진리입니다.

진리란 처음과 끝이 하나인 것입니다. 하나님께서 창조로 세상을 여셨고, 예수 그리스도께서 십자가에서 그 구원의 완성을 이루셨습니다. 그러므로 크리스천은 진리 되신 예수님을 따르는 인생이 되어야 합니다. 그 진리를 따르지 않는 삶은 결국 영원한 죽음의 길을 향해 가는 것과 같습니다.

처음과 나중이 되시는 예수 그리스도, 알파와 오메가이신 그분을 믿고, 진리를 마음 깊이 간직하십시오. 그러면 세상의 어떤 변화와 고난 속에서도 흔들리지 않고, 오직 길이요 진리요 생명 되신 예수 그리스도와 함께 멋진 인생의 여정을 걸어가게 될 것입니다.

주는 자의 복

세계적인 갑부였던 록펠러는 36세에 백만장자가 되었고, 48세에는 미국 최대의 기업을 이끌며 53세에 억만장자로 등극했습니다. 그러나 그 부는 결코 깨끗하게 얻어진 것이 아니었습니다. 그는 경쟁 회사를 무너뜨리고 합병하며 시장을 독점해 "부도덕한 재벌의 표본"이라는 비난을 받았습니다.

특히 살인적인 노동력 착취와 저임금 정책으로 악명이 높았습니다. 1913년, 전미 광산노조가 주도한 쟁의에 민병대를 투입해 40여 명이 숨진 '러드로 학살'은 지금도 록펠러 가문의 오점으로 남아 있습니다. 그래서 그는 '당대에 가장 혐오스러운 인물'로 지탄받기도 했습니다.

그러던 그가 55세에 불치병 '알로페시아'에 걸리면서 인생의 전환기를 맞았습니다. 그는 음식을 전혀 소화하지 못했고, 하루가 다르게 눈썹과 머리카락이 빠졌습니다. 결국 의사로부터 "1년 이상 살기 어렵다"는 시한부 판정을 받았습니다.

그날, 휠체어를 탄 채 병원 로비를 지나던 록펠러의 눈에 한 액자 속 글귀가 들어왔습니다. "주는 것이 받는 것보다 복이 있다"(행 20:35). 그 구절은 그의 마음을 강하게 울렸습니다. 그때부터 록펠러는 '주는 삶'을 실천하기 시작했습니다. 놀랍게도 그의 몸은 빠른 속도로 회복되었고, 기적처럼 병이 사라졌습니다.

그는 시한부 인생이라 했던 진단에도 불구하고 97세까지 살며 남은 생애를 철저히 '나눔'의 삶으로 살았습니다. 은퇴 후 그는 4,900여 개의 교회와 24개의 대학을 세우는 일에 헌신했습니다. 시카고대학교를 비롯한 여러 교육기관, 그리고 우리나라 서울 소공동의 YMCA 건물 또한 그의 기부로 세워졌습니다. 록펠러의 인생은 분명한 교훈을 줍니다.

"움켜쥔다고 내 것이 되는 것은 아니다." 지금 우리가 목숨처럼 아끼는 재산도 50년 후엔 누구의 것일까요? 살아 있는 동안 사람답게 살고, 가진 것을 유익하게 사용하는 것, 그것이 참된 지혜자의 길임을 잊지 말아야 합니다.

사람들은 종종 외모와 형식에 지나치게 비중을 둡니다. 물론 사회생활에서 형식은 무시할 수 없지만, 그것이 지나치면 중심을 잃습니다. 진정한 삶의 가치는 마음과 정신, 그리고 바른 행동양식과 분별력에 있습니다. 성경은 이렇게 말합니다.

"나는 인애를 원하고 제사를 원하지 아니하며, 번제보다 하나님을 아는 것을 원하노라"(호 6:6).

형식주의에 매여 있으면 아무리 경건한 말을 하고 아름답게 찬양해도 소용이 없습니다. 진정한 믿음의 사람은 주님과의 소통 속에서, 주님의 지지와 버팀을 받으며 살아가는 사람입니다.

성경 속 '인애'는 히브리어로 '헤세드'라 합니다. 이는 은혜, 자비, 인자, 자애, 친절을 뜻합니다. 하나님은 죄인이었던 우리를 불쌍히 여기시어 아들 예수 그리스도를 보내시고, 십자가 보혈의 은혜로 구원하셨습니다.

하나님의 참된 인애는 형식이 아니라 생명입니다. 죄인을 살리기 위해 십자가에 못 박히시고 부활하신 예수 그리스도의 복음이 바로 그 사랑의 완성입니다.

　그러므로 이번 한 주도, 세상살이의 무게 속에서 지치고 힘든 순간이 있더라도 하나님의 사랑이 가장 큰 축복임을 기억하며 감사로 살아가시길 바랍니다. 주는 삶, 그것이 곧 복된 삶입니다.

인류 구원의 꿈

우리가 어린 시절에는 빨리 어른이 되고 싶었습니다. 그러나 오히려 어른들은 꿈을 먹고 살던 그 시절을 그리워합니다. 아이들은 살아온 날들보다 앞으로 살아야 할 날들이 더 많기 때문에 내일의 꿈을 먹으며 희망 속에서 살아갑니다. 그러나 나이를 먹어가면서 꿈은 점점 사라지고 현실만 남게 됩니다.

하지만 천국을 소망하며 살아가는 우리는 여전히 희망이 있습니다. 하나님 앞에 서는 그날까지 우리는 꿈을 꾸며 살아야 합니다. 구약성경에 나오는 요셉의 꿈은 하나님께서 주신 꿈이었습니다. 만약 그 꿈이 인간적인 욕망에서 비롯된 야망이었다면 요셉은 형제들의 비난 앞에서 "맞아, 내가 주제 파악을 잘못했나 봐."라며 주저앉았을 것입니다. 또 반복되는 실패와 고난 속에서 그 꿈은 쉽게 사라져 버렸을지도 모릅니다. 그러나 요셉의 꿈은 하나님께서 주신 꿈이었기에 환경과 시련 앞에서도 무너지지 않았습니다.

구세주로 오신 예수 그리스도께서도 인류 구원의 꿈을 가슴에 품으셨습니다. 그분은 그 꿈을 이루기 위해 십자가의 형벌조차 두려워하지 않으셨습니다. 예수님의 제자들 또한 복음을 온 세상 끝까지 전한다는 꿈을 이루기 위해 목숨을 걸고 순교의 길을 택했습니다. 이처럼 하나님의 사람에게는 생명을 걸 만한 꿈이 필요합니다. 우리의 가슴을 설레게 하고, 하루를 의미 있게 만드는 거룩한 꿈이 있어야 합니다. 그러므로 성도들은 하나님께 꿈을 달라고 간구해야 합니다. "나에게는 꿈이 있습니다!"라고 고백하며, 세상으로부터 "꿈꾸는 자가 온다"는 말을 들을 수 있는 믿음의 사람으로 서야 합니다.

구약 시대의 왕과 제사장, 선지자들은 반드시 기름부음을 받아야 사역을 감당할 수 있었습니다. 신약 시대에 이 세 가지 사명을 모두 지니신 분이 바로 메시아, 곧 그리스도이십니다. 메시아가 태어날 곳으로 예언된 베들레헴 에브라다는 예루살렘 남쪽 약 7킬로미터 지점에 위치한 작은 마을이었습니다. '에브라다'는 '곡물의 땅'이라는 뜻으로, 베들레헴의 옛 지명이자 메시아의 출생지를 예언한 상징적 이름이기도 합니다.

특히 '베들레헴'은 '집'을 뜻하는 '베트'와 '떡'을 뜻하는 '레헴'이 합쳐진 말로, '떡집'이라는 의미를 가집니다. 즉 베들레헴은 영적인 양식을 공급하는 장소로, 미가 선지자가 예언한 대로 예수 그리스도께서 그곳에서 태어나셨습니다. 요한복음 6장 35절에서 예수께서는 "나는 생명의 떡이니 내게 오는 자는 결코 주리지 아니할 터이요 나를 믿는 자는 영원히 목마르지 아니하리라."고 말씀하셨습니다. 인류가 구원받을 수 있는 유일한 길은 오직 예수 그리스도를 믿는 것입니다.

메시아는 우주 만물을 창조하시고 통치하시는 여호와 하나님의 위엄을 지니신 분으로, 태초부터 존재하신 생명의 말씀이 육신이 되어 우리 가운데 오셨습니다. 평강의 왕이신 예수 그리스도께서는 길이요, 진리요, 생명으로서 자기 백성을 죄에서 구원하시기 위해 세상에 오셨습니다. 그러므로 오직 그리스도로 말미암아 참된 평화와 영원한 생명을 누릴 수 있습니다. 성도는 메시아이신 예수 그리스도께서 나를 위해 죽으시고 부활하신 사실을 믿어야 합니다.

오래전 이집트의 피라미드에서 수백 년이 된 씨앗이 발견되었습니다. 사람들은 신기한 마음으로 그 씨앗을 땅에 심었고, 얼마 지나지 않아 놀랍게도 싹이 났습니다. 왜 그렇게 오래된 씨앗에서 생명이 움텄을까요? 해답은 단순합니다. 그 씨앗 안에 여전히 '생명'이 있었기 때문입니다. 생명력 있는 씨앗은 오랜 세월이 지나도 반드시 싹을 틔웁니다.

우리의 믿음도 마찬가지입니다. 생명력 있는 씨를 뿌려야 열매가 맺힙니다. 아무리 많은 일을 하고 겉으로 열심히 보여도 생명이 없는 믿음이라면 결코 싹이 날 수 없습니다. 예수님에 대한 믿음이 곧 생명의 씨앗입니다. 그 믿음의 씨를 심는 성도만이 하나님의 나라에서 영원한 열매를 거둘 수 있습니다.

나에게 있는 꿈

링컨 대통령에 의해 미국의 흑인 노예 해방이 이루어졌지만, 그 이후에도 흑인들은 진정한 자유와 인권을 누리지 못했습니다. 그때 또 한 사람의 '꿈의 사람'이 나타났습니다. 그는 바로 흑인 목사 마르틴 루터 킹이었습니다.

어린 시절, 그는 백인 친구와 함께 놀다가 단지 '흑인'이라는 이유로 함께 놀지 못하는 아픔을 겪었습니다. 그날의 서러움은 그의 가슴에 깊이 새겨졌고, 그는 그 상처를 '꿈'으로 바꾸어 평생을 살아갔습니다. 이후 그는 목사가 되어 미국 남부 앨라배마 주 몽고메리에 있는 덱스터 침례교회에서 흑인들의 자유와 인권을 위해 헌신적인 삶을 살았습니다.

마르틴 루터 킹 목사는 워싱턴 대행진에서 "나에게는 꿈이 있습니다"(I have a Dream)라는 역사적인 연설을 통해 인류의 양심을 울렸습니다. 그는 이렇게 외쳤습니다.

"나는 이 나라가 진정으로 위대해지는 꿈을 꿉니다. 흑인 소년과 백인 소녀가 손을 잡고 형제자매로 살아가는 날이 올 것입니다. 나의 자녀들이 피부색이 아니라 인격으로 평가받는 나라가 오기를 꿈꿉니다. 내가 꾸는 이 꿈은 하나님이 주신 것이기에 반드시 이루어질 것입니다. 이것이야말로 미국이 위대해지는 길입니다."

그의 연설을 들은 백만 명이 넘는 군중은 감격의 눈물을 흘렸습니다.

그는 어린 시절의 상처에서 출발한 '개인의 꿈'을 인류의 '보편적 꿈'으로 확장시켰습니다. 그리고 그 꿈을 품은 채 순교의 길을 걸었습니다.

그로부터 수십 년이 지난 2008년, 버락 오바마가 미국 제44대 대통령으로 당선되며 흑인 해방의 역사는 새로운 장을 열었습니다. 노예 해방 선언 143년 만의 일이자, 마르틴 루터 킹이 꿈꾸었던 '서로의 손을 잡는 세상'이 현실이 된 순간이었습니다.

인간은 본능적으로 변화를 두려워합니다. 그러나 하나님의 뜻에 순종하기 위해서는 익숙한 방법을 내려놓고 말씀 앞에 복종해야 합니다. 자신이 만들어 놓은 틀과 안락한 삶의 습관을 내려놓는 일은 결코 쉽지 않습니다. 그리스도인이라 할지라도 예외가 아닙니다.

'이스라엘'이라는 이름은 야곱이 하나님의 은혜로 새롭게 된 존재라는 뜻을 담고 있습니다. 이 이름에는 '통치하다'와 '하나님과 겨루다'라는 두 단어가 결합되어 있습니다. 하나님은 거룩한 이름으로 우리를 부르시고, 축복의 통치를 통해 우리를 연단하십니다. 그러므로 하나님의 백성은 말씀으로 배우고 단련되어, 그분의 뜻 안에서 살아야 합니다.

야곱은 얍복 강가에서 밤새 씨름하며 기도하다가 허벅지 관절이 부러지는 고통을 겪었습니다. 그러나 그 기도는 그의 인생을 바꾸었습니다. 믿음의 사람은 고난 속에서도 하나님의 말씀으로 훈련받고 인도함을 받아야 합니다. 순종하지 않으면 진노와 멸망의 길로 나아가지만, 순종하는 자는 축복과 생명의 길을 걷게 됩니다.

우리는 '영적인 이스라엘 백성'으로 부르심을 받았기에, 말씀에 절대 순종하고 기도의 자리에서 연단 받는 삶을 살아야 합니다.

영국의 설교자 스펄전 목사는 이렇게 말했습니다. "믿음과 순종은 함께 간다. 하나님께 순종하는 자는 하나님을 믿고, 하나님을 믿는 자는 하나님께 순종한다." 믿음이 있다면 순종이 따르게 되고, 순종하는 삶은 곧 믿음의 증거가 됩니다. 믿음과 순종은 둘이 아니라 하나입니다.

사랑하는 여러분, 하나님을 믿으십니까? 그렇다면 그분의 말씀에 순종하십시오. 순종은 단순한 복종이 아니라 믿음의 열매입니다. 우리가 몸과 마음과 물질, 그리고 정성을 다해 하나님을 섬길 때, 하나님께서는 우리의 믿음을 통하여 역사하십니다. 그리고 그 믿음은 마침내 삶의 모든 영역에서 복이 되어 흘러나올 것입니다.

위로와 격려

우리나라에 들어온 외국인들을 대상으로 선교에 헌신하던 한 사역자가 있었습니다. 그는 사역의 폭을 넓히기 위해 새로운 프로젝트를 준비했고, 신문에 광고를 내 전국적인 참여자를 모집했습니다. 마침내 첫 수업이 열리던 날, 회원들은 강사의 경력을 궁금해 했습니다.

그러나 그는 대학교에서 영어를 전공한 것도, 미국 유학을 다녀온 것도 아니었습니다. 그럼에도 불구하고 수십 년간 꾸준히 배우고 연마한 끝에 누구보다 전문적인 실력을 갖춘 사람이었습니다. 하지만 사람들은 그의 실력보다 간판에 더 관심을 두었습니다.

세미나 1기에는 수도권의 대형교회를 이끄는 목회자도 있었습니다. 대한민국의 최고 명문대 출신이었지요. 이후 누군가 강사의 이력을 물으면 그는 자연스럽게 "아, 혹시 그분 아시나요?"라고 대답했습니다. 그 한마디에 분위기가 바뀌었고, 세미나는 순조롭게 진행되었습니다.

얼마 후 한 대학교 총장의 제안으로 서울의 모 대학에서 세미나가 정식으로 개설되었습니다. 30-40명의 목회자들이 참여하며, 외국인 사역의 실제적인 모델을 양성하는 뜻 깊은 사역이 시작되었습니다. 그것은 참으로 기쁨의 날들이었습니다.

그러나 몇 해 지나지 않아 총장의 퇴거 통보로 세미나가 중단되는 위기가 찾아왔습니다. 예고 없이 닥친 절망 앞에서 그는 무릎으로 하나님께 매달렸습니다. 그리고 믿음으로 과감히 행동했습니다. 또 다른 대학교 총장을 직접 찾아가 세미나 개설을 제안했고, 며칠 지나지 않아 허락이 떨어졌습니다. 뜻밖의 위기가 새로운 기회의 문을 연 것입니다.

이후 그는 교육부 인가를 받아 정식 대학원 석사학위 과정에서 학생들을 가르치게 되었고, 수많은 외국인 사역자들을 배출하는 열매를 맺게 되었습니다.

우리는 인생을 살아가며 크고 작은 위기를 맞이합니다. 누구도 예외는 없습니다. 하나의 문제를 해결하면 또 다른 어려움이 닥쳐옵니다. 마치 파도타기처럼, 한 파도를 넘기면 또 다른 파도가 밀려오는 것 같습니다. 그러나 시련은 우리를 무너뜨리기 위한 것이 아닙니다. 시련은 우리를 단련하고 성숙하게 만드는 하나님의 훈련입니다. 어떤 이는 위기 앞에서 낙심하고 원망하며 주저앉지만, 믿음의 사람은 그 자리를 기도로 견디며 새 힘을 얻습니다.

성경 이사야 40장 29절은 이렇게 말씀합니다. "피곤한 자에게는 능력을 주시며, 무능한 자에게는 힘을 더하시나니"라고 말씀하고 있습니다.

또한 로마서 8장 26절에는 "이와 같이 성령도 우리의 연약함을 도우시나니, 우리는 마땅히 기도할 바를 알지 못하나 오직 성령이 말할 수 없는 탄식으로 우리를 위하여 친히 간구하시느니라."고 기록되어 있습니다.

지금 우리의 현실도 마치 보이지 않는 전쟁터와 같습니다. 대한민국은 건국 이후 최대의 위기를 맞이한 듯, 사회는 양분되어 흔들리고 있습니다. 우리는 헌법재판소가 오직 정의와 공정의 원칙 위에서 판단하기를, 그리하여 어느 한쪽도 억울한 피해자가 되지 않기를 간절히 소망합니다.

　인생에서도 의도치 않은 실수를 할 수 있습니다. 그러나 그것을 합리화하며 계속 달려가다 보면 결국 모두가 상처받게 됩니다. 역사는 증언합니다. 대한민국은 위기 때마다 국민의 지혜와 단결로 난관을 이겨냈습니다. 그 믿음과 용기의 역사 위에 오늘의 우리가 서 있습니다. 그러므로 낙심하지 말고, 지금의 어려움 속에서도 서로를 위로하고 격려하며 하나님의 뜻을 신뢰합시다.

　위기는 끝이 아니라 새로운 시작입니다. 하나님께 무릎을 꿇는 자에게는 언제나 길이 열립니다.

경건의 훈련

텔레비전 광고를 보면 다양한 가정용 운동기구들이 쉴 새 없이 등장합니다. 복부 근육을 단련시켜 준다는 기구들만 해도 종류가 너무 많아 어떤 것을 선택해야 할지조차 혼란스러울 정도입니다. 광고 속에서 등장하는 '성공 사례'들은 비만을 걱정하는 사람들의 시선을 사로잡고, 그들의 마음속에 깊은 유혹을 던집니다.

이런 광고들이 공통적으로 자극하는 것은 인간의 본능적인 욕구입니다. 그것은 바로 자신을 더 아름답고, 더 건강하고, 더 매력적인 사람으로 변화시키고 싶은 마음입니다. 그래서 사람들은 크고 작은 운동기구를 집안에 들여놓고 땀을 흘리며 운동을 하고, 혹은 새벽마다 조깅을 나가거나 헬스클럽을 찾아 부지런히 몸매를 가꿉니다. 그것은 분명 부지런함과 끈기 없이는 해낼 수 없는 일입니다.

사도 바울은 디모데전서 4장 8절에서 "육체의 연습은 약간의 유익이 있으나, 경건은 범사에 유익하니 금생과 내생에 약속이 있느니라."고 했습니다.

바울의 말처럼 육체의 단련도 분명 유익합니다. 그러나 신앙인에게는 그것보다 한 차원 더 깊은 훈련이 있습니다. 바로 하나님 앞에서 자신을 더욱 아름답게 가꾸어 가는 '경건의 훈련'입니다.

경건의 훈련은 단지 기도와 예배를 반복하는 것이 아닙니다. 그것은 하나님 앞에서 어제보다 오늘 더 나은 믿음의 사람으로 자라가려는 의지입니다. 하나님을 닮아가려는 결단이며, 게으름과 변명을 멀리하고 꾸준히 자신을 단련하는 내적 훈련입니다. 경건의 연습은 누가 대신해 줄 수 없습니다. 나 자신부터 결단해야 할 신앙의 과제입니다. 그 결단이 쌓여 우리의 신앙은 단단해지고, 영혼은 건강해집니다.

오늘날 우리는 대학 교육을 받지 않아도 얼마든지 지식과 정보를 얻을 수 있는 시대에 살고 있습니다. 인공지능 기술의 발전으로 정보의 양은 헤아릴 수 없이 많아졌고, 기독교 방송을 통해 하루 종일 설교와 세미나를 들을 수도 있습니다. 그러나 역설적으로, 너무 많이 아는 것이 문제를 만들기도 합니다. 말씀을 아는 것보다 더 중요한 것은 말씀을 살아내는 것입니다.

옛말에 "속에 육조판서가 들었으면 무엇하느냐"라는 속담이 있습니다. 아무리 학식과 경험이 풍부해도 덕행이 없으면 그 지식은 쓸모가 없다는 뜻입니다. 신앙도 마찬가지입니다. 경건은 아는 것이 아니라 행하는 것입니다. 말씀을 배우는 데서 멈추지 말고, 말씀을 실천함으로써 그 말씀이 우리의 삶 속에 열매 맺게 해야 합니다.

오늘도 하나님 앞에 한 걸음 더 가까이 나아가길 소망합니다. 경건의 훈련을 통해 우리의 내면이 정결해지고, 믿음의 근육이 단단해지며, 삶 전체가 하나님께 드려지는 예배가 되기를 바랍니다.

두려움

사람들은 늘 사랑을 이야기합니다. 세상의 거의 모든 노래에는 '사랑'이란 단어가 들어 있고, 직접적인 표현이 없더라도 그 주제는 대부분 사랑입니다. 책과 신문, 방송과 강연, 심지어 학교에서도 우리는 '서로 사랑하라'는 가르침을 수없이 듣습니다. 그러나 정작 그 사랑을 삶의 현장에서 실천하는 일은 결코 쉽지 않습니다.

많은 이들이 가정에서, 혹은 관계 속에서 사랑하기로 결심하지만, 그 결심은 종종 현실의 벽 앞에 무너집니다. 만약 우리가 마음먹은 대로 사랑할 수 있다면, 세상에는 법이 필요 없을지도 모릅니다. 왜냐하면 누구나 한 번쯤은 '사랑해야지' 다짐해 본 적이 있기 때문입니다.

그럼에도 우리는 여전히 수많은 법과 규율 속에 살고 있습니다. 인간은 변하지 않고, 오히려 더 세밀한 조항들이 생겨나는 세상, 그것이 인간의 한계이자 연약함입니다.

진정한 사랑이란, 사랑하는 쪽이 사랑받는 이로 인해 고통을 감수하고 손해를 받아들이는 것입니다. 그러나 세상에서 그런 사랑은 찾아보기 어렵습니다. 세상의 사랑은 대체로 조건적입니다. "내가 사랑할 만큼만 사랑하겠다"는 계산이 깔려 있습니다.

예수님처럼, 아무 조건 없이 사랑하며 상대의 죄를 자신의 고통으로 끌어안는 사랑, 그런 사랑은 오직 하나님께만 있습니다. 인간은 남을 돕는다 해도, 자신이 필요한 것은 남겨둔 채 돕는 존재임을 인정해야 합니다.

그렇기에 오늘도 우리는 요한일서 4장 16절의 말씀을 붙듭니다. "하나님은 사랑이시라." 완전하신 예수님이 내 마음 안에 거하시기를 기대하며 살아가는 것, 그것이 신앙의 본질입니다. 창조주 하나님, 진리의 말씀이신 그리스도만이 인류의 참된 소망이기 때문입니다.

4세기 동방교회의 명설교가 요한 크리소스톰은 사회의 부패와 황후 유독시아의 사치를 꾸짖다가 결국 유배당했습니다. 그러나 그는 두려워하지 않았습니다. 오히려 담대히 이렇게 고백했습니다.

"내가 무엇을 두려워할까? 죽음인가? 아니다.

나의 생명은 그리스도 안에 감추어져 있다. 쫓겨나는 것인가?

아니다. 땅과 그 모든 것은 주님의 것이다. 소유를 잃는 것인가?

아니다. 나는 아무것도 가지고 오지 않았고, 떠날 때도 아무것

도 가지고 가지 않는다. 나의 보화는 하늘에 감추어져 있다. 그

들이 나를 쫓아내면 나는 엘리야처럼 될 것이고, 구덩이에 던지

면 예레미야처럼 될 것이며, 굴에 가두면 다니엘처럼 될 것이고,

돌로 친다면 스데반처럼 될 것이다. 목을 벤다면 세례 요한처럼

될 것이며, 매를 친다면 사도 바울처럼 될 것이다."

그에게 두려움이란 없었습니다.

왜냐하면 그는 이미 자신의 생명이 그리스도 안에 감추어져 있음을 알았기 때문입니다. 참된 사랑은 두려움을 이깁니다. 그리고 그 사랑이 곧, 하나님 자신입니다.

성령 운동

1885년, 우리나라에 생명의 복음을 들고 온 선교사들이 학교와 교회, 병원과 고아원 등 다양한 기독교 사역을 펼치기 시작했습니다. 일제강점기의 억압 속에서도 한국 교회는 오히려 신앙의 뿌리를 깊이 내리며 성장했습니다. 해방의 기쁨을 맞았지만, 곧 이어진 전쟁의 상처와 폐허 속에서도 한국 교회는 기적 같은 부흥을 이루어냈습니다.

이후 세계가 놀랄 만한 경제성장과 함께 교회 또한 눈부신 성장을 경험했습니다. 그러나 보이지 않는 우상과 세속의 영적 위협이 그 부흥의 자리를 서서히 잠식해 왔습니다.

오늘의 한국 교회는 새로운 위기를 맞고 있습니다. 부흥회와 사경회는 점점 줄어들고, 교회 성장세는 둔화되었으며, 분열과 갈등은 심화되고 있습니다. 팬데믹의 그늘이 드리워진 뒤, 우리는 변명할 여유조차 없이 영성을 잃어버린 시대를 살고 있습니다.

부흥과 회복을 소망하면서도 구체적인 돌파구를 찾지 못한 채, 신앙의 열기가 식어가는 현실 앞에 서 있습니다. 그럼에도 감사한 것은 곳곳에서 여전히 부흥의 불씨를 다시 지피려는 움직임이 일어나고 있다는 사실입니다.

민족복음화운동본부 총재 이태희 목사는 이렇게 말했습니다. "대한민국 교회가 다시 일어나 부흥을 경험하고, 민족을 살리는 교회로 거듭나야 합니다. 미스바에 모인 이스라엘처럼 통회 자복하는 통곡의 역사가 일어나야 할 때이며, 한국 교회를 살리는 길은 오직 철저한 회개의 눈물과 뜨거운 영성의 회복에 있습니다."

다가오는 2027년은 한국 교회사에 매우 뜻 깊은 해입니다. 바로 1907년 평양대부흥운동 120주년이자, 1977년 민족복음화대성회 50주년이 되는 해입니다.

이에 민족복음화운동본부는 '2027민족복음화대성회'를 준비하며, 한국 교회의 새로운 영적 각성을 꿈꾸고 있습니다. 이번 성회를 통해 한국의 모든 목회자와 성도들이 복음의 능력을 다시 경험하고, 성령 충만한 회개의 역사를 통해 민족 복음화가 이루어지기를 기대하고 있습니다.

되돌아보면 한국 교회의 140년 역사 중, 1970-80년대는 세계 교회사에서도 유례없는 놀라운 부흥의 시대였습니다. 그러나 지금 한국 교회는 성장을 멈추었고, 오히려 마이너스 성장을 경험하고 있습니다. 그 어느 때보다도 교회가 깨어나야 할 때입니다. 다가올 2027년, 평양대부흥운동과 민족복음화대성회의 정신을 이어받아, 다시 한 번 한국 교회를 살리는 성령운동이 일어나야 합니다.

우리의 유일한 해답은 초대교회의 신앙으로 돌아가는 것입니다. 철저한 회개와 성령의 역사만이 이 나라와 민족을 살릴 수 있습니다. 이제 교단과 교파의 벽을 넘어 주님 안에서 하나 되어야 합니다. 전국의 교회와 성도들이 마음과 뜻을 모아 함께 일어설 때, 우리는 반드시 새로운 부흥을 맞이하게 될 것입니다.

"이는 힘으로도 되지 아니하며 능력으로도 되지 아니하고 오직 여호와의 영으로 되느니라"(스가랴 4:6). 이 말씀을 붙들고, 전국 방방곡곡에서 성령운동이 다시 일어나기를 소망합니다.

희망의 2027년, 도시마다 울려 퍼질 복음의 함성 속에 하나님께서 한국 교회를 새롭게 하시고, 이 민족을 다시 복음으로 세우시는 거룩한 역사가 이루어지기를 간절히 기도합니다.

모세의 노래

부모들은 자녀가 성장해 가는 동안 "이렇게 해라, 저렇게 해라"고 하며 삶의 지혜를 가르칩니다. 그리고 종종 이렇게 말하곤 합니다.

"만일 네가 부모의 말을 듣지 않으면 후회하게 될 것이다." 이 말에는 단순한 훈계 이상의 깊은 마음이 담겨 있습니다. 자녀가 잘못된 길로 가지 않도록 미리 경계시키고, 혹여 실패의 길을 걷더라도 부모의 말을 떠올리며 다시 돌아오기를 바라는 간절한 사랑이 숨어 있습니다.

신명기 32장은 하나님의 지시에 따라 모세가 이스라엘 백성을 향해 부른 '모세의 노래'입니다. 이 노래에는 하나님께서 이스라엘에게 베푸신 극진한 사랑이 담겨 있습니다. 그러나 동시에, 그 사랑을 배반할 이스라엘의 타락이 예언되어 있습니다. 하나님께서는 배교한 이스라엘을 향해 진노하시지만, 또한 그들의 대적에게도 공의의 심판을 내리실 것이라 경고하십니다.

이 노래의 진정한 목적은 단순히 심판을 예언하려는 데 있지 않습니다. 오히려 타락을 미연에 방지하고, 백성들로 하여금 죄의 결과를 깨닫게 하여 회개와 회복의 자리로 돌아오게 하려는 하나님의 사랑이 그 중심에 있습니다. 결국 모세의 노래는 '징계의 예언'이 아니라 '회복의 초대'입니다.

부모와 자식의 관계는 하나님과 우리 성도의 관계를 가장 잘 설명해

주는 교과서와도 같습니다. 아이들은 "이렇게 하면 부모님이 기뻐하실 거야" 하며 행동하지만, 때로는 그 의도가 빗나가기도 합니다.

때로는 알면서도 귀찮거나 내키지 않아 외면해 버리기도 하지요. 우리와 하나님과의 관계도 다르지 않습니다. 우리는 "하나님의 뜻대로 살겠다"라고 고백하지만, 정작 내 생각과 다를 때는 외면하거나 합리화하며 넘어가곤 합니다.

하나님의 뜻은 광대하고 깊습니다. 그래서 막연히 "하나님의 뜻대로 살자"라고만 말하면 실제 삶에서는 방향을 잃기 쉽습니다. 집중력 있는 신앙을 위해서는 몇 가지 핵심적인 기준이 필요합니다.

그것은 바로 하나님을 사랑하는 마음, 그분의 말씀에 순종하려는 자세, 그리고 회개를 통해 다시 돌아올 수 있는 겸손함입니다. 모세의 노래는 우리에게 이렇게 권면합니다. "하나님께로 돌아오라. 하나님의 말씀 안에 생명이 있다."

오늘도 그 말씀을 바로 알고, 바로 믿으며, 바로 전하는 성도들이 되어 하나님의 뜻에 합당한 삶을 살아가기를 소망합니다.

사순절의 의미

대한민국은 지금 깊은 혼란의 시기를 지나고 있습니다. 그러나 이러한 국가적 위기 속에서도 우리는 사순절을 보내며 부활절을 준비하고 있습니다. 이 시기만큼은 개인의 신앙에 머무르지 않고, 사회와 조국, 그리고 지구촌 곳곳의 전쟁과 테러, 기근에 이르기까지 우리의 기도의 지경이 넓어지기를 소망합니다.

때로는 삶에 지쳐 내일의 희망이 보이지 않을 때가 있습니다. 그러나 죄인인 나를 위해 고난당하신 예수 그리스도의 사랑을 깊이 묵상한다면, 우리의 믿음은 다시 확장될 것입니다. 사순절은 단순히 신앙의 전통이 아니라, 나 자신을 돌아보고 사회 속에서 하나님의 사람으로 서기 위한 성찰의 시간입니다.

사순절은 '재의 수요일'(Ash Wednesday)로부터 시작하여 부활절 전날까지 주일을 제외한 40일의 기간을 의미합니다. 초대 교회 시대에 예비 성도들은 이 기간 동안 회개와 금식을 통해 자신을 준비하며, 부활절 새벽에 세례를 받았습니다.

교회는 함께 묵은 신앙을 기경하고, 다시금 영적 생기를 회복하는 시간을 가졌습니다.

성경에서 '40'이라는 숫자는 특별한 상징을 지닙니다. 모세가 시내산에서 40일 동안 금식하며 하나님의 율법을 받았고, 예수님께서도 공생애를 시작하시기 전 광야에서 40일을 금식하며 시험을 이기셨습니다. 또한 부활하신 예수님은 40일 동안 제자들에게 나타나 복음의 진리를 가르치셨습니다. 이처럼 40일은 '준비'와 '정화', 그리고 '새로운 시작'을 의미합니다.

오늘날 한국 교회와 전 세계의 교회들은 사순절 기간 동안 새벽기도회와 철야기도회를 통해 주님의 고난을 묵상하며, 십자가의 길을 따라갑니다. 그러나 단지 행사의 참여에 머물지 않고, 우리의 삶이 주님의 희생 앞에 얼마나 순종하고 있는지를 점검하는 것이 참된 사순절의 자세일 것입니다.

지금 대한민국은 중대한 분기점에 서 있습니다. 헌법재판소의 결정에 나라의 미래가 달려 있고, 사회의 정의와 공의가 흔들리고 있습니다. 하나님께서 세우신 이 나라가 병들어 가고 있는 현실 앞에서, 우리는 신앙인으로서 다시 깨어 기도해야 합니다.

하나님보다 사람의 이념이 앞서는 시대, 진리를 외면한 재판과 불의한 결정들이 조국의 근간을 흔들고 있습니다.

바로 이런 때에 사순절은 우리에게 '십자가의 정신'으로 돌아오라고 부르짖습니다. 나의 유익이 아니라 타인을 위한 사랑, 나의 안전이 아니라 공동체를 위한 헌신으로 살아가야 함을 일깨웁니다. 주님의 고난에 동참하며, 그분의 부활을 기다리는 이 절기야말로 개인과 사회, 국가가 새로워질 수 있는 은혜의 기회입니다.

한 손에는 성경을, 다른 한 손에는 정의와 공의가 흐르는 사회를 위한 기도를 들어야 할 때입니다. 하나님이 통치하시는 자유대한민국, 이 아름다운 조국이 다시 회복되기를 소망합니다. 사순절과 부활절의 기간 동안 어둠의 세력은 물러가고, 오직 주님의 보혈의 능력으로 새 역사가 시작되기를 기도합니다.

열왕기상 18장 42절에 기록된 것처럼, 엘리야가 갈멜산에서 얼굴을 무릎 사이에 넣고 간절히 기도했던 그 모습으로, 우리 또한 조국과 교회를 위해 무릎으로 기도하는 성도들이 되기를 바랍니다.

섬김

유월절 만찬의 자리에서 제자들 사이에 작은 갈등이 생겼습니다. 누군가의 발을 씻겨야 했지만, 그 역할은 당시 사회에서 가장 낮은 사람이 맡는 일이었기 때문입니다. 누구도 먼저 나서려 하지 않았습니다. 그때 예수님께서는 조용히 자리에서 일어나 수건을 허리에 두르시고 제자들의 발을 하나하나 씻기셨습니다. 그리고 이렇게 말씀하셨습니다.

"내가 너희에게 행한 것을 너희가 아느냐 너희가 나를 선생이라, 또는 주라 하니 너희 말이 옳도다 내가 그러하다 내가 주와 또는 선생이 되어 너희 발을 씻었으니 너희도 서로 발을 씻어주는 것이 옳으니라 내가 너희에게 행한 것 같이 너희도 행하게 하려 하여 본을 보였노라"(요 13:12-15).

세상에서 섬기는 자가 하늘나라에서는 큰 자입니다. 그래서 예수님은 섬김의 본을 친히 보이셨습니다. 제자들은 스승의 본을 따라 낮아져야 했고, 서로를 향해 종의 마음으로 섬기는 삶을 살아야 했습니다.

섬김이란 단순한 봉사가 아닙니다. 그것은 자신이 낮아지는 일이며, 더 나아가 자아를 죽이는 일입니다. 낮아지고 죽지 않고서는 결코 섬길 수 없습니다. 참된 섬김은 '나'를 내려놓는 데서 시작됩니다.

성경이 말하는 섬김은 겸손에서 비롯됩니다. 바울은 우리에게 "너희 안에 이 마음을 품으라 곧 그리스도 예수의 마음이니"(빌 2:5)라고 권면

합니다. 예수님께서는 하나님의 본체이시면서도 자기를 비워 종의 형체를 가지셨고, 죽기까지 순종하셨습니다. 그분의 마음을 품는 것이 섬김의 출발입니다.

진정한 섬김은 누군가의 인정을 얻기 위해서 하는 일이 아닙니다. 마음 깊은 곳에서 감사함으로 우러나오는 자발적인 헌신이어야 합니다. 그래서 대가를 요구하지 않습니다. 온전한 섬김은 자신의 안락과 권리, 보상까지도 내려놓는 일입니다.

우리 속담에 "한 부모는 열 자식을 거느려도, 열 자식은 한 부모를 못 거느린다."라는 말이 있습니다. 부모는 사랑으로 자녀를 품지만, 자녀들은 종종 의무감으로 부모를 대하기 때문입니다. 사랑이 빠진 섬김은 결국 버거운 일이 되고 맙니다. 그러나 사랑이 있을 때 섬김은 희생이 아니라 기쁨이 됩니다.

부모가 밤낮으로 자녀를 위해 수고하면서도 결코 그것을 종노릇이라 생각하지 않는 이유는 바로 사랑 때문입니다. 사랑은 자신을 낮추고, 섬김으로 완성됩니다.

예수님께서 보여주신 섬김의 본은 오늘을 살아가는 우리 모두에게 여전히 유효한 메시지입니다. 세상이 경쟁과 이기심으로 가득할수록, 진정한 섬김의 힘은 더욱 빛을 발합니다. 우리가 그분의 마음을 품고 낮아짐의 자리에서 서로를 섬길 때, 비로소 하나님의 나라가 우리의 삶 속에서 드러나게 될 것입니다.

목회자의 길

필리핀 마닐라 주바로 센터에서 교단의 40-50대 목회자들이 모여 차세대 목회자 세미나가 개최되었습니다. 이번 세미나는 단순한 강의의 자리가 아니라, 목회의 본질을 다시 묻고 새로운 세대를 향한 비전과 사명을 재확인하는 귀한 시간이었습니다.

세미나를 마친 후 참석자들은 필리핀의 역사 탐방을 통하여 국가의 소중함을 되새기는 시간을 가졌습니다. 7,641개의 섬으로 이루어진 필리핀은 1565년부터 380여 년 동안 스페인과 미국, 그리고 일본의 식민 지배를 받아야 했습니다.

우리는 2차 세계대전 중 태평양 전쟁에서 전사한 17,206명의 젊은 병사들이 잠들어 있는 마닐라 미군 추모묘지를 방문하였습니다. 그곳에서 자유와 평화가 얼마나 값진 희생의 대가 위에 세워진 것인지를 깊이 깨닫게 되었습니다.

목회자들은 세미나 기간 중 각자의 목회 여정에서 겪었던 고난과 아픔을 나누며 성령의 위로를 받았습니다. 그리고 주님 앞에 다시 서서 '미래의 이력서'를 작성하며, 앞으로의 20년, 30년을 향한 사명 선언문을 새롭게 다짐하였습니다. "성령의 능력으로 다시 일어나 승리하자"는 고백이 입에서 입으로 울려 퍼졌습니다.

강사로 초청된 이규환 목사께서는 40여 년간의 목회 여정 속에서 개척과 건축, 그리고 교회 성장의 길을 걸으며 체득한 신앙의 자취를 진술하게 나누어 주셨습니다. 그의 삶 자체가 한 편의 간증이었으며, 참석한 목회자들은 그 말씀 속에서 큰 도전과 새 힘을 얻었습니다. 그들은 한국 교회의 미래를 이끌어갈 세대라는 자부심과 책임감을 다시금 마음에 새겼습니다.

목회는 결코 쉬운 길이 아닙니다. 가지를 다듬는 나무꾼의 손처럼, 성도들의 신앙을 세워가는 일은 끊임없는 인내와 사랑을 요구합니다. 농부가 햇빛과 물을 세심히 조절하듯, 목회자는 영혼의 성장을 위해 눈물로 기도하여야 합니다. 어미 닭이 알을 품어 생명을 세상으로 내보내듯, 목회자는 사랑으로 영혼을 품어야 합니다.

오늘날의 목회 현장에는 용장(勇將), 덕장(德將), 지장(智將)보다도 '앞장'이 필요합니다. 먼저 무릎 꿇고, 먼저 희생하며, 먼저 복음을 전하는 자가 진정한 목회자입니다. 복음을 위하여 생명을 걸고, 잃어버린 영혼을 주님께로 인도하는 길, 그것이 바로 목회자의 사명입니다.

세미나 중 한 목회자는 강의를 들으며 깊은 감동을 받았다고 고백하였습니다. 그는 새로 개척할 교회의 이름을 '복이 있는 교회'로 정하고, "절대 신앙으로 일어서서 좋은 교회를 세우겠다"라고 다짐하였습니다. 그는 마음을 낮추고 젊은 생각으로 하늘의 지혜를 구하며, 영적으로 갈급한 이들을 주님께로 인도하는 사역에 헌신하기로 결심하였습니다.

목회의 길에는 언제나 다양한 사람들이 함께합니다. 때로는 마음을 아프게 하는 일도 있고, 인간적인 한계를 느낄 때도 있습니다. 그러나 목회자는 그 모든 상황 속에서도 감사와 사랑으로 감당해야 합니다. 인간의 연약함은 오직 예수 그리스도의 십자가 보혈로만 치유될 수 있음을 잊지 말아야 합니다.

이번 세미나에 참석한 목회자들은 도전과 비전, 그리고 사명으로 가슴이 뜨거워졌다고 고백하였습니다. 은혜의 말씀을 통해 영감을 얻었고, 동역자들의 기도 속에서 새 힘을 받았습니다. 그들은 다시 현장으로 돌아가 교회를 세우고, 한국 교회를 사랑하며, 주님 안에서 한 가족으로서 서로를 격려하고 위로할 것입니다.

목회의 길은 결코 평탄하지 않습니다. 그러나 그 길의 끝에는 언제나 주님께서 기다리고 계십니다. 그 부르심에 응답한 자만이 걸을 수 있는 길, 눈물과 감사와 사랑이 교차하는 그 길 위에서 오늘도 우리는 묵묵히 십자가를 지고 나아갑니다.

오직 믿음

예수님 시대의 제자들은 누구 하나 온전히 예수님을 믿지 못하였습니다. 만일 믿음이란 단순히 예수님을 따라다니고, 그분의 말씀을 들으며, 곁에서 수종을 드는 것으로 정의된다면 제자들은 모두 믿음이 있는 사람들이었을 것입니다. 그들은 자신의 직업과 삶의 터전을 뒤로하고 예수님을 따랐습니다. 그러나 예수님을 잘 알지도 못한 채 "나를 따르라"는 한마디 말씀에 모든 것을 버리고 나선 그 길은 결코 쉬운 일이 아니었습니다.

믿음이란 단지 행위나 결단으로 설명될 수 있는 것이 아닙니다. 오늘의 시대도 다르지 않습니다. 교회를 다니는 것으로 믿음을 정의할 수 있을까요? 예배에 참석하고 설교를 듣는 우리의 행위들이 과연 죽음을 이길 만큼의 힘을 지니고 있는지, 우리는 깊이 묵상해야 합니다. 죽음 앞에서도 담대히 그리스도로 인해 기뻐할 수 있는 믿음, 그것이 참된 믿음의 힘입니다.

제자들은 예수님을 모시고 직접 말씀을 들었음에도, 십자가의 죽음이라는 현실 앞에서는 두려움에 사로잡혀 도망치고 말았습니다. 이것이 인간의 한계요, 믿음의 본질이 인간의 결심으로 해결될 수 없는 이유입니다. 믿겠다고 해서 믿어지는 것이 아니며, "나는 믿는다"고 고백한다고 해서 진정한 믿음이 생기는 것도 아닙니다.

지금 우리에게 필요한 것은 '믿음의 확신'이 아니라 '믿음의 확인'입니다. 믿음이 무엇인지 바로 알고, 그 믿음이 내 안에서 정말 살아 역사하고 있는지 점검하는 일입니다. 만일 믿음이 아닌 것으로 드러난 것이 있다면, 그것을 과감히 내려놓고 빈 마음으로 예수님께 나아가야 합니다. 그때 비로소 참된 믿음이 우리 속에 자리하게 됩니다.

여러분의 나라는 어디입니까? 대한민국입니까, 아니면 하나님의 나라입니까? 이제는 하나님이 다스리시는 나라를 향해 우리의 남은 인생을 걸 수 있는 성도들이 되기를 소망합니다.

거미가 공중에 매달려 있습니다. 거미줄을 건드리면 거미는 단숨에 위로 올라갑니다. 언뜻 보기에는 아무것도 없는 것 같지만, 그곳에는 보이지 않는 거미줄이 있습니다. 거미는 그 줄을 타고 재빠르게 피하고, 생명을 지켜냅니다.

믿음도 이와 같습니다. 눈에 보이지 않지만, 우리를 붙들고 지켜주는 생명의 줄입니다. 두려움이 밀려올 때, 하나님을 의지하는 사람은 신속히 움직이며 쓰러지지 않습니다. 이 광야 같은 세상 속에서 우리가 설 수 있는 이유는 단 하나 '오직 믿음' 때문입니다.

참 스승

참된 스승이 그리운 시대입니다. 우리는 누구나 배움의 길을 걸어왔고, 그 길 위에서 수많은 스승을 만났습니다. 그러나 오늘의 현실 속에서 과연 제자들에게 '참된 스승'이라 부를 만한 이가 얼마나 있을까를 되묻게 됩니다. 우리 사회는 스승에 대한 존경과 인식의 변화를 여러 시대를 지나며 겪어왔습니다.

예로부터 스승의 권위는 지극했습니다. "스승의 그림자도 밟지 말라"는 말처럼, 우리 사회는 스승을 존경하는 문화를 지켜왔습니다. 부모는 자녀가 선생님께 순종하고, 모범적인 학생으로 성장하기를 바랐습니다. 학교에서 체벌을 받으면 오히려 자녀를 꾸짖던 시절도 있었습니다. 그러나 지금은 그 풍경이 낯설어졌습니다.

교사의 인권이 침해되고, 때로는 폭언과 폭행이 오가는 현실 앞에서 우리는 깊은 고민에 빠집니다. 심지어 교사가 학생을 상처 입히는 일도 일어납니다.

육체의 건강이 중요하듯, 정신의 건강 역시 교육의 근본입니다. 스승의 가치는 존경받아야 하며, 사랑과 책임으로 제자를 세워야 합니다. 그리고 졸업 이후에도 인생의 동반자로 함께 걸어가는 것이 지속 가능한 사회의 기초가 될 것입니다.

참된 스승은 언제나 신중한 생각과 실천이 동반되어야 합니다. 신앙의 영역에서도 마찬가지입니다. 한국 교회에는 많은 신학대학교가 있고, 그 안에서 수많은 교수들이 신학생을 가르칩니다. 신학을 가르치는 일은 단순한 학문이 아니라 영혼을 다루는 사역입니다.

그러나 오늘날 신학교 지원자가 급격히 줄고 있습니다. 한때는 재수를 하며 입학하던 시대가 있었지만, 이제는 정원을 채우는 것조차 쉽지 않습니다. 인구 감소뿐 아니라, 교회와 목회자에 대한 사회적 신뢰가 흔들리고 있기 때문입니다.

그럼에도 불구하고, 여전히 소명으로 부름 받아 묵묵히 목회의 길을 선택하는 이들이 있습니다. 그들은 복음을 전하는 사명으로, 사람을 살리는 사역에 헌신하고 있습니다. 그들의 걸음 위에 아름다운 열매가 맺히기를 기도합니다.

우리 사회에도 여전히 보이지 않는 곳에서 진정한 스승으로 살아가는 분들이 있습니다. 어느 교사는 엄격한 성품 때문에 학생들의 존경을 받지 못했습니다. 그러나 경제적으로 어려운 한 제자를 만나면서 그는 사랑의 참뜻을 깨닫게 되었습니다.

자신의 월급에서 학비를 돕고, 점심을 챙겨주며, 행정적인 도움까지 베풀었습니다. 그 따뜻한 섬김은 한 사람의 인생을 바꾸어 놓았습니다. 그가 바로 참된 스승이었습니다.

이러한 분들을 찾아내어 감사와 존경의 마음을 전하는 일은 사회를 따뜻하게 만들고, 감동의 문화를 확산시키는 일입니다. 참된 스승을 기억하고, 그 정신을 기리는 상이야말로 우리 교육의 등불이 될 것입니다.

한국 교회의 교회학교 교사들 역시 예수 그리스도의 교훈을 본받는 참 스승이 되어야 합니다. 오늘 교회학교는 인구 감소와 부정적인 사회

인식 속에서 위기를 맞고 있습니다. 그러나 여전히 믿음으로 아이들을 가르치며 헌신하는 교사들이 있습니다. 그들의 수고는 결코 헛되지 않습니다.

교사들은 아이들이 예수님을 닮은 인격으로 성장할 수 있도록 기도해야 합니다. 또한 사도 바울이 가르친 것처럼, "배우고 듣고 본 바를 실천하라"는 말씀을 삶으로 증거해야 합니다.

제자들은 참된 스승을 존경하고 그 길을 따르며, 예수님의 성품을 닮아가야 합니다. 아직 우리 사회는 희망을 잃지 않았습니다. 참 스승이신 예수 그리스도를 닮아간다면, 교회가 변하고, 사회가 변하며, 마침내 세상이 새로워질 것입니다.

고난을 넘어

혹독한 겨울의 어느 날이었습니다. 미네소타 주에 살던 열네 살의 소년 마이크 다울링(Mike Dowling)은 목장 일을 돕던 아이였습니다. 하루는 소를 데리고 먼 들판으로 나갔다가, 갑작스레 몰아친 눈보라에 휩싸였습니다. 몇 시간을 헤매던 그는 간신히 볏단이 쌓여 있는 곳을 발견하고 그 속으로 몸을 파묻었습니다. 밤새 얼어 죽지 않으려 안간힘을 다했지만, 아침이 되자 손과 발은 이미 얼어붙어 있었습니다.

그는 마지막 힘을 다해 어느 농가에 도착했으나, 결국 양쪽 무릎 아래와 왼팔 팔꿈치 아래, 그리고 오른손의 모든 손가락을 절단해야 했습니다. 비참한 현실이었지만, 소년은 절망하지 않았습니다. 자신이 키우던 소를 팔아 병원비를 갚고, 시당국의 도움을 받으며 재활을 이어갔습니다. 그리고 이렇게 호소했습니다.

"제가 혼자 다닐 수 있도록만 도와주시고, 칼턴대학교에 1년만 다닐 수 있게 해주신다면 그 다음 인생은 제가 책임지겠습니다."

마이크는 그 약속대로 공부에 매진했습니다. 이후 7년 동안 시골 학교에서 학생들을 가르쳤고, 여름이면 각종 일을 하며 스스로를 일으켜 세웠습니다. 울타리 페인트칠부터 시작해, 주간신문을 창간하기도 했습니다. 마침내 그는 한 은행의 은행장이 되었고, 나아가 미네소타 주 은행연합회 회장의 자리까지 올랐습니다. 두 다리와 한 팔, 그리고 손가락을 잃은 사람이 그토록 놀라운 삶을 일궈낸 것입니다.

마이크 다울링은 거기서 멈추지 않았습니다. 미네소타 주 하원의회 의장으로 일하며, 제1차 세계대전 중 부상을 입은 상이군인들을 위해 헌신했습니다. 영국 정부와 적십자사의 초청으로 영국으로 건너가, 병원들을 돌며 상이군인들을 격려하고 강연을 이어갔습니다. 그는 8개월 동안 단 하루도 쉼 없이 그 사명을 감당했습니다.

생애의 마지막까지 그는 불구 아동들을 돕는 일에 힘을 쏟았습니다. 그의 손길을 통해 수많은 소년·소녀들이 비관과 절망에서 벗어나 새로운 삶의 희망을 품게 되었습니다.

1921년, 마이크 다울링은 과로로 생을 마감했습니다. 그의 헌신을 기억한 사람들과 미네소타 주 의회는 10만 달러를 모아 '동상'이 아니라, '마이크 다울링 기념 불구 아동학교'를 세웠습니다. 그가 남긴 유산은 단순한 업적이 아니라, 인간의 존엄과 신앙의 깊이를 일깨우는 감동의 생애였습니다.

그가 남긴 말은 지금도 우리의 마음을 울립니다.

"팔이나 다리가 없다고 해서 자신을 불구자라 생각하지 마십시오.

불구가 되는 것은 몸이 아니라 마음에 달려 있습니다.

나는 하나님께 감사를 드립니다. 나는 불구자가 아니기 때문입니다."

그의 삶은 고난을 넘어, 믿음과 감사로 일어선 인간의 위대한 증언이었습니다.

은혜

헬렌 켈러는 본래 건강한 아이로 태어났습니다. 그러나 생후 19개월 만에 심한 열병을 앓은 뒤, 시각 · 청각 · 언어의 장애를 동시에 입게 되었습니다. 세상의 빛도, 소리도, 말도 잃은 채 완전한 어둠 속에서 살아야 했습니다.

그런 그녀에게 설리번 선생은 한 줄기 빛처럼 다가왔습니다. 헬렌이 여덟 살이 되었을 때, 설리번 선생은 끈질긴 인내와 헌신으로 오직 손끝의 감각을 통해 세상과 소통하는 법을 가르쳤습니다.

어느 날 헬렌이 물었습니다.

"선생님, 갈색이란 어떤 색이에요?"

"헬렌의 머리 색깔과 같단다."

"그럼 제 머리 색깔이 아름다운가요?"

"그럼요. 헬렌의 마음처럼 아름답고 고와요."

설리번 선생은 헬렌에게 세상을 '마음의 눈'으로 보는 법을 가르쳤습니다. 그때부터 헬렌은 세상을 원망 대신 감사로 바라보며, 기쁨의 삶을 살아가기 시작했습니다.

이후 그녀는 하버드대학교를 졸업하고 여러 권의 책을 저술했습니다. 또 전 세계를 순회하며 절망 속에 있던 이들에게 용기와 희망을 심어 주었습니다.

1936년, 일제강점기의 조선에도 방문한 그녀는 한국인들에게 깊은 감동과 위로를 전했습니다. 헬렌 켈러는 육체의 장애를 넘어, 인류의 마음에 빛의 언어를 새긴 인물이 되었습니다.

또 한 사람, 라울 소사라는 아르헨티나의 소년이 있었습니다. 다섯 살에 피아노를 배우기 시작한 그는 천재적인 재능으로 일찍이 '피아노의 신동'이라 불렸습니다. 스무 살에 세계적 명성을 얻었지만, 불의의 사고로 오른손 세 번째와 네 번째 손가락 신경이 마비되었습니다. 피아니스트로서의 삶이 끝난 듯 보였습니다.

그러나 그는 절망하지 않았습니다.

"내게는 아직 왼손이 있다. 오른손이 안 되면 왼손으로 연주하겠다." 그는 하루도 쉬지 않고 연습을 거듭했습니다. 그리고 마침내 왼손 하나로 청중을 사로잡는 연주자가 되었습니다. 한국 공연에서도 그의 연주는 사람들에게 깊은 울림을 남겼고, 객석은 기립박수로 화답했습니다.

마지막으로 소개할 사람은 프랭크 반데르 마아텐입니다. 18세의 유망한 바이올리니스트였던 그는 어느 날 대장간에서 아버지를 돕다가, 달궈진 쇳덩이가 왼손 위로 떨어지는 사고를 당했습니다. 손가락 끝마디 네 개가 잘려 나가며, 그는 더 이상 바이올린을 잡을 수 없게 되었습니다.

한동안 그는 절망 속에 머물렀습니다. 그러나 믿음을 가진 그는 하나님께 도움을 구하며 다시 결심했습니다.

"이제 나는 왼손이 아니라 오른손으로 줄을 잡고, 왼손으로 활을 잡겠다." 그는 불편한 손으로 하루에도 몇 시간씩 연습을 거듭했습니다. 그리고 수년 후, 아이오와 시옥스 카운티 심포니의 최고 바이올리니스트로 우뚝 섰습니다.

불운을 딛고 다시 일어선 그의 삶은 단순한 재기의 이야기가 아니라, 은혜로 사는 인생의 증언이었습니다. 하나님께서 도우실 때, 인간은 어떤 고난 속에서도 다시 일어설 수 있습니다. 세 사람의 이야기는 우리에게 한 가지를 말합니다. 은혜는, 고난을 이기는 힘이며 절망의 끝에서도 다시 피어나는 빛이다.

불굴의 의지

오늘은 타드 허스틴이라는 인물을 생각해 보고자 합니다. 1981년 4월, 미국의 한 청년이 있었습니다. 그는 스무 살의 나이에 수상스키 선수의 꿈을 키우며 젊음의 바다를 달리던 타드 허스틴이었습니다. 그러나 어느 날, 경주를 마친 후 스키 로프를 끌다가 예기치 않게 배의 프로펠러에 다리가 끌려 들어가 두 다리를 잃고 말았습니다.

그는 결국 의족에 의지한 삶을 시작해야 했습니다. 그러나 그는 절망하지 않았습니다. 매일 성경을 펼치며 하나님께 묻고 또 물었습니다.

"하나님, 저의 남은 인생에서 포기하지 말아야 할 것은 무엇입니까? 제가 이 땅에서 이루어야 할 가능성과 사명은 무엇입니까?" 그렇게 기도하던 중, 마음속에 심리학을 공부하고 싶은 소망이 일어났습니다.

그는 대학에 입학해 심리학을 전공한 뒤, 남부 캘리포니아 재활병원 의학센터의 상담원으로 일하게 되었습니다. 그곳에서 자신처럼 손과 발을 잃은 이들에게 희망을 심어주며, 절망 속에서도 다시 일어설 수 있음을 전했습니다.

어느 날, 그는 기도 중에 깊은 잠에 들었고, 꿈에서 하나님의 음성을 들었습니다. "산으로 올라가라. 각 주의 가장 높은 산에 오르라." 그는 꿈속에서도 대답했습니다. "주님, 올라가라 하시면 올라가겠습니다." 의족을 끼고 산을 오른다는 것은 불가능처럼 보였지만, 그는 그 도전을 통해 장애인들에게 용기와 믿음의 본을 보이기로 결심했습니다.

그렇게 해서 그는 '서키트 아메리카'(Circuit America), 즉 '미국 50개 주의 최고봉을 의족으로 정복하는 프로젝트'를 시작했습니다.

1994년 6월 1일, 알래스카의 매킨리 봉에서 그의 도전이 시작되었습니다. 수많은 위험이 있었고, 여러 차례 생사의 경계를 넘나들었습니다. 그러나 그는 포기하지 않았습니다. 그리고 마침내 66일 만에 미국 전역의 최고봉 50개를 모두 정복했습니다.

1994년 8월 17일, 마지막으로 하와이의 최고봉에 올랐을 때, 그는 땅에 엎드려 흙에 입을 맞추며 이렇게 기도했습니다. "전능하신 하나님, 두 다리가 없는 이 연약한 자에게 이 영광을 주시고 찬송하게 하시니 감사드립니다.

나 같은 자에게 길을 열어주시고 정상에 오를 힘을 주셨으니 나와 같은 형제들에게 믿음과 용기를 주옵소서. 어떤 경우에도 포기하지 않도록 도와주소서."

그는 두 다리를 잃었지만, 믿음으로 하늘을 걸은 사람이었습니다. 우리는 인생에서 예기치 못한 환난과 역경을 만날 수 있습니다. 그러나 절망하지 않아야 합니다.

우리가 보지 못할 뿐, 하나님은 언제나 그 안에 길을 두십니다. 또 한 사람, 레나 마리아를 소개합니다.

그녀는 1968년, 스웨덴 중남부 하보 마을에서 두 팔이 없고 한쪽 다리가 짧은 중증 장애인으로 태어났습니다. 병원에서는 보호소에 맡길 것을 권했지만, 독실한 기독교인 부모는 "이 아이는 하나님이 주신 선물"이라 믿고 사랑으로 키웠습니다. 그녀는 오른발 하나로 수영을 하고, 십자수를 놓고, 요리를 하고, 피아노를 치고, 심지어 운전과 성가대 지휘까지 해냈습니다.

1988년 스웨덴 국영 TV에 그녀의 이야기가 소개되며 세상에 알려졌고, 이후 미국으로 건너가 가스펠 음악을 공부했습니다. 그녀의 수기 〈발로 쓴 내 인생의 악보〉는 전 세계 9개국 언어로 번역되어 베스트셀러가 되었고, 지금도 천상의 목소리로 세계 곳곳에서 찬양을 전하고 있습니다.

레나 마리아는 이렇게 고백합니다. "나의 장애는 나를 넘어뜨린 것이 아니라, 나를 높이 띄운 점핑 보드였습니다." 그녀는 자신의 부족함을 한탄하지 않고, 오히려 감사의 제목으로 바꾸었습니다.

우리가 살아가는 자리에는 언제나 위험과 장애물이 있습니다. 때로는 예기치 못한 시련이 찾아오기도 합니다. 그러나 인간의 힘으로는 불가능해 보여도, 전능하신 하나님을 의지하면 반드시 다시 일어설 수 있습니다.

고난은 우리를 꺾기 위한 것이 아니라, 하나님께로 더 깊이 나아가게 하는 초대입니다. 오늘도 믿음으로 다시 일어서기를 바랍니다.

영원한 생명

저의 고향에는 음성과 신니면에 걸쳐 있는 가엽산이 있습니다. 예전에는 정상에 봉수대가 있었으나, 지금은 KBS와 MBC의 송신소가 세워져 있습니다. 그 산 중턱의 마을, 상촌이 바로 제가 자라난 곳입니다.

사방이 산으로 둘러싸인 상촌은 계곡에서 흐르는 맑은 물과, 계절마다 달라지는 숲과 들꽃, 그리고 짐승들의 울음소리 속에서 하나님의 숨결을 느낄 수 있는 고요한 마을이었습니다.

저는 그 산길을 두 시간 가까이 걸어 산수초등학교를 다녔습니다. 어린 시절, 막내 삼촌께서는 충주 용원에서 작은 장갑공장을 운영하셨습니다. 가끔 오토바이나 자동차를 타고 집에 오시면 저를 뒷자리에 태워 신작로를 달리시곤 했습니다.

바람을 가르며 달리던 그 시간은 제 어린 마음에 설렘과 기쁨으로 남아 있습니다. 충주 용원교회는 1956년 7월 21일에 설립되었습니다. 여러 목사님들이 그곳에서 영혼 구원을 위해 헌신하셨습니다.

새벽마다 기도로 준비하고, 낮에는 심방을 다니며, 밤에는 예배로 하루를 마감하셨습니다. 때로는 어려움과 시련이 있었지만, 믿음으로 인내하며 합력하여 선을 이루고자 하는 그들의 간절한 마음은 식지 않았습니다.

선친의 친형제 다섯 분 중 이제는 모두 하나님의 부르심을 받으시고,

숙부 한 분만이 남아 계셨습니다. 그 숙부께서도 하나님이 주신 사명의 길을 끝까지 걸으시다가 마침내 영원한 천국으로 가셨습니다. 형제들이 그곳에서 다시 만나리라 믿습니다.

모두 고향 충주시 신니면에서 태어나 평생을 그 땅에서 살며 믿음의 길을 걸으셨습니다. 지나온 세월을 돌아보면, 가난하고 어려웠던 날들이었지만 그 모든 순간이 하나님의 은혜였음을 고백하게 됩니다.

숙부이신 최면복 장로님은 젊은 시절 폐결핵으로 죽음의 문턱에 섰을 때, 하나님의 은혜로 치유를 받고 새로운 삶을 시작했습니다. 교회가 성전 건축을 시작할 때, 자신의 형편을 돌아보지 않고 은행에서 대출을 받아 헌금했습니다.

30대에 장로로 임직받아, 한 교회에서 40년 동안 충성스럽게 봉직하셨습니다. 은퇴 후에도 제2의 삶으로 하나님께 영광 돌리기 위해 힘쓰셨습니다. 그러나 지난해 말부터 뜻하지 않은 육종암으로 고통을 겪으셨습니다. 병원에서 여러 차례 수술과 치료를 받았으나, 암이 폐로 전이되어 더 이상 의학적으로 손쓸 수 없다는 소식을 들었습니다.

마지막으로 병문안을 갔을 때, 숙부께서는 여전히 평안한 미소로 저를 맞으셨습니다. 우리는 함께 기도하며 하나님의 은혜와 기적을 소망했습니다. 그리고 며칠 후, 충주에서 숙부의 가족으로부터 전화를 받았습니다.

"이제 마음의 준비를 해야 할 것 같습니다."

그 말이 전부였습니다.

잠시 후 다시 전화가 걸려왔습니다.

"장로님께서 주님 품으로 가셨습니다."

최면복 장로님은 40년의 사명과 평생의 삶을 마무리하고, 천국으로 이사하셨습니다. 이제 그곳에서는 질병도 없고 눈물도 없습니다. 주님 품 안에서 기쁨과 안식을 누리고 계실 것입니다. 장로님은 교회와 가정, 그리고 이웃 속에서 희로애락의 길을 걸으셨습니다.

평생의 눈물과 기쁨이 교차하던 인생의 장을 마감하고, 영혼이 하나님을 사모하며 영원한 생명의 길로 나아가셨습니다. 사람은 주님 안에서 유종의 미를 거두어야 합니다.

인생의 마지막 자리에서, 고집과 교만을 내려놓고 상처와 허물을 인정하며 하나님께 용서를 구하는 것은 믿음의 아름다운 결단입니다. 우리 모두 십자가의 능력을 의지하고, 언젠가 맞이할 죽음의 자리에서 회개함으로써 하나님의 긍휼하심을 입기를 소망해야 합니다.

주님은 말씀하셨습니다. "나는 부활이요 생명이니, 나를 믿는 자는 죽어도 살겠고, 살아서 믿는 자는 영원히 죽지 아니하리라." 예수 그리스도는 어제도 계셨고, 오늘도 계시며, 영원토록 동일하신 분이십니다. 그러므로 회개는 패배가 아니라 생명의 회복입니다.

자존심이 무너지는 것이 아니라, 왜곡된 마음이 치유되는 시작입니다. 남은 생애 동안, 우리가 서 있는 그 자리에서 조금 더 참고 인내하며, 합력하여 선을 이루는 삶으로 하나님께 영광 돌리기를 원합니다.

그것이 곧 영원한 생명을 향한 믿음의 길입니다.

원대한 소망

사람의 인생길에는 고속도로처럼 순탄한 시절도 있지만, 때로는 좌절과 낙심, 외로움의 터널을 지나야 할 때도 있습니다. 우리의 삶은 마치 격랑을 헤치며 나아가는 한 척의 배와 같습니다.

그러기에 사람과 소통할 때, 우리는 그가 누군가의 남편이요, 아내이며, 자녀이고 가족이라는 사실을 기억해야 합니다. 상대를 배려하는 말, 마음을 세워주는 언어가 결국 사람 사이의 길을 넓히는 다리가 됩니다. 인정과 용기, 그리고 희망을 전하는 말 한마디가 상처받은 마음을 어루만지고, 메마른 세상 속에서도 아름다운 관계의 열매를 맺게 합니다.

정치가이자 목사이며, 주한 미국 제16대 대사를 지낸 제임스 레이니 (James T. Laney) 교수는 1940년대 후반 주한 미군 정보국에서 근무한 후, 예일대학교 대학원에서 박사학위를 받았습니다. 그 후 감리교 목사로 목회를 하다가 1959년, 선교사로 연세대학교에 부임했습니다. 그가 에모리대학교에서 교수로 재직하던 시절의 일화입니다.

레이니 교수는 매일 걸어서 학교로 출퇴근을 했습니다. 어느 날, 교정 근처의 한 작은 집 마당에서 홀로 사는 노인을 보게 되었습니다. 그는 외로워 보이는 노인에게 다가가 정중히 인사를 건넸고, 그날 이후 매일 다정한 인사를 나누며 말벗이 되어 주었습니다. 시간이 날 때마다 노인을 찾아가 잔디를 깎아주고, 커피를 함께 마시며 2년이 넘는 세월 동안 따뜻한 교제를 이어갔습니다. 그러던 어느 날, 출근길에 노인이 보이지 않자 그의 집을 찾아갔습니다.

그곳에서 노인이 전날 세상을 떠났다는 소식을 들었습니다. 장례식장에 조문을 간 레이니 교수는 뜻밖의 사실을 알게 되었습니다. 그 노인은 한 대기업의 전 회장이었던 것입니다. 장례식장에서 한 유족이 유서를 건네며 말했습니다.

유서에는 이렇게 적혀 있었습니다. "2년 동안 내 집 앞을 지나며 인사를 건네고, 잔디를 깎아주고, 커피를 함께 마셔준 친구 레이니, 고마웠습니다. 나는 당신에게 25억 달러와 회사 주식 5%를 유산으로 남깁니다." 갑작스러운 유산 앞에서 레이니 교수는 깊이 생각했습니다.

그리고 그 거액을 한 푼도 사용하지 않고, 자신이 재직하던 에모리대학교 발전기금으로 전액 기부했습니다. 그 후 그는 에모리대학교 제17대 총장(1977-1993)으로 선출되어 학교 발전을 위해 헌신했습니다. 총장직을 마친 뒤, 빌 클린턴 대통령의 임명을 받아 1993년부터 1997년까지 주한 미국 대사로 봉사하며 대한민국과 깊은 인연을 이어갔습니다. 이처럼 우리의 인생은 수많은 만남으로 엮여 있습니다.

그 만남 속에서 자기 이익만을 좇지 않고, 서로를 돌아보고 함께 짐을 지는 삶을 산다면, 세상은 훨씬 따뜻해질 것입니다. "콩 한쪽도 나누어 먹는다"는 속담처럼, 어려운 때일수록 서로 도우며 사는 사회가 참된 인간의 향기를 품습니다. 때로는 삶이 도전처럼 느껴질 때가 있습니다.

그러나 그 순간은 우리 자신을 다시 채우는 시간이며, 부족함을 돌아보는 지혜의 통로이기도 합니다. 혼돈의 세상 속에서도 주님 안에서 희망과 비전을 품고, 다시 용기를 내어 걸어가는 인생이 되기를 바랍니다.

우리 사회가 더 따뜻해지기를, 소외된 이웃이 위로받고, 넘어지는 이들이 다시 일어설 수 있기를 기도합니다. 그리고 현실만 바라보지 말고, 하나님이 주시는 원대한 소망을 바라보며 믿음으로 일어서는 삶이 되기를 소망합니다.

그리하여 우리 각자의 신앙 여정 속에 작은 감동의 열매가 맺히기를 바랍니다. 타인을 먼저 생각하며, 허물과 상처를 감싸 안고, 다가오는 역경을 기도로 이겨내는 삶, 그것이 바로 성숙으로 가는 길이며, 하나님께서 기뻐하시는 인생의 모습일 것입니다.

내리교회 역사

역사는 단순한 기록이 아닙니다. 그 안에는 시대의 이야기와 사람의 숨결이 깃들어 있습니다. 역사를 이야기로 읽을 때, 우리는 그 속에서 시대의 의미와 교훈을 더욱 깊이 깨달을 수 있습니다.

강화도는 우리 민족의 아픔을 품은 섬입니다. 외세의 침략과 내적 시련을 견뎌내며 꿋꿋이 버텨온 땅, 그러나 그 고난의 흔적 속에는 여전히 신앙의 불씨가 살아 숨 쉬고 있습니다. 과거의 상처들은 오늘을 사는 우리에게 '과거와 대화할 수 있는 통로'가 되어, 현재와 미래를 비추는 거울이 됩니다.

1883년 제물포항이 개항하면서 선교사들이 조선 땅을 밟기 시작했습니다. 1885년, 아펜젤러 선교사는 인천에 한국 최초의 감리교회인 내리교회를 세웠습니다. 그 후 1892년에는 존스 선교사가 담임으로 부임하였고, 1904년 이후 김기범 목사가 그 뒤를 이어 목회를 감당했습니다. 당시 서양 종교에 대한 경계심이 컸던 시절, 존스 선교사는 어떻게 복음을 전해야 할지 고민했습니다.

그는 사람들과의 신뢰를 쌓기 위해 '상조계 모임'을 조직했습니다. 약 50여 명이 모였으나, 어느 날 계주의 횡령 사건으로 모임은 해체되고 말았습니다. 그러나 끝까지 남은 두 사람 중 한 사람이 바로 이승환이었습니다.

강화도 출신인 이승환은 제물포에서 주막을 운영하며 생계를 이어가던 사람이었습니다. 먹고사는 문제는 해결되었지만, 그의 마음에는 늘 공허함이 자리했습니다. 그러던 중 존스 선교사를 만나 복음을 접하게 되었고, 내리교회에서 신앙생활에 헌신하게 되었습니다.

그는 신앙의 기쁨을 고향에 계신 어머니께 전하고자 주막을 정리하고 강화도로 돌아갔습니다. 그러나 당시 존스 선교사는 강화 입성이 금지된 상태였습니다. 이승환은 대신 복음을 들고 고향 사람들에게 다가갔습니다. 그의 열정은 단순한 인간의 의지로 된 것이 아니었습니다. 그것은 하나님께서 미리 준비하신 섭리의 역사였습니다.

복음은 당시 사회의 중심이 아닌, 오히려 사회적 약자들 속에서 뿌리 내렸습니다. 핍박과 시련 속에서도 말씀과 기도로 살아간 평민들은 믿음의 사람으로 변화되었습니다. 이승환은 병중에 있던 어머니에게 복음을 전했고, 어머니는 세례를 받기를 간절히 원했습니다. 그러나 존스 선교사가 강화에 들어올 수 없었기에, 이승환은 병든 어머니를 밤중에 업고 약속된 장소로 향했습니다.

그리하여 보름달이 떠오른 강화 앞바다 작은 배 위에서, 존스 선교사로부터 세례를 받은 그의 어머니가 강화도 최초의 세례자가 되었습니다. 신앙의 역사 속에는 언제나 하나님의 특별한 손길이 있습니다. 그 복음의 여정 가운데 김상임이라는 한 인물이 등장합니다.

유교적 양반 가문의 김상임은 처음에는 선교사들을 거부하며 "우리 땅을 밟고 가면 불태워 없애겠다"고 협박하기도 했습니다. 그러나 말씀의 능력과 성령의 은혜 앞에서 그는 변화되었습니다. 복음의 불씨는 그의 마음에서 타올랐고, 결국 132년의 역사를 지닌 교산교회가 그 불길

속에서 세워졌습니다.

유학자였던 김상임은 존스 선교사에게 신앙 훈련을 받고, 강화도 최초의 전도사가 되어 교산교회를 섬겼습니다. 그의 헌신은 지역 사회에 큰 변화를 가져왔으며, 후에 그의 아들 김홍제가 제4대 목사로 그 사명을 이어갔습니다. 일제강점기의 혹독한 시련 속에서도 교산교회는 신앙의 뿌리를 지켜내며, 믿음의 공동체로 자리했습니다.

아펜젤러로부터 존스 선교사, 그리고 이승환 권사와 김상임 전도사로 이어지는 이 신앙의 계보는 마치 겨자씨 하나가 자라 숲을 이루듯, 복음의 행전으로 꽃피었습니다. 강화도의 교산교회는 그 결실이며, 오늘의 한국 교회에도 헌신과 사명의 본이 되고 있습니다. 인생의 역사에서도, 하나님의 역사는 늘 한 사람으로부터 시작되었습니다. 한 사람이 믿음으로 바로 설 때 세상이 바뀌었고, 역사가 새로 써졌습니다.

내가 변화될 때, 하나님이 역사하십니다. 내리교회와 교산교회의 역사는 바로 그 진리를 증언하고 있습니다.

기다림

어거스틴의 어머니 모니카는 이단인 마니교에 빠져 방탕하게 살던 아들을 위해 눈물로 기도했습니다. 하루, 한 달, 그리고 해가 바뀌어도 변화는 없었습니다. 10년이 넘는 세월 동안 아들은 여전히 죄의 길을 걸었고, 어머니의 가슴은 타들어 갔습니다.

어느 날, 절망한 모니카는 교구의 암브로스 감독을 찾아가 흐느끼며 호소했습니다. "감독님, 저는 아들을 위해 십 년 동안 하루같이 기도했습니다. 그러나 아무런 변화가 없습니다. 오히려 전보다 더 나빠졌습니다. 어찌해야 할까요?" 그때 암브로스 감독은 따뜻한 위로로 이렇게 말했습니다. "자매님, 너무 염려하지 마십시오. 눈물로 기도하는 어머니가 있는 한, 그 아들은 결단코 망하지 않을 것입니다." 그 말은 예언처럼 이루어졌습니다.

마침내 어거스틴은 회개하고 주님께 돌아왔습니다. 모니카의 눈물의 기도가 그를 죄와 절망의 웅덩이에서 건져내었고, 어거스틴은 후에 히포의 감독이자 교회 역사상 가장 위대한 변증가로 세워졌습니다. 모니카의 기다림은 결코 헛되지 않았습니다. 기다림은 사랑에서 나옵니다. 사랑하면 기다릴 수 있고, 사랑은 기다림의 힘이 됩니다.

이스라엘 백성은 애굽의 노예로 430년을 기다렸습니다. 모세는 사명을 이루기 전까지 40년을 광야에서 기다렸습니다. 다윗 또한 기다림의 사람이었습니다. "내가 여호와를 기다리고 기다렸더니 귀를 기울이사 나의 부르짖음을 들으셨도다"(시 40:1). 그는 기도했지만, 응답은 없었습니다.

그러나 포기하지 않았습니다. 다시 기도했고, 또 기다렸습니다. 기다림은 한두 번의 거절이 아니라, 여러 번의 침묵 속에서도 믿음을 놓지 않는 것입니다. 다윗의 삶은 결코 평탄하지 않았습니다. 젊은 시절 그는 블레셋의 장수 골리앗을 무찌르며 이스라엘을 구했습니다.

여인들은 "사울은 천천이요, 다윗은 만만이라" 노래했지만, 그 찬미의 소리가 오히려 그의 운명을 뒤바꾸었습니다. 사울의 질투가 그를 죽이려 했고, 다윗은 도망자의 신세로 십 년을 떠돌았습니다. 사선(死線)을 넘나드는 세월 동안 그는 수없이 기도했습니다.

"여호와여, 어느 때까지니이까 주의 얼굴을 나에게서 언제까지 숨기시겠나이까 내 영혼이 번민하고 마음이 근심하기를 어느 때까지 하오며 …"(시 13 1-2).

다윗은 응답이 없어도 기도를 멈추지 않았습니다. 하나님의 시간은 느리지만, 결코 늦지 않습니다. 그 기다림이 다윗을 믿음의 사람으로 세웠고, 그 인내의 시간이 하나님의 역사를 이루어냈습니다. 기다림은 결국 사랑의 또 다른 이름입니다.

예수님을 사랑하는 사람은 그분의 다시 오심을 기다립니다. 그 기다림은 단순한 인내가 아니라, 사랑이 머무는 자리입니다. 아무리 늦어도 포기하지 않고, 아무리 멀어도 여전히 바라보는 마음, 그 속에는 세상의 시간으로는 잴 수 없는 믿음의 온기가 깃들어 있습니다.

기다림은 때로 고독처럼 느껴집니다. 그러나 그 고독은 하나님이 우리를 단련하시는 시간입니다. 조용한 기도의 순간마다, 마음은 조금씩 단단해지고, 사랑은 더욱 깊어집니다. 그래서 예수님의 재림을 기다리는 일은 곧 사랑의 연습이자 믿음의 성숙입니다. 끈질긴 기다림은 신앙의 뿌리와 같습니다. 그 속에서 우리는 다윗의 인내를 배우고, 모니카의 눈물을 떠올립니다.

　하나님은 때로 침묵하시지만, 그 침묵 속에서도 약속은 자라고 있습니다. 기다림이 끝나면 우리는 깨닫게 됩니다. 그 시간은 낭비가 아니라, 하나님께서 약속을 품게 하신 은혜의 시간이었습니다.

성시화 운동

하나님은 지금도 기적을 이루고 계십니다. 동방의 끝, 작은 조선 땅에 복음이 전해진 지 어느덧 140년이 되었습니다. 호남은 일찍이 생명의 복음, 예수 그리스도를 받아들였고 다른 지역보다 복음화율이 높다는 통계가 있습니다. 선교 초기에 전주와 군산 지역에서 활동한 일곱 명의 선교사가 있었습니다.

윌리엄 데이비스 레이놀즈, 윌리엄 맥클리어리 전킨, 루이스 보이드 테이트, 팻시 볼링 레이놀즈, 멜리 레이번 전킨, 매티 새뮤얼 테이트, 리니 플러슨 데이비스. 그들의 선교 사역은 헌신과 눈물로 가득했으며, 그 열매는 지금도 이어지고 있습니다. 예수병원의 설립자 마티 잉골드는 1897년, 미국 남장로교선교부에서 파견된 의사로 1898년 완산 은송리의 작은 초가집에 진료소를 세워 환자들을 돌보았습니다. 그곳이 오늘날 전주예수병원의 시작이었습니다.

이후 루이스 테이트 선교사와 결혼한 그는 복음 전도와 의료 사역에 더욱 헌신했습니다. 한국 선교의 특징은 복음선교, 교육선교, 의료선교가 함께 이루어진 삼각 선교였습니다. 복음선교는 전도와 목회를 중심으로, 은송리교회(현, 전주 서문교회)를 세우며 레이놀즈, 테이트, 전킨 선교사들이 사역을 이끌었습니다.

교육선교는 신흥중 · 고등학교와 기전여중 · 고등학교를 설립하며 다음 세대를 키워냈습니다. 의료선교는 진료와 간호, 병원 운영을 통해 예수의 사랑을 전했습니다. 이처럼 그들의 수고와 헌신이 한국 교회의 든든한 기초가 되었습니다.

이러한 역사의 터전 위에서 세계 성시화 전북대회가 열렸습니다. 성시화 운동은 CCC 운동을 일으킨 김준곤 목사에 의해 1972년 춘천에서 시작되었습니다.

벌써 53년의 역사를 지닌 이 운동은 "전 교회가 전 복음을 전 시민에게"라는 3전(三傳) 운동으로 출발했습니다. "행복한 시민, 건강한 가정, 거룩한 도시"를 만들기 위한 하나님의 비전 아래 지금도 도시마다, 농어촌마다 성령의 역사가 이어지고 있습니다. 성시화 운동은 단지 한 도시나 지역만의 운동이 아닙니다. 복음의 불씨를 지구촌 열방으로 전하려는 하나님의 꿈이 담겨 있습니다.

1970년대 여의도에서는 수많은 대중 집회가 열렸습니다. 빌리 그레이엄 초청 73, 엑스폴로 74, 민족복음화대성회 77로 이어진 그 흐름은 한국 교회의 부흥을 이끌었습니다. 특히 대학생선교회(CCC)가 주도한 엑스폴로 74 대회는 "민족의 가슴마다 그리스도를 심어 이 땅에 그리스도의 계절이 오게 하자"는 표어 아래 전국 교회가 총동원되어 복음을 전했습니다.

여의도광장에 모인 연인원 655만 명, 그리고 84개국에서 온 대표들은 예수 혁명과 성령의 폭발을 경험했습니다. 그날의 감동은 지금도 한국 교회의 심장 속에 살아 있습니다. 홍성군의 한 지검장이었던 한 성도의 헌신으로 직장 신우회 운동이 시작되었고, 검사들과 목회자들이 함께 복음을 전하며 충남 지역의 성시화 운동으로 확산되었습니다.

그 열매는 군산과 호남 여러 지역으로 이어져 기독교 연합 사역이 활발하게 진행되고 있습니다. 경북 대구지검장으로 재직했던 전용태 장로(현 세계성시화운동본부 대표회장)의 헌신을 통해 성시화 운동은 더욱 조직적으로 성장하였습니다.

전국 각지에서 모인 성시화 가족들은 군산에서 열린 대회에서 성령의 강력한 역사를 체험하며, 말씀과 기도, 간증으로 비전을 나누고 다시금 복음의 불씨를 품는 시간을 가졌습니다.

성시화 운동은 이제 강원도 춘천에서 시작되어 대구, 당진, 군산을 거쳐 서울과 경기, 그리고 세계 열방으로 뻗어가고 있습니다. 이는 단순한 집회가 아니라, 하나님 나라의 회복 운동입니다. 오늘도 목회자와 성도들이 예수 그리스도의 십자가 복음으로 자신이 속한 지역의 성시화를 위해 기도하고 있습니다.

성령의 능력으로 달려가는 이 사역은 주님 오시는 그날까지 멈추지 않을 것입니다. 한국 교회가 이 거룩한 사명을 감당하여 삶의 자리마다 하나님의 영광이 드러나고, 예배와 기도, 생활 속에서 거룩한 열매가 맺히기를 소망합니다.

올바른 판단

인생은 수많은 선택과 결단의 연속입니다. 어떤 선택은 삶을 꽃피우게 하고, 어떤 결정은 돌이킬 수 없는 길로 이끌기도 합니다. 올바른 판단은 언제나 생명과 진리의 방향을 향해야 합니다.

제주도에서 근무하던 한 해양경찰 공무원이 있었습니다. 그는 평소 건강하게 지내왔으나, 정기 검진에서 뜻밖에도 폐암 판정을 받았습니다. 저를 찾아와 상담하던 그는 절망과 두려움 속에 있었습니다.

저는 그에게 "지금 나이는 54세이니 관리만 잘하면 10년은 더 살 수 있습니다. 제주도의 자연환경 속에서 몸과 마음을 회복해 보십시오."라고 조언했습니다. 그리고 직장을 내려놓고 조용한 곳에서 지인들과 산책하며 자연 치유의 삶을 권했습니다. 그러나 그는 직장에 대한 미련을 버리지 못했습니다.

결국 근무지를 김포로 옮기고 병원 치료에 전념했습니다. 한 달쯤 후, 그의 아내에게서 "이제 얼마 남지 않은 것 같습니다"라는 연락이 왔습니다. 밤늦은 시각이었지만 병원으로 달려갔습니다. 그는 이미 폐에서 뇌로 암이 전이되어 사경을 헤매고 있었습니다.

인간의 지혜로는 어찌할 수 없었고, 저는 그저 조용히 기도할 수밖에 없었습니다. 우리는 살아가며 수없이 많은 결정을 내립니다. 그 결정 하나하나가 인생의 성패를 좌우합니다. 특히 생(生)과 사(死)의 갈림길 앞에서는 무엇보다 정확한 판단과 결단이 필요합니다.

사도행전 27장에는 바울이 탄 배가 유라굴로 풍랑을 만나는 장면이 나옵니다. 바울은 이미 세 번이나 파선을 경험한 사람으로, 누구보다 항해의 위험을 잘 알고 있었습니다. 그는 영적 통찰과 경험을 따라 항해를 만류하며 경고했습니다. "내가 보니 이번 항해가 하물과 배만 아니라 우리의 생명에도 타격과 많은 손해를 끼치리라." 그러나 선장과 선주는 바울의 말을 듣지 않았습니다.

"우리는 평생 바다에서 살아온 사람인데, 당신이 뭘 안다고 그러느냐." 그들은 자신의 경험과 계산을 믿었고, 백부장 역시 전문가의 의견을 좇았습니다. 당시 많은 사람은 "미항이 좁으니, 더 넓은 뵈닉스로 가서 겨울을 보내자"고 주장했습니다. 다수의 의견이었지만, 결과는 참혹했습니다. 거대한 풍랑 유라굴로가 배를 삼켜 버린 것입니다. 다수의 선택이 언제나 옳은 것은 아닙니다.

가나안 정복을 앞둔 열두 정탐꾼 중 열 명은 "불가능하다"라고 말했습니다. 그러나 하나님의 뜻은 믿음의 두 사람, 여호수아와 갈렙을 통해 이루어졌습니다. 예수님께서도 "멸망으로 인도하는 문은 크고 그 길이 넓다"라고 하셨습니다.

세상의 길은 언제나 넓고 편안해 보이지만, 그 끝은 어둡습니다. 믿음의 사람은 다수의 의견이나 세상의 기준에 휘둘리지 않습니다. 우리의 판단 기준은 오직 하나님의 뜻이어야 합니다. 사람들은 흔히 남을 따라가며 살지만, 그렇게 살다 보면 남이 잘못될 때 함께 무너지는 법입니다.

성경은 말합니다. "너희는 너희 하나님 여호와를 신뢰하라, 그리하면 견고히 서리라. 그의 선지자들을 신뢰하라, 그리하면 형통하리라"(대하

20:20). 하나님의 말씀에 귀를 기울이면 살고, 안 되는 것 같아도 잘 되고, 죽을 것 같아도 다시 살아나는 역사가 일어납니다. 만약 선장과 백부장이 바울의 말을 들었다면, 그들은 풍랑을 만나지 않았을 것입니다.

그러나 하나님의 말씀을 무시했기에, 배는 파손되고 모두 절망에 빠졌습니다. 하지만 놀라운 일은, 바울 한 사람으로 인해 하나님께서 그 배의 선장이 되어 주셨다는 사실입니다. 그 배에 타고 있던 모든 사람은 죽지 않고 구원을 받았습니다. 올바른 판단은 지혜에서 나오는 것이 아니라, 하나님을 신뢰하는 믿음에서 나옵니다. 바울이 보여준 믿음의 판단처럼, 오늘 우리도 매일의 결정 속에서 하나님의 뜻을 분별하며 생명으로 향하는 길을 걸어가야 합니다.

인간관계의 거리

제2차 세계대전 때 독일·일본·이탈리아에 맞서 싸운 연합국은 모두 47개국이었지만, 실질적인 지도자는 루스벨트, 처칠, 스탈린 세 사람이었습니다.

스탈린은 히틀러가 1941년 6월 소련을 침공하자 루스벨트와 처칠과 손을 잡았지만, 그들과의 연합 속에서도 늘 경계의 끈을 놓지 않았습니다. 그러므로 미국과 영국의 연합은 전쟁 수행에 있어 무엇보다 중요한 관계였습니다.

전쟁 중, 영국의 윈스턴 처칠 수상이 루스벨트 대통령을 방문했을 때의 일입니다. 백악관 숙소에서 목욕을 마친 처칠이 막 거실로 돌아왔을 때, 루스벨트가 "들어가도 되겠는가?" 묻자 처칠은 "들어오시오"라 답했습니다.

루스벨트가 문을 열고 한 발짝 들어서자, 거기에는 실오라기 하나 걸치지 않은 '벌거숭이 불도그'(처칠의 별명)가 웃음을 띠고 서 있었습니다. 대통령은 당황해 "실례했습니다"라며 문을 닫으려 하자, 처칠은 미소를 지으며 말했습니다. "허허, 우리 대영제국은 미국에 감출 것이 없소. 보시는 그대로요." 사람과 사람이 진정으로 가까워지려면, 그 사이의 '거리'가 사라져야 합니다.

미국의 문화인류학자 에드워드 홀이 인간 사이의 공간 관계를 연구하면서, 사람과 사람 사이의 심리적 거리를 네 가지로 구분했습니다.

첫째는 밀접 거리(intimate distance) — 손이 닿고 냄새가 느껴질 만큼의 거리로, 가족이나 연인의 관계에 해당합니다.

둘째는 개체 거리(personal distance) — 일상적인 목소리로 대화할 수 있는 거리로, 친구나 가까운 지인 간의 거리입니다.

셋째는 사회 거리(social distance) — 업무상 교류나 공식적 관계가 이루어지는 거리로, 직장 동료나 거래 관계에 해당합니다.

넷째는 공중 거리(public distance) — 대중 강연이나 공연장 등에서의 거리로, 청중과 연설자 사이의 관계를 의미합니다.

사람들은 자유롭게 살아가는 것 같지만, 실제로는 눈에 보이지 않는 관계의 국경선 안에서 살아갑니다. 가족은 서로의 냄새를 맡으며 한 방에서 지내는 것이 자연스럽습니다. 멀리 떨어져 있어도 마음이 이어져 있다면 그것이 가족의 거리입니다. 그러나 한 집안에서 서로 가까이하기를 불편해하고 거리를 두는 일이 생긴다면, 그 가정에는 이미 균열이 생긴 것입니다.

인간이 고독해지는 이유는 대부분 이 '거리'에서 비롯됩니다. 밀접 거리를 나누던 가족이 성장과 함께 서로의 생활권이 멀어지면, 부모는 고독을 느낍니다. 부부 간에도 사회적 활동의 영역이 달라지면, 어느새 마음의 거리도 벌어집니다. 물리적 거리는 좁혀질 수 있지만, 심리적 거리는 쉽게 닫히지 않습니다.

지하철이나 엘리베이터 안에서 사람들은 몸이 가까이 있지만 마음은 멀리 있습니다. 이러한 거리 감각을 조절할 줄 아는 사람이 바로 교양인입니다. 상대의 마음을 침범하지 않으면서도 따뜻한 존재로 남는 것

― 그것이 인간관계의 예의입니다.

　모든 사람은 살아가며 자신과 잘 맞는 사람, 그리고 그렇지 않은 사람을 만나게 됩니다. 학생 시절에는 마음이 맞는 사람과만 어울릴 수 있지만, 사회에 들어서면 그렇게 살 수 없습니다. 사람들은 흔히 "저 사람은 이래서 싫다, 저 사람은 저래서 틀렸다"고 말하지만, 그렇게 해서는 어떤 관계도 오래가지 못합니다. 성격이 다른 사람과도 좋은 관계를 맺기 위해 노력하는 것, 그것이 성숙한 인간관계입니다.

　빌 게이츠는 이렇게 말했습니다. "대인관계에서 문제가 많은 사람들 대부분은, 자신과 맞지 않는 사람에게 다가가려는 노력을 하지 않는다." 사람 사이의 거리란 스스로 다가가야 좁혀집니다. 다가섬이 없으면 관계는 멀어지고, 멀어진 관계는 어느새 단절로 이어집니다. 인생의 성공이란 무엇일까요?

　재물이나 명예보다 더 귀한 것은 진심으로 마음을 나눌 수 있는 한 사람의 친구를 얻는 것입니다. 이 삭막한 세상에서, 가족처럼 믿고 의지할 수 있는 단 한 사람의 벗을 얻었다면 그것이 바로 성공입니다. 신앙의 성공 또한 같습니다. 할 수 있거든 모든 사람과 화평을 이루고, 원수까지도 사랑하며, 모든 이를 주 안에서 형제와 자매로 여겨 밀접 거리를 회복하는 것. 그것이 신앙이 추구하는 참된 인간관계입니다.

변화된 자, 변질된 자

'변화와 변질'이라는 흥미로운 글이 있습니다. 변화란, 여우같은 여자가 여유 있는 여자로, 화난 여자가 환한 여자로, 따지는 여자가 따뜻한 여자로, 착각하는 여자가 자각하는 여자로, 색기 있는 여자가 생기 있는 여자로 바뀌는 것을 말합니다.

그러나 변질은 그 반대입니다. 여유 있는 여자가 여우같은 여자로, 환한 여자가 화난 여자로, 따뜻한 여자가 따지는 여자로, 자각하는 여자가 착각하는 여자로 바뀌는 것입니다.

결국 변화는 성숙을 의미하고, 변질은 타락을 뜻합니다. 교회 안에도 변화된 자가 있는가 하면, 변질된 자가 있습니다. 욕심 많은 사람들은 자신이 받은 은혜를 나누지 않고 계속 더 받으려만 합니다. 그런 사람의 소유에는 좀과 동록이 슬며, 결국 도적이 구멍을 뚫습니다.

예수님께서는 변화되지 않고 변질된 사람들을 향해 이렇게 말씀하셨습니다. "회칠한 무덤 같으니, 겉으로는 아름답게 보이나 그 안에는 죽은 사람의 뼈와 더러운 것이 가득하도다"(마 23:27). 겉으로는 점잖고 고상해 보여도, 그 속에 탐욕이 자리하면 그 삶에서는 썩은 냄새가 납니다.

반면 삭개오처럼 변화된 사람은 자신이 받은 은혜를 이웃과 나눕니다. 그는 하나님 나라의 사역을 위해, 가난한 자들을 위해 기꺼이 나누었습니다. 그 결과 하나님의 나라가 확장되고, 이웃의 얼굴에는 웃음꽃이 피며, 자신도 진정한 행복을 누리게 되었습니다.

이스라엘에는 두 개의 대표적인 바다가 있습니다. 바로 갈릴리 바다와 사해입니다. 헐몬산에서 흘러나온 물이 모이는 갈릴리 바다는 풍성한 생명의 바다로, 이스라엘 전역을 비옥하게 합니다. 그러나 그 물이 흘러들어가 고여 있는 사해는 어떤 생명도 살지 못하는 죽음의 바다입니다. 갈릴리는 받은 물을 나누어주기에 살아 있고, 사해는 받기만 하기에 썩습니다.

받음과 나눔, 변화와 변질의 차이는 바로 여기에 있습니다. 그렇다면 사람은 어떻게 변화될까요? 지식이 많아진다고 변하지 않습니다. 명예나 권세가 높아진다고 변하지 않습니다. 돈이 많아진다고도 변하지 않습니다. 오히려 이런 것들은 사람을 변질시키기도 합니다.

환경을 바꾸고 일을 바꾸어도 그것은 외적인 변화일 뿐, 내면은 여전히 그대로입니다. 진정한 변화는 영의 변화에서 시작됩니다. 마음이 새로워져야 인생이 새로워집니다. 하나님께로 돌아갈 때에만, 사람은 변합니다.

웨스트민스터 신학교의 간하배 선교사는 한때 한국에서 창녀들을 전도했습니다. 그는 두 가지 방법을 시도했습니다. 하나는 환경을 바꾸어 바른 길로 인도하는 것이고, 또 하나는 그들의 영을 주님께로 이끄는 일이었습니다. 그런데 첫 번째 방법으로는 많은 이들이 잠시 변화된 듯하다가 다시 옛자리로 돌아갔습니다. 그러나 예수님을 믿게 된 사람들은 그날로 그곳을 떠나 가정부가 되고, 공장에서 일하고, 거리에서 행상을 하며 새 삶을 시작했습니다.

그들의 변화는 외적인 교화가 아니라, 영적인 거듭남에서 비롯된 것이었습니다. "세 살 버릇 여든까지 간다"는 말처럼, 인간은 쉽게 변하지 않습니다. 그래서 하나님은 사랑하는 자에게 고난을 허락하십니다. 고난의 시간 속에서 단단하던 마음이 깨어지고, 교만이 부서지고, 영혼이 새로워집니다.

고난을 당하면 약해질 것 같지만, 오히려 그때 사람이 변합니다. 완악하던 자가 온유해지고, 교만하던 자가 겸손해지며, 이기적이던 자가 이타적인 사람으로 바뀝니다. 하나님은 고난의 풀무불 속에서 성도를 단련하십니다. 그래서 고난은 저주가 아니라, 변화의 통로요 은혜의 도구입니다. 변화된 자는 고난 속에서도 향기를 내지만, 변질된 자는 축복 속에서도 썩습니다.

그러므로 우리는 고난을 두려워할 이유가 없습니다. 고난은 우리를 변질이 아닌 변화의 사람으로 빚어가는 하나님의 손길이기 때문입니다.

하나님 사람, 세상사람

사람을 구분하는 기준은 다양하지만, 성경은 구원의 관점에서 단 두 부류로 나눕니다. 믿는 자와 믿지 않는 자, 곧 하나님의 사람과 세상 사람입니다. 성경은 이를 의와 불법, 빛과 어둠(고후 6:14), 알곡과 쭉정이(마 3:12), 좁은 문과 넓은 문(마 7:13), 양과 염소(마 25:32), 오른편과 왼편(마 25:33) 등으로 표현하고 있습니다.

그리고 바울은 디모데전서에서 하나님의 사람이라는 영광스러운 이름을 부여합니다(딤전 6:11). 그러나 이 두 부류는 서로 섞일 수 없는 존재입니다. 물과 기름처럼 섞이지 않으며, 함께 동행할 수도 없습니다. 인생관이 다르고, 가치관이 다르며, 내세관이 다르고, 구원관이 다르기 때문입니다. 하나님의 사람은 세상 속에서 언제나 '아웃사이더'로 살아갑니다.

베드로 사도는 그들을 가리켜 "나그네와 외국인"(벧전 2:11)이라 불렀습니다. 외모로는 하나님의 사람과 세상 사람이 구분되지 않습니다. 그렇다면 무엇으로 구별할 수 있을까요? 그것은 무엇을 듣고, 무엇을 말하느냐에 있습니다. 사람은 듣는 대로 변하고, 말하는 대로 살아갑니다.

바울은 "믿음은 들음에서 나며, 들음은 그리스도의 말씀으로 말미암는다"(롬 10:17)라고 했습니다. 하나님의 말씀을 듣는 자는 하나님의 사람이 되고, 세상의 소리에 귀를 기울이는 자는 세상 사람이 됩니다. 또한 그가 주로 어떤 말을 하는지를 보면 그 정체가 드러납니다.

우리는 하루에도 수없이 많은 말을 하지만, 정작 예수, 복음, 천국, 구원에 대해서는 입을 닫습니다. 예수 믿는다는 사실을 부끄러워하고, 복음을 말하기를 주저합니다. 그러나 주님은 말씀하셨습니다. "누구든지 사람 앞에서 나를 부끄러워하면, 나도 내 아버지 앞에서 그를 부끄러워하리라." 믿음은 고백에서 완성됩니다.

우리는 어느 자리에서든 담대히 예수를 말해야 합니다. 바울은 "내가 복음을 부끄러워하지 아니하노니, 이 복음은 모든 믿는 자에게 구원을 주시는 하나님의 능력이라"(롬 1:16)고 고백했습니다. 그의 이 고백이 오늘 우리의 신앙고백이 되어야 합니다.

일본 작가 시오노 나나미는 대작 『로마인 이야기』의 서문에서 이렇게 묻습니다. "지성으로는 그리스인보다 못하고, 체력으로는 게르만족보다 약하며, 기술로는 에트루리안보다 뒤지고, 경제력으로는 카르타고인보다 부족했던 로마인들이 어떻게 천하를 지배했는가?"

그 답은 단순했습니다. 그들에게는 그 어느 민족보다도 높은 시민의식이 있었기 때문입니다. 자신이 '로마 시민'이라는 자부심이 그들을 하나로 묶었고, 나라를 위해 헌신하게 했습니다. 그 자부심이 로마를 제국의 정상으로 이끌었습니다.

바울 시대의 빌립보는 로마의 식민지로서 정치·군사·경제적으로 매우 중요한 도시였습니다. 로마 황제는 빌립보 시민들에게 로마 본토인과 동일한 시민권을 부여했고, 그들은 그 사실을 무한한 자랑으로 여겼습니다. 바울은 그들의 자부심을 잘 알고 있었습니다. 그러나 그는 말했습니다. "우리의 시민권은 하늘에 있는지라"(빌 3:20).

그는 로마 시민권보다 더 높은 천국 시민권을 가르쳤습니다. 바울은 이 땅에 살았지만 언제나 하늘을 바라보았습니다. 로마의 감옥에 갇혀 있을 때조차 창살 너머로 하늘나라를 향해 미소 지을 수 있었습니다. 세상사에 마음이 쏠리면 세상 사람이고, 하나님 나라에 마음이 쏠리면 하나님의 사람입니다.

하나님 사람은 하늘의 시민으로서 세상의 소금과 빛으로 살아갑니다. 세상의 성공보다 믿음의 완성을 더 귀히 여기며, 눈에 보이는 나라보다 보이지 않는 나라를 바라봅니다. 그들의 국적은 하늘에 있고, 그들의 이름은 생명책에 기록되어 있습니다. 오늘 우리는 묻습니다. 나는 세상 사람입니까, 하나님의 사람입니까?

세상에 속했습니까, 하늘에 속했습니까? 답은 우리가 무엇을 듣고, 무엇을 말하며, 무엇을 자랑하는가에 달려 있습니다. 하나님 사람은 이 땅에 살되, 하늘을 품고 삽니다.

평온한 영혼

누구나 고요하고 평온한 삶을 원합니다. 그러나 실제로 고요와 평온은 쉽지 않습니다. 잔잔한 호수에 돌을 던지면 파문이 일어나듯, 우리의 마음에도 늘 파문을 일으키는 돌이 던져집니다. 누군가의 말이나 사건에 의해 평안이 깨지기도 하지만, 많은 경우 그 돌은 우리가 스스로 던진 것입니다.

사람들은 종종 욕심으로 감당하지 못할 일들을 벌려놓고, 그 결과 불안과 스트레스에 시달립니다. 잠을 이루지 못하고, 마음은 늘 안절부절 못합니다. 그러나 시편 131편에서 다윗은 이렇게 고백합니다. "실로 내가 내 영혼으로 고요하고 평온하게 하기를 젖 뗀 아이가 그 어머니 품에 있음 같게 하였나니, 내 영혼이 젖 뗀 아이와 같도다"(시 131:2).

다윗의 영혼은 고요하고 평온했습니다. 그 이유를 그는 이렇게 밝힙니다. "여호와여, 내 마음이 교만하지 아니하고, 내 눈이 오만하지 아니하오며, 내가 큰 일과 감당하지 못할 놀라운 일을 하려고 힘쓰지 아니하나이다"(시 131:1). 바로 여기에 비결이 있습니다.

다윗은 자신을 낮추고, 분수에 맞게 살았습니다. 자신의 한계를 알았기에 억지로 큰일을 도모하지 않았고, 감당할 수 없는 일을 붙잡지 않았습니다. 하나님은 우리가 감당하지 못할 시험을 허락하지 않으십니다. 언제나 우리의 믿음의 분량에 따라 역사하십니다.

그러나 사람들은 교만과 오만으로 자기 한계를 넘어서려다 스스로 시험에 빠집니다. 그러므로 우리는 하나님께서 주시는 것에 만족하며, 자신의 능력의 한계를 인정할 줄 알아야 합니다. 교회가 부채를 감당하지 못해 무너지는 경우가 있습니다. 그릇의 크기를 넘어선 욕심 때문입니다. 하나님께서는 오병이어의 기적을 행하실 때, 사람들을 "백 명씩 혹은 오십 명씩 무리 지어 앉히셨다"(막 6:40)라고 기록되어 있습니다.

이는 공동체가 건강하게 유지될 수 있는 적정한 규모를 보여주는 상징입니다. 옥스퍼드 대학의 진화인류학자 로빈 던바는 『사람에게는 몇 명의 친구가 필요한가?』에서 인간이 깊은 관계를 유지할 수 있는 최대 숫자를 150명이라고 말했습니다. 이를 '던바 넘버'라 부릅니다.

그 이상이 되면 교제가 약해지고, 관계는 단순한 지인 수준으로 떨어집니다. 베드로가 부활하신 주님의 말씀에 따라 그물을 던졌을 때 잡힌 물고기의 수는 153마리였습니다. 그물이 찢어지지 않았습니다. 이것이 의미하는 바는 공동체의 적정 규모, 감당할 수 있는 한계를 보여주는 상징입니다.

많은 목회자들이 자기의 그릇을 생각하지 않고 대형교회를 꿈꿉니다. 그러나 그것은 하나님의 비전이 아니라 인간의 욕심이며, 교만과 오만의 산물입니다. 용량을 넘어선 과부하는 결국 영혼의 평온을 깨뜨립니다. 분수를 넘어설 때, 내면의 고요는 사라지고 소음이 가득 찹니다. 오늘날 세상의 소리보다 더 시끄러운 교회가 적지 않습니다. 다툼과 분열, 고소와 비방이 난무합니다. 그것은 이미 그 공동체가 교회가 아니라는 증거입니다.

바벨탑의 특징은 '시끄러움'이었습니다. 언어가 혼잡하여 서로 통하지 않았기 때문입니다. 지금 교회가 세상으로부터 손가락질을 받는 이유는 바로 그 혼잡과 시끄러움 때문입니다. 참된 공동체는 가족처럼 따뜻하며, 믿음과 사랑과 소망으로 엮인 조용한 울타리입니다.

예수님께서는 풍랑 속에서도 주무실 수 있었습니다. 그분의 영혼이 고요했기 때문입니다. 우리 또한 영혼이 고요하고 평안해야 합니다. 만약 그렇지 못하다면, 그 파문의 원인은 교만과 오만일 가능성이 큽니다.

바울은 말합니다. "하나님의 나라는 먹는 것과 마시는 것이 아니요, 오직 성령 안에 있는 의와 평강과 희락이라"(롬 14:17). 평안한 마음이 곧 천국입니다. 자신의 한계를 알고, 하나님께 의지하며 사는 삶이 바로 천국을 누리는 삶입니다.

오늘도 영혼의 고요를 회복합시다. 겸손히 하나님을 의지하며, 평온한 영혼으로 살아갑시다.

지내온 세월

우리 인생에는 의미 있는 날들이 있습니다. 생명이 잉태된 날, 세상에 태어난 날, 그리고 그 생명을 이끌어 온 수많은 날들입니다. 그러나 인생은 태어난 그 순간보다 존재하며 살아간다는 것 자체가 더 귀합니다. 비록 특별하지 않고 주목받지 못할지라도, 존재 그 자체로 축하받을 이유가 충분합니다. 나 한 사람이 있음으로 가정이 서고, 사회가 이루어지고, 나라와 교회가 존재할 수 있기 때문입니다.

예수님은 보잘것없는 한 사람이라도 귀히 여기셨습니다. 그래서 겨자씨의 비유를 말씀하셨습니다. 겨자씨는 세상에서 가장 작은 씨앗이지만, 자라면 큰 나무가 되어 새들이 깃듭니다. 주님의 비유는 인간의 가치 기준을 새롭게 합니다. 적게 가진 것을 부끄러워했던 이들에게는 큰 위로가 됩니다.

옛날에는 생일날 미역국 한 그릇만으로도 충분했습니다. 수명이 짧았던 시절에는 60세 회갑을 맞으면 온 가족이 함께 잔치를 열고 생을 축하했습니다. 세월을 견뎌온 노인들의 삶은 자손에게 칭송받아 마땅했습니다.

오늘날은 너무 이른 정년과 함께 일터를 떠나는 아버지들이 많습니다. 경제력을 잃으면 존재의 무게도 함께 가벼워집니다. 그러나 문제는 노년의 시간이 너무 길어진 세상에서, 어르신들이 여전히 쓸모 있는 존재임에도 불구하고 사회는 종종 그들을 잊습니다.

더욱이 선거철마다 노인을 폄하하는 말들이 등장하며 어르신들의 마음을 아프게 합니다. 그러나 성경은 분명히 말씀합니다. "너는 센 머리 앞에서 일어서고 노인의 얼굴을 공경하며 네 하나님을 경외하라"(레 19:32). 어르신을 공경해야 할 이유는 분명합니다. 안도현 시인은 '너에게 묻는다'에서 이렇게 말했습니다.

"연탄재 발로 차지 마라. 너는 누구에게 한 번이라도 뜨거운 사람이었느냐." 지금의 어르신들은 바로 그 '연탄재'와 같습니다. 젊은 시절 자신을 불태워 가정을 지켰고, 자녀를 키웠으며, 오늘의 대한민국을 세우셨습니다. 그분들이 있었기에 지금의 우리가 있습니다. 그러므로 감히 누가 그들을 무시할 수 있겠습니까? 연탄재를 발로 차지 마십시오. 감사하십시오. 공경하십시오.

젊은이들이여, 어른들의 말씀에 귀를 기울이십시오. 옛사람들은 말했습니다. "어른 말씀 잘 들으면 자다가도 떡이 생긴다." 그 말은 단순한 속담이 아니라 삶의 진리입니다.

미국 미시간대학의 연구에 따르면, 나이가 들수록 갈등을 다루고 삶의 불확실성을 받아들이는 지혜가 젊은 세대보다 훨씬 깊다고 합니다. 나이 든 이들은 전자기기에는 서툴지 몰라도, 인생을 읽는 눈은 더 깊습니다.

노년은 쓸모없는 시간이 아닙니다. 그것은 지혜가 완성되는 시간입니다. 젊은 세대는 그들의 삶을 배우고, 어르신들은 그들의 경험을 나누며, 서로의 세대를 이어갈 때 세상은 더욱 따뜻해질 것입니다.

용서의 기쁨, 미움의 아픔

우리는 인생을 살면서 수많은 문제를 만납니다. 어떤 문제는 쉽게 풀리지만, 평생 씨름해도 풀리지 않는 것도 있습니다. 그중 하나가 바로 '용서'입니다. 흔히 "죄는 미워하되 죄인은 사랑하라"고 말하지만, 실천하기란 결코 쉽지 않습니다.

서양 속담에 "선을 악으로 갚는 것은 마귀의 일이고, 악을 악으로 갚는 것은 사람의 일이며, 악을 선으로 갚는 것은 하나님과 같은 일이다"라는 말이 있습니다. 기독교 진리의 중심은 바로 이 한 문장 속에 있습니다. 원수라도 용서하고, 죄를 사하는 일, 이것이야말로 하나님께서 우리에게 가르쳐 주신 사랑의 완성입니다.

그러나 현실의 용서는 결코 단순하지 않습니다. 옛말에 "은혜는 물에 새기고, 원수는 돌에 새긴다"고 했습니다. 우리 마음속에는 받은 상처와 모욕, 빼앗긴 것들이 너무 깊이 새겨져 있어서 쉽게 잊히지 않습니다. 누군가 나를 배신하거나, 내 인격을 짓밟았을 때 우리는 그를 용서하기보다 미움의 감정을 품고 살아갑니다.

어느 날, 요한 웨슬리가 설교 중에 용서에 대해 이야기했습니다. 설교를 마친 후, 거칠기로 소문난 제임스 오그레토르프 장군이 말했습니다. "목사님, 나는 죽어도 나에게 총을 겨눈 사람은 용서할 수 없습니다."

그러자 웨슬리는 조용히 대답했습니다. "그렇다면, 장군님은 앞으로 절대로 죄를 짓지 마셔야 합니다." 그 말은 우리 모두에게 던지는 메시지입니다. 우리는 실수합니다. 누군가에게 상처를 주기도 하고, 용서를 받아야 할 때도 있습니다. 그렇기에 다른 사람의 잘못을 관용으로 품을 수 있어야 합니다.

용서하지 못하면, 미움은 마음의 깊은 곳에 뿌리를 내립니다. 그 미움은 결국 나 자신을 갉아먹습니다. 미워하는 사람을 생각하다 보면, 어느새 그 사람의 어두운 모습이 내 안에 자리하게 되고, 결국은 내가 그를 닮아갑니다. 용서하지 않으면 내면의 자유도 잃게 됩니다.

심리학자 루이스 스미디스는 말했습니다. "용서할 때 우리는 한 죄수를 풀어주는데, 그 죄수는 다름 아닌 우리 자신임을 깨닫게 된다." 그렇습니다. 용서는 남을 위한 일이 아니라 나를 위한 일입니다.

헬라어로 '용서하다'는 '풀어주다'(release)는 뜻입니다. 용서란 법적으로 결박된 자를 자유롭게 놓아주는 행위이며, 마음의 감옥에서 자신을 해방시키는 일입니다.

용서는 약으로도 고칠 수 없는 마음의 병을 치유합니다. 반대로 미움은 영혼을 병들게 하고, 복수심은 나를 파괴합니다. 용서는 내가 사는 길입니다.

미국의 한 소년이 9·11 테러 이후 할아버지에게 물었습니다. "할아버지, 제 마음속엔 두 마리의 이리가 싸우고 있어요. 하나는 복수심으로 가득 차 있고, 다른 하나는 사랑하고 용서하라고 해요. 어느 쪽이 이길까요?"

할아버지는 조용히 말했습니다. "네가 어느 쪽에게 먹이를 주느냐에 달려 있단다."

우리 마음속에도 두 이리가 있습니다. 미움과 용서 중 어느 쪽에게 먹이를 주고 있습니까? 화가 조르주 루오의 판화 가운데 '향나무는 자기를 찍는 도끼에도 향을 묻힌다'라는 작품이 있습니다. 향나무는 자신을 찍는 도끼날에도 독을 묻히지 않고 향기를 남깁니다. 예수 그리스도의 생애가 그러했습니다.

비방과 멸시, 십자가의 고통 속에서도 주님은 오히려 그들을 용서하며 기도하셨습니다. 우리 역시 주님의 길을 따르는 이라면, 나를 상하게 하는 사람 앞에서도 예수의 향을 묻히는 사람이 되어야 합니다.

억울하고 손해 보는 일 같지만 결국, 용서는 기쁨을 낳고, 미움은 아픔만을 남깁니다.

믿음의 여정 위에서 감사로

한 편의 칼럼을 쓸 때마다 마음속에는 늘 한 가지 소망이 있었습니다. 누군가의 지친 마음에 작은 위로가 닿기를 또 누군가의 신앙 여정에 잔잔한 불빛 하나가 비추어지기를 말입니다.

이 책은 그렇게 기도하는 마음으로 써 내려간 삶과 신앙 그리고 섬김의 기록입니다. 절망의 끝자락에서도 희망을 놓지 않았던 믿음, 시련을 통해 단련된 영혼 그리고 주어진 자리에서 묵묵히 빛을 내었던 사람들의 이야기가 이 글 곳곳에 머물러 있습니다.

돌아보면 모든 만남과 사건이 하나님의 섭리였습니다. 한 줄의 글이 태어나기까지 보이지 않는 곳에서 기도로 동행해주신 분들과 믿음의 동역자들 그리고 이 책을 통해 말씀을 나누게 된 모든 분들에게 깊은 감사를 드립니다.

목회자의 길을 걸으며 배우는 것은 하나님께 쓰임 받는 인생이 결코 크거나 화려한 것이 아니라는 사실입니다. 작은 일에 충성하고 낮은 자리에서 사랑을 전하며 끝까지 믿음을 지키는 삶이야말로 주님이 기뻐하시는 아름다운 헌신임을 깨닫습니다.

이 책을 덮는 지금 필자는 다시 처음의 마음으로 돌아갑니다. 하루하루가 하나님께 드려지는 예배, 삶의 모든 자리가 복음의 현장이 되길 소망합니다. 그리고 이 책을 읽는 모든 분들의 삶 위에도 하나님의 평화와 위로 그리고 새로운 결단의 은혜가 함께하시길 기도드립니다.

끝으로 오늘도 우리 모두의 걸음이 주님의 뜻 안에서 빛과 사랑 그리고 감사로 이어지길 간절한 마음을 담아 소망합니다.

저자 최선 목사 올림

절망의 끝자락에서

At the Edge of Despair: Where Hope Begins

2025년 11월 25일 초판 1쇄 발행

지은이 | 최 선

발행인 | 이미숙
편집인 | 염성철

발행처 | 도서출판 해뜸

출판부 | 031) 911-1137
등록일 | 제2005-13호
등록처 | 경기도 고양특례시 일산서구 산현로92번길 42

ISBN 979-11-87455-56-1 03230
copyright ⓒ도서출판 해뜸 2025〈printed in korea〉
E-mail : bookrock53@naver.com

도서출판 해뜸은 하나님의 백성들이 주기도를 통해서 날마다 기도하는 대로 이 땅에 하나님 나라가 이루어지고 주님께서 다시 오셔서 영원한 하나님의 나라가 임하기까지 하나님의 나라를 전하고 세우는 일을 계속할 것입니다.

✻ 잘못된 책은 구입하신 곳에서 교환해 드립니다.